Maverick 01

www.einaudi.it

ISBN 978-88-06-26605-9

Luca Misculin

Mare aperto

Storia umana del Mediterraneo centrale

Einaudi

Mare aperto

Le citazioni tratte da libri e articoli non usciti in Italia sono state tradotte dall'autore.

Un'introduzione

All'ingresso del Canale di Sicilia, dove il Mediterraneo entra nel collo di bottiglia delimitato dalla Sicilia e dal Nord Africa, c'è un'isola. Per arrivarci bisogna fare lo slalom fra le serre di pomodori avviluppate nella plastica bianca, onnipresenti qui nella piana di Pachino, in provincia di Siracusa, ma anche fra le buche: l'asfalto si interrompe a uno slargo e soltanto una strada sterrata conduce a un parcheggio in terra battuta. In inverno sembra abbandonato da decenni, come in un film post-apocalittico. Un gazebo di legno da cui la vernice blu si sta scrostando ospita al suo interno alcune cassette in plastica e boccioni dell'acqua, vuoti. I quattro lati del gazebo sono chiusi da altrettante tavole in legno. Su una si legge una scritta sbiadita con uno spray rosso: «uscita». È sabato, ma in giro non c'è nessuno: dentro al gazebo, ma neanche nelle ultime villette costruite a ridosso della spiaggia, le cui tapparelle marroni sono come sigillate. Si può arrivare fino al mare, affondando le scarpe nella sabbia morbida di una piccola collina, guidati dall'unico rumore in sottofondo. Sono le onde del mar Ionio e del Mar di Sicilia. Si incontrano e scontrano all'altezza di una vecchia banchina in pietra, lunga una cinquantina di metri ma interrotta, e di fatto inesistente, in un paio di tratti. All'estremo opposto della banchina si vede un pezzo di terra basso e coperto da arbusti. Lo chiamano «Isola delle Correnti», nonostante non sia esattamente un'isola: sia perché geograficamente fa parte della Sicilia, di cui è l'ultima propaggine di terra, sia perché quando il mare si calma e la marea si abbassa un corridoio di terra velato dall'acqua permette di raggiungerlo a piedi, bagnandosi appena. Sull'Isola delle Correnti si trovano cespugli di cappero, ciuffi di porro selvatico, ma soprattutto un vecchio faro, circondato a ferro di cavallo da un edificio dalle pareti ocra. Fu costruito nel 1865 dal neonato Regno d'Italia per evitare che le navi finissero incagliate sulle scogliere a nord dell'isola, e fino a qualche anno fa nell'edificio viveva ancora il farista con la sua famiglia. Oggi il vecchio faro è stato sostituito da uno di nuova generazione, bianco, sottile, la cui lampada a led viene alimentata da due pannelli solari e di notte si illumina brevemente ogni quattro secondi. Sembra una di quelle strutture tecnologicamente incongrue che incontrano i protagonisti di *Lost* esplorando l'isola su cui sono precipitati da un aereo (se avete qualche anno in meno di me, potete sostituire *Lost* con *The Last of Us*). Soprattutto nelle giornate in cui da queste parti sulla battigia umida e compatta non si intravede neanche un'impronta umana.

D'estate, qui, cambia tutto. L'Isola delle Correnti viene presa d'assalto dai turisti, dai locali, dagli appassionati di windsurf. Il parcheggio si trasforma in una distesa di sabbia e fango. Tariffa fissa: sei euro al giorno. La spiaggia viene punteggiata da ombrelloni di tutti i colori, centinaia di persone passeggiano fino all'isola, si fanno le foto dalle finestre sventrate della famiglia del farista, passano il dito sulla polvere della lampada del vecchio faro disegnando cuoricini e le iniziali del proprio nome. Ogni tanto si sente uno strano ronzio sopra la testa: è un drone lanciato da chissà chi. Forse dallo youtuber che poco prima era arrivato sull'isola gesticolando in direzione del proprio smartphone, all'estremità di un bastoncino. Ma c'è anche chi si gode il panorama, il sole, l'acqua limpidissima, o curiosa fra i sentieri scavati nella sabbia, o ancora si appisola posando sullo sterno nudo il libro che stava leggendo e calandosi il cappello sugli occhi.

I due volti dell'Isola delle Correnti sono soltanto un'anticipazione di ciò che si incontra inoltrandosi nel Canale di Sicilia, sulle sue sponde e le sue isole. Ci troviamo in un luogo del tutto unico, punto di incontro fra due continenti, passaggio obbligato per raggiungere i due bacini in cui è diviso il Mediterraneo, a est e ovest, ma anche barriera insormontabile per lunghi tratti della storia umana. Un luogo frastagliato ed eterogeneo, di vulcani, canyon sottomarini e immense distese d'acqua, ma anche di isole e quindi approdi che emergono dal nulla, insenature accoglienti da cui costruire imperi potentissimi, vaste aree desertiche alternate a zone floridissime dove cresce qualsiasi cosa venga seminata.

Questa conformazione eterogenea, precaria in maniera strutturale, quasi contraddittoria, si trasferisce dal piano geografico a quello umano. È una frammentazione che in certi periodi è diventata un'aperta ostilità fra paesi in guerra, fra colonizzatori e colonizzati, persone che partono dal Sud cercando di raggiungere il Nord, e altre che al Sud – ma soprattutto al Nord – cercano di impedirglielo.

Allargando lo sguardo, poi, il Canale di Sicilia ha attraversato periodi della storia in cui è stato centralissimo per l'Europa e il Nord Africa, e altri in cui è finito ai margini. Momenti in cui si è creata l'opportunità di sfruttare le sue risorse naturali – l'ossidiana a Pantelleria, nel Neolitico, come il petrolio sulle coste della Libia, oggi – e altri in cui le sue isole sono state popolate soltanto da branchi di animali selvatici. Lunghi anni in cui il fondale si riempiva delle carcasse di navi da guerra affondate, nelle cui stive annegarono centinaia di schiavi, e periodi in cui fu un esempio di tolleranza e multiculturalismo. Terra di conquista, di un colonialismo feroce e disordinato come quello fascista, e di un anticolonialismo ugualmente disordinato e del tutto peculiare come quello di Muammar Gheddafi. Un mare che ancora oggi viene attraversato da persone che cercano una vita migliore partendo dalla Tunisia e dalla Libia, mentre un secolo fa la direzione del flusso migratorio era esattamente opposta. Ma il Canale di Sicilia ospita anche cavi sottomarini delicatissimi che portano internet in tutta Europa, pesci e uccelli che si riproducono soltanto qui, peperoncini figli del microclima locale da cui si ricava una salsa ricercata in tutto il mondo, piattaforme solitarie in mezzo al mare, isole densamente abitate e altre in cui gli umani sono in netta inferiorità numerica.

In fondo, il Canale di Sicilia è un Mediterraneo su scala piú piccola. Un mare aperto ma allo stesso tempo quasi chiuso, eterogeneo, un mare «delle possibilità», come l'hanno definito alcuni degli studiosi che negli ultimi anni stanno cambiando la percezione della distesa d'acqua che ci circonda. Non piú un luogo sostanzialmente uniforme dal Mar Nero fino a Gibilterra, microcosmo di fratellanza mediterranea, *stessa faza stessa raza*, dove «le persone in difficoltà sono sempre state soccorse», come dice qualcuno: ma un mare che è stato di incontro e di scontro, di pace e di guerra, di differenze apparentemente inconciliabili e di integrazione. Soltanto se conosciamo entrambe le facce, entrambe le versioni di questo Canale di Sicilia, di questo Mediterraneo, possiamo scegliere consapevolmente a quale ispirarci.

Una premessa

Il Canale di Sicilia è il cuore del Mediterraneo centrale, una delle tre zone in cui tradizionalmente gli studiosi dividono questo mare, oltre a quello occidentale e orientale. In arabo, la seconda lingua piú parlata quaggiú, ha un nome simile: *Madiq Siqaliya*, lo «Stretto di Sicilia». E in effetti «Stretto di Sicilia» è il nome usato ufficialmente dai cartografi, deciso negli anni Ottanta. A chi vive in Italia però l'espressione «Stretto di Sicilia» potrebbe far venire in mente lo «Stretto di Messina», che separa Sicilia e Calabria: anche l'attuale ministro dei Trasporti, Matteo Salvini, confonde spesso lo Stretto di Messina, dove intende costruire un lungo ponte, e lo Stretto di Sicilia. Per comodità e per evitare fraintendimenti, in questo libro lo chiameremo «Canale di Sicilia».

Sul Canale di Sicilia si affacciano quattro stati: l'Italia, la Tunisia, Malta e la Libia – in questo libro considereremo quest'ultima parte integrante del canale, per ragioni storiche e culturali. A est i suoi confini sono l'Isola delle Correnti, in Sicilia, e Tripoli, la capitale della Libia. A ovest invece il golfo di Tunisi, in Tunisia, e il tratto di costa siciliana fra Sciacca e Mazara del Vallo.

Il mare che li unisce e li divide, a seconda della prospettiva che vogliamo assumere, è ampio circa 150 000 chilometri quadrati: cinque volte l'estensione del Belgio. L'isola piú grande del Canale di Sicilia è Malta, seguita dall'isola di Chergui, la piú estesa dell'arcipelago tunisino delle Kerkenna, e da Pantelleria.

D'inverno il Canale di Sicilia è una delle aree piú ventose di tutto il Mediterraneo, per via della sua conformazione di strettoia naturale. D'estate invece le sacche di alta pressione e le temperature miti garantiscono intere settimane in cui sembra liscio come l'olio. I suoi fondali sono bassissimi in prossimità delle coste, ed enormemente profondi, fino a 1500 metri, in alcuni punti. Questa alternanza, e lo scontro di correnti marine di temperatura e quindi densità diverse, generano in ogni stagione vortici superficiali che i meteorologi chiamano *gyres*: mulinelli.

A terra, il clima è tipicamente mediterraneo, con estati secche e inverni piovosi. Le monete in circolazione sono tre: l'euro, il dinaro libico e quello tunisino.

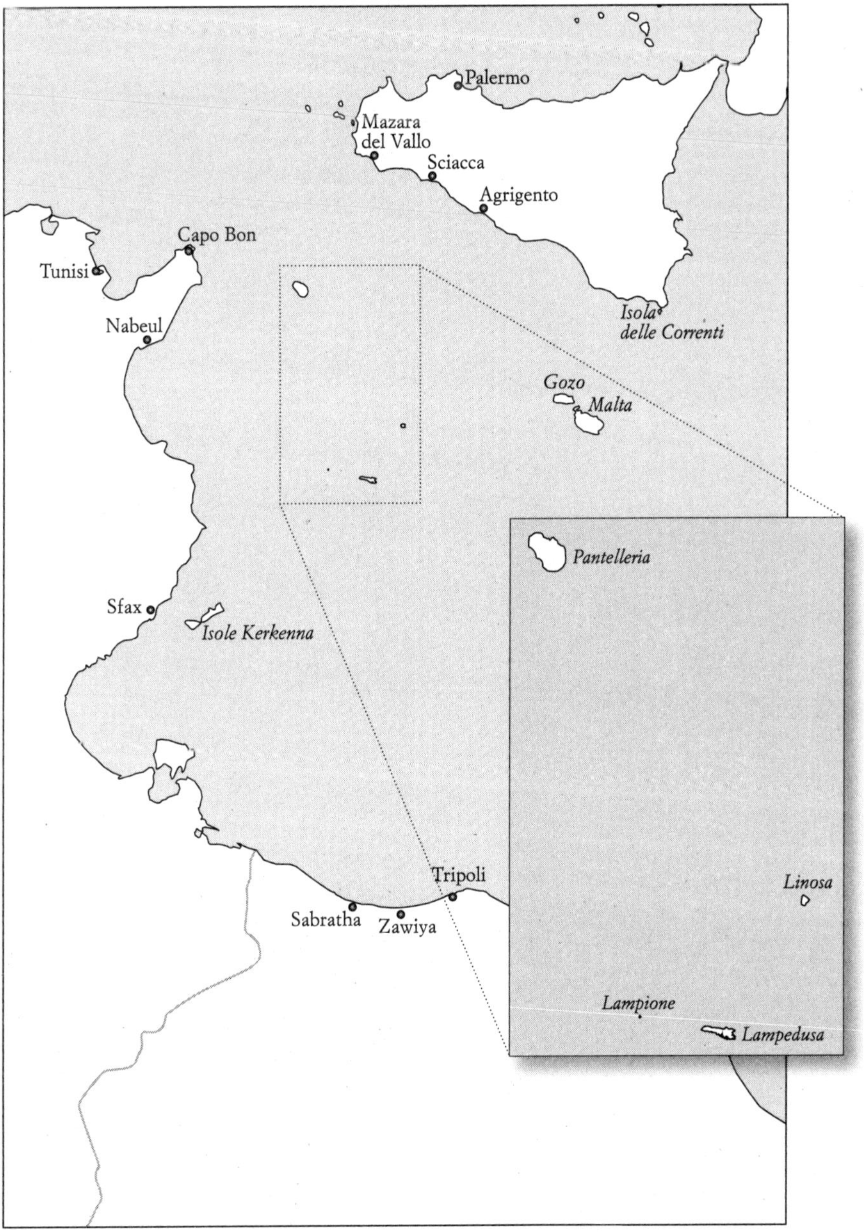
Palermo
Mazara
del Vallo
Sciacca
Agrigento
Capo Bon
Tunisi
Nabeul
Isola
delle Correnti
Gozo
Malta
Pantelleria
Sfax
Isole Kerkenna
Linosa
Tripoli
Sabratha
Zawiya
Lampione
Lampedusa

Capitolo primo

Per gran parte della storia umana il mare ha suscitato una sensazione precisa: la paura. Tutte le migrazioni da una parte all'altra del mondo, tranne le piú recenti, sono avvenute a piedi. Compresa la piú rilevante di tutte: quella iniziata quasi due milioni di anni fa, l'esatto momento in cui un esemplare di *Homo erectus* appoggiò la pianta del piede sulla placca araba della penisola del Sinai, in quello che oggi chiamiamo Egitto. Era la prima volta che un ominide usciva dal continente africano, e lo stava facendo sulle proprie gambe. Non poteva essere altrimenti. Ai nostri antenati il mare provocava talmente tanta paura che anche nei tratti in cui poteva apparire come un grande fiume, nei promontori e sulle spiagge in cui a occhio nudo si poteva distinguere la sponda opposta, sembrava invalicabile. Per generazioni i *Neanderthal* e i *Sapiens* si sono osservati dalle sponde opposte dello Stretto di Gibilterra, i 13 chilometri di acqua salata che separano l'Europa dal Nord Africa, senza incontrarsi mai.

Fino al 50 000 a.C. l'Europa era stata il continente dei *Neanderthal*, l'Africa quello dei *Sapiens*. Poi, nel giro di qualche migliaio di anni, i *Sapiens* si diffusero ovunque e i *Neanderthal* scomparvero per sempre, o quasi: oggi non piú del 4 per cento del nostro patrimonio genetico discende dal loro Dna. Non sappiamo esattamente cosa sia successo e perché si siano estinti: possiamo ipotizzare uno svantaggio tecnologico strutturale rispetto ai *Sapiens*, le cui armi erano decisamente piú letali – e forse evolutivo. La Spagna fu probabilmente uno degli ultimi posti in cui i *Neanderthal* trovarono rifugio. I *Sapiens* la colonizzarono per intero spingendosi fino all'estrema punta ovest della penisola iberica, ma non attraversarono mai lo Stretto di Gibilterra per «tornare» in Africa. La paura del mare dei *Sapiens* regalò qualche generazione di sopravvivenza ai *Neanderthal*. Ancora nel 40 000 a.C., quando altrove in Europa erano del tutto scomparsi, alcuni di loro abitavano nella grotta di Gorham, un cunicolo naturale a picco sul mare situato nell'estremità sudoccidentale del continente europeo, nell'odierno staterello di Gibilterra. Nella grotta di Gorham sono stati trovati resti di carne di lince, iena, grifone, ma anche di un tipo molto particolare di lumaca di mare. Con tutta probabilità, insomma, i *Neanderthal* pescavano: o perlomeno avevano una vaga idea che quella distesa azzurra di acqua imbevibile ospitasse riserve di cibo, sotto la superficie. Per quel che sappiamo però, nessuno di loro raggiunse una confidenza col mare tale da permettergli di attraversarlo a nuoto, o da ingegnarsi per costruire un rudimentale mezzo di trasporto. Nella sponda nordafricana dello Stretto di Gibilterra, che oggi si trova in Marocco, non è mai stato trovato alcuno scheletro di *Neanderthal*, che passarono gli ultimi anni della loro esistenza a succhiare lumache e guardarsi continuamente alle spalle. Senza provare mai, per quanto ne sappiamo, a cercare rifugio sull'altra sponda.

Viceversa, siamo anche piuttosto sicuri del fatto che nessun *Sapiens* raggiunse il continente europeo navigando o nuotando per quei 13 chilometri di mare, durante il lungo periodo in cui condivisero la Terra coi *Neanderthal*. Entrambe le specie, *Sapiens* e *Neanderthal*, avevano costruito degli strumenti impensabili per qualsiasi altro essere vivente, fino a quel momento: nessuno di questi, però, li aiutò a superare la distesa blu che si trovavano davanti.

Su questa paura ancestrale non abbiamo certezze granitiche: e difficilmente le otterremo, prima dell'invenzione della macchina del tempo. Abbiamo però qualche traccia concreta. Uno studio pubblicato nel 2023 sulla rivista «Nature» da parte di un gruppo di lavoro guidato dalla biologa Luciana G. Simões ha dimostrato che per gran parte della preistoria umana i contatti fra Europa e Nord Africa intorno allo Stretto di Gibilterra furono prossimi allo zero anche dopo la scomparsa dei *Neanderthal*. Fra il 13 000 e il 5500 a.C. il patrimonio genetico degli abitanti dell'odierno Marocco rimase sorprendentemente omogeneo: se anche qualche nuotatore o navigatore solitario attraversò i 13 chilometri dello stretto e mise piede nel Nord Africa, non lasciò tracce del suo Dna. In altre parole, non divenne mai un membro a tutti gli effetti della comunità locale.

Nello stesso periodo in Europa invece stava succedendo una cosa molto diversa. Quasi ovunque stavano nascendo comunità miste fra due enormi gruppi umani di *Sapiens*, ciascuno con un patrimonio genetico e tratti culturali distinti: i genetisti li chiamano «cacciatori raccoglitori» e «antichi agricoltori». Due tipi umani dal nome che si spiega da solo: i primi vivevano in piccoli gruppi, cacciando e raccogliendo bacche e frutti selvatici, spostandosi in continuazione lungo le enormi foreste che ai tempi occupavano la stragrande maggioranza del continente europeo. Gli antichi agricoltori invece praticavano l'agricoltura, la pastorizia ma anche la produzione in serie di oggetti di ceramica – tre tecnologie la cui introduzione tradizionalmente segna il passaggio al Neolitico, l'ultimo periodo storico dell'età della pietra. Queste tre innovazioni si diffusero anche in Nord Africa piú o meno negli stessi anni in cui arrivarono in Europa; non sappiamo ancora se per via di contatti avvenuti con gli antichi agricoltori via terra a est, in Medio Oriente, o per un processo di sviluppo interno. L'introduzione di queste nuove tecnologie, comunque, non comportò l'ingresso di nuove persone nelle comunità locali: gli abitanti dell'odierno Marocco, fino al 5500 a.C., rimasero sempre gli stessi.

I primi individui «diversi» di cui abbiamo traccia in Nord Africa – i loro antenati ci arrivarono superando finalmente lo Stretto di Gibilterra – sono stati trovati a Kaf Taht el-Ghar, nell'odierno Marocco, a circa 50 chilometri a sud dello stretto. Sono un piccolo gruppo di quattro persone, tre uomini e una donna, morti intorno al 5300 a.C. Il loro patrimonio genetico era formato al 72 per cento da quello degli antichi agricoltori, al 10 per cento dai cacciatori raccoglitori dell'Ovest (un sottogruppo rispetto alla piú ampia categoria dei cacciatori raccoglitori) e soltanto al 18 per cento dalla comunità locale nordafricana, ha scoperto lo studio di Simões.

Sappiamo che queste persone attraversarono in qualche modo lo Stretto di Gibilterra perché i loro antenati avevano percorso tutta l'Europa, da est a ovest, prima di finire in Marocco. Il gruppo umano degli antichi agricoltori infatti proveniva in origine dal Medio Oriente, mentre quello dei cacciatori raccoglitori dall'Europa centrale. «La presenza di patrimonio genetico dei cacciatori raccoglitori europei esclude la possibilità che quei migranti neolitici arrivarono lí spostandosi via terra dalle coste del Nord Africa», ha notato il gruppo di Simões. La vita di queste persone non dev'essere stata facile. Per tre secoli, a qualche decina di chilometri piú a sud, abitò un gruppo umano che non mostra alcuna traccia genetica di mescolanza con i nuovi arrivati. I rapporti fra le due comunità devono essere stati tesi, se non apertamente ostili.

Problemi del genere sorsero soltanto con la scoperta della navigazione, avvenuta con tutta probabilità intorno al 10 000 a.C. Per migliaia di anni il Mediterraneo fu una barriera insormontabile non soltanto nel suo collo di bottiglia occidentale, fra Spagna e Marocco, ma anche nell'unico altro punto dove per migliaia di anni a separare Europa e Africa c'erano meno di 50 chilometri: il Canale di Sicilia.

I piú attenti fra voi l'avranno già notato. 50 chilometri sono circa un terzo della distanza che oggi separa Sicilia e Tunisia, cioè 145 chilometri, che si è stabilizzata circa 9000 anni fa. In precedenza non solo la Sicilia era piú vicina alla Tunisia: era anche grande il doppio rispetto a oggi, e tutta la sua conformazione era molto diversa da come la conosciamo ora.

La penisola che non c'è (piú).

I primi *Sapiens* arrivarono in Italia verosimilmente dalla penisola balcanica intorno a un periodo compreso fra il 43 000 e il 41 000 a.C., anche se gli esperti discutono ancora oggi sulla datazione precisa. Per spingersi fino alla fine della penisola italica ci misero un bel po': le prime tracce di *Sapiens* in Sicilia si possono datare con sicurezza soltanto al 15 000 a.C. A cosa fu dovuto quel buco di quasi 30 000 anni? E soprattutto: come fecero i *Sapiens* ad arrivare sulle coste siciliane, dato che la navigazione sarebbe stata inventata solo qualche migliaio di anni dopo?

La premessa necessaria è che gli spostamenti dei *Sapiens* in Italia avvennero durante l'ultima era glaciale, che convenzionalmente durò piú o meno dal 115 000 al 10 000 a.C. Il picco di freddo e gelo, in particolare, venne raggiunto in un periodo compreso fra il 22 000 e il 16 000 a.C. Per via di complesse ragioni geologiche e climatiche, fu un periodo di sostanziale abbassamento del livello delle acque in tutto il mondo. Fu in questo periodo, per esempio, che i primi umani raggiunsero il Nord America dall'attuale Siberia: il tratto di mare che oggi conosciamo come Mare di Bering si poteva percorrere a piedi. Su scala piú piccola, una cosa del genere avvenne anche nella zona dell'attuale Stretto di Messina.

40 000 anni fa il livello del Mediterraneo era di 77 metri piú basso rispetto a quello attuale. Alcuni studiosi, fra cui soprattutto il geomorfologo Fabrizio Antonioli, hanno ipotizzato che in corrispondenza del picco dell'era glaciale il Mediterraneo si abbassò ulteriormente. Secondo Antonioli arrivò a meno 125 metri rispetto al livello attuale, facendo emergere una lingua di terra che collegò la Calabria e la Sicilia. Non abbiamo la certezza che quella lingua sia esistita davvero né tanto meno quanto sia stata percorribile, nel caso: per quanto tempo, insomma, fu possibile raggiungere la Sicilia a piedi partendo dalla Calabria. Secondo uno studio del 2014 del gruppo di lavoro di Antonioli la lingua di terra rimase al di sopra delle acque dello stretto per un massimo di circa 8000 anni, dal 23 000 al 15 000 a.C., e un minimo di 1500 anni, dal 19 500 al 18 000 a.C.

Gli studi su questa presunta lingua di terra sono ancora in corso, ed è probabile che nei prossimi anni avremo altre indicazioni. Quello che possiamo dire è che i primi dati sulla colonizzazione umana della Sicilia collimano con l'emersione di un ponte naturale nello stretto. In Sicilia non sono mai state trovate tracce dei *Neanderthal*, mentre i primissimi resti che si possono attribuire ai *Sapiens*, cioè un pezzo di carbone trovato in una grotta in provincia di Agrigento, si possono datare al massimo attorno al 15 500 a.C.: quindi all'interno della finestra temporale definita da Antonioli.

Anche le tracce di alcuni animali sembrano suggerirci che una lingua di terra fra Sicilia e Calabria sia effettivamente esistita, a un certo punto. A circa 80 chilometri a ovest di Messina c'è un profondo buco nella terra chiamato «Grotta di San Teodoro», noto da decenni perché intorno al 10 000 a.C. diventò prima un rifugio e poi un cimitero per un gruppo di persone che vivevano nella zona: cacciatori e raccoglitori che di sera illuminavano gli angoli bui della grotta arrostendo carne di bue, cinghiale e cervo. 20 000 anni prima la stessa grotta era stata invece una gigantesca tana di iene. Piú o meno a metà fra questi due utilizzi si riparò al suo interno – o forse ci arrivò già morto, chi può dirlo – un esemplare di una specie di asino oggi estinta, l'*Equus hydruntinus*. Uno studio del 2020 sul metacarpo di questo antichissimo asino ha rivelato che morí fra il 21 000 e il 19 000 a.C. Com'è noto, gli asini non sono in grado né di volare, né di nuotare: qualcosa o qualcuno lo condusse lí. Forse il suo branco, che durante un temporale trovò riparo all'interno della grotta. Oppure la sua zampa arrivò laggiú stretta fra le zanne di una iena, o di un lupo. O ancora, forse, al guinzaglio di un umano.

Il periodo a cui risale il metacarpo dell'asino combacia infatti piuttosto esattamente con l'ipotesi di Antonioli sull'esistenza di una lingua di terra che collegava la Sicilia alla Calabria. Piú o meno nello stesso periodo, in gran parte della Sicilia viveva anche una specie di elefante nano, estinto chissà quando. La sua presenza però ci dice poco: gli elefanti sono eccellenti nuotatori – anche gli esemplari piú grandi possono nuotare per decine di chilometri senza grosse difficoltà. Di conseguenza i loro antenati potrebbero aver raggiunto la Sicilia a nuoto, senza aver bisogno di una lingua di terra sotto le zampe.

In epoca storica poi la memoria ancestrale di un ponte fra Sicilia e Calabria era del tutto scomparsa, anche dai poemi piú antichi. Nell'*Odissea*, per esempio, dove comunque il Mediterraneo raccontato è un Mediterraneo dell'anima, ideato per aderire ai luoghi familiari di un pubblico sempre diverso, uno dei rarissimi posti identificati con certezza dagli ascoltatori del poema è lo Stretto di Messina, abitato dai mostruosi Scilla e Cariddi. Già nella Grecia antica, insomma, lo Stretto di Messina aveva la fama di un posto dove le fortissime correnti potevano mettere in difficoltà le navi: nessun mito ci parla di un collegamento di terra fra le due estremità.

L'ipotesi che sia esistito un ponte naturale sullo stretto è solida, ma ancora da verificare con sicurezza. Abbiamo qualche certezza in piú sul fatto che fino alla fine dell'era glaciale la Sicilia fosse grande il doppio rispetto a oggi. E che un grosso pezzo dell'isola, attualmente sommerso, si trovasse proprio nel Canale di Sicilia, a poche decine di chilometri dalle coste del Nord Africa.

Cannoni e avventure.

«Il Canale di Sicilia è un mare generalmente basso: in pochi posti supera i 120-130 metri di profondità, – spiega Emanuele Lodolo, geofisico dell'Istituto nazionale di oceanografia e di geofisica sperimentale ed esperto di Mediterraneo centrale. – Fino a circa 16 000 anni fa il livello del mare era ben 130 metri piú basso rispetto all'attuale. Significa che molte zone, quindi, erano emerse. In particolare la zona nordoccidentale del canale, che chiamiamo Banco Avventura, era tutt'uno con l'attuale Sicilia». La fine dell'era glaciale e lo scioglimento di parte dei ghiacciai in Antartide immisero negli oceani un'enorme quantità d'acqua, che a un certo punto arrivò anche nel Mediterraneo. Nel giro di qualche migliaio di anni il livello del mare aumentò di decine di metri, fino a raggiungere la conformazione attuale fra il 7000 e il 6000 a.C. Per migliaia di anni però il Banco Avventura formò una regione di 8000 chilometri quadrati – grande piú o meno quanto il Friuli-Venezia Giulia – che agli umani che misero piede per primi in Sicilia dovette sembrare del tutto identica al territorio circostante. Oggi però l'intero Banco Avventura si trova sott'acqua, e scandagliarlo alla ricerca di tracce umane richiede attrezzature particolari, parecchi soldi e un po' di fortuna. Come quella che ritiene di avere avuto Lodolo durante una spedizione scientifica nel Canale di Sicilia alla fine del 2012.

Lodolo si interessa da tempo del Banco Avventura: all'epoca stava studiando una sotto-regione chiamata Pantelleria Vecchia – una zona dove l'attuale fondale marino è ancora meno profondo rispetto al resto del Canale di Sicilia, e dove perciò fino a circa 9000 anni fa esistevano delle isole oggi definitivamente sommerse. Per mappare un fondale marino, dagli anni Novanta si usa una tecnologia sonar chiamata *multibeam*: è uno strumento composto da una specie di piccolo cannone che spara impulsi acustici ad alta frequenza, e da un sensore in grado di rilevare il momento in cui l'impulso sonoro torna indietro dopo aver colpito il fondale. Conoscendo a quale velocità viaggia l'impulso in acqua, si possono conoscere la profondità e la conformazione del fondale.

Osservando le rilevazioni di Pantelleria Vecchia, che si trova circa 40 chilometri a nord dell'attuale isola di Pantelleria, Lodolo notò qualcosa di strano. A 40 metri di profondità, in quello che durante l'era glaciale doveva essere uno dei punti piú alti di Pantelleria Vecchia, c'è una pietra alta 12 metri, sdraiata su un fianco. Lodolo sostiene che questa pietra sia un monolite: una di quelle migliaia di pietre erette un po' in tutta Europa durante il Neolitico, per ragioni ancora oggi poco chiare ma verosimilmente legate a una forma di culto religioso. Sono monoliti quelli di Stonehenge, per esempio: ma se ne trovano a decine anche in Italia, soprattutto in Piemonte, in Puglia e nel Lazio. A sostegno della sua ipotesi, Lodolo cita il fatto che la pietra in alcuni punti sembra levigata, e che in tre punti ha dei buchi di diametro piuttosto simile, compreso fra i 50 e i 60 centimetri. Durante una serie di successive campagne di rilevazione Lodolo sostiene di avere individuato a distanza di qualche centinaio di metri dal monolite alcune strane strutture circolari, e quella in assoluto piú peculiare di tutte: una specie di parallelepipedo lungo 820 metri, formato apparentemente da blocchi di pietra incastrati l'uno sull'altro. Lodolo lo definisce un «muro frangiflutti» o una «diga di contenimento». La sua ipotesi di lavoro è che a Pantelleria Vecchia abitasse una comunità di persone a cui ricondurre sia il muro sia il monolite. Che insomma fino al 7000 a.C. qui ci fosse un villaggio, oggi completamente inabissato.

Lodolo è molto prudente e ci tiene a precisare che le sue sono soltanto ipotesi ancora in fase di studio, e che ci vorranno anni per confermarle o confutarle, oltre all'impegno e alle valutazioni di molti altri esperti. Studiando ormai da una decina d'anni questo sito, però, ha sviluppato una teoria su come possano essere andate le cose per i presunti abitanti di Pantelleria Vecchia, che seguendo la sua tesi sarebbero i piú antichi abitanti del Canale di Sicilia.

Nei periodi piú drammatici il livello del mare si alza anche di due o tre centimetri all'anno. Gli abitanti se ne accorgono a occhio nudo: l'acqua si mangia le rocce circostanti. In un primo momento provano a spostare nel punto piú alto le case, gli orti, il magazzino, nella speranza che prima o poi il livello dell'acqua si abbassi. Poi però l'acqua continua a salire, a salire, e a salire ancora. Non basta piú spostarsi a vivere sempre piú in alto, bisogna pensare a soluzioni piú drastiche: una barriera che tenga all'asciutto il punto piú elevato dell'isola, un'ultima disperata contromisura per evitare che «l'insediamento venga inghiottito dalle acque», spiega Lodolo. A un certo punto anche quella barriera viene sommersa, e non rimane altro da fare che andarsene, e tornare sulla terraferma. Siamo sempre nel campo delle ipotesi, sottolinea di nuovo Lodolo. Ma se fosse provata, anche la sua teoria confermerebbe il sentimento che devono aver provato gli abitanti di quell'ultima isoletta rimasta, alla vista di quella distesa d'acqua che giorno dopo giorno, mese dopo mese, incombeva su di loro. La paura.

Kuroshio, la «corrente nera».

Le persone che abitavano le coste del Mediterraneo non furono le uniche a guardare con timore il mare che si estendeva davanti a loro. L'*Homo sapiens* cammina sulla Terra da circa 300 000 anni, ma le prime tracce certe della navigazione risalgono forse a 10 000 anni fa: appena il 3 per cento della nostra storia su questo pianeta. Alcuni studiosi sono convinti che per comprendere appieno il rapporto fra il mare e gli umani ci manchi qualche pezzo. Oggi esiste una vigorosa corrente di pensiero secondo la quale gli umani sono stati in grado di navigare ben prima di quanto pensiamo e di quanto ci raccontino le tracce archeologiche piú certe.

Si pensò a lungo che un luogo da studiare per osservare le prime possibili tracce della navigazione umana fosse l'Oceania. I *Sapiens* infatti la raggiunsero poche migliaia di anni dopo essere usciti dall'Africa. Oggi però sappiamo che l'abbassamento dei mari provocato dall'era glaciale creò lingue di terra fra continenti e terre che ora sono diventate enormi isole. L'Australia, per esempio, era fra queste: 45 000 anni fa era parte di un continente che gli scienziati chiamano Sahul, separato dal continente asiatico da un esteso ponte di isole e atolli. È del tutto possibile, insomma, che i primi umani a raggiungere l'Australia lo fecero a piedi, approfittando di periodi di bassa marea.

Se ci spostiamo di qualche migliaio di chilometri piú a nord, però, incontriamo un mistero. Le sei isole principali dell'arcipelago giapponese delle Ryūkyū – Tanegashima, Amami Ōshima, Tokunoshima, Okinawa, Miyako e Ishigaki – non sono mai state unite alla terraferma, per quel che ne sappiamo. Eppure sono abitate dai *Sapiens* da piú di 30 000 anni.

Nel 1962, nei pressi dell'aeroporto di Okinawa, nella città di Naha, fu scoperta una piccola grotta profonda 5,5 metri e larga 1,2. Al suo interno furono trovati alcuni utensili in osso di cervo e il corpo di una bambina di sette anni. Entrambi erano lí dal 30 000 a.C., anno piú, anno meno. Nel 2017 un gruppo di ricercatori guidato dall'antropologo Yousuke Kaifu provò a capire concretamente come avevano fatto i primi *Sapiens* a raggiungere le Ryūkyu. Per giorni il suo gruppo di lavoro fece base sulla costa est di Taiwan – che fino a qualche migliaio di anni fa era tutt'uno con la terraferma – e costruí una canoa cercando di usare soltanto utensili e materiali già disponibili 30 000 anni fa: quindi soprattutto pietre e legno di bambú. La prima canoa realizzata faticosamente da Kaifu e dal suo gruppo di lavoro era composta da undici tronchi di bambú tenuti insieme da spago vegetale, su modello di una canoa tradizionale usata dal gruppo etnico locale degli Amis. Poteva ospitare cinque persone e viaggiare a una velocità di crociera di circa 3 chilometri all'ora: piú o meno quella di una persona che cammina lentamente. Una volta messa in mare, l'equipaggio perse il controllo della canoa a metà strada dalle Ryūkyū. La colpa fu di Kuroshio, una corrente marina talmente impetuosa da ottenere il soprannome di «corrente nera». Kuroshio separa da decine di migliaia di anni le isole Ryūkyū dalla terraferma, come una specie di barriera di protezione; dopo quattordici ore di tentativi, Kaifu e i suoi colleghi si fecero recuperare a circa 10 chilometri da una piccola isola vulcanica al largo di Taiwan, Lyudao. «Le prove in mare dimostrano che almeno nell'Asia orientale il bambú è inutilizzabile [per viaggi in mare di lunga distanza]. Per riuscire a superare la corrente Kuroshio sarebbero state necessarie barche piú solide e durevoli», conclude mestamente Kaifu nel suo studio, pubblicato nel 2019 sulla rivista «Antiquity». La sua conclusione si può interpretare da due prospettive opposte. È possibile che i *Sapiens* dell'Asia orientale avessero una conoscenza tecnologica enormemente piú avanzata rispetto al resto dell'umanità, che permetteva loro di costruire navi in grado di superare Kuroshio. Oppure, per capire come fecero effettivamente ad arrivare sulle Ryūkyū bisogna guardare altrove: per esempio a qualche fattore naturale del tutto estemporaneo, come un ponte di ghiaccio o di terra.

Tornando a longitudini piú vicine a noi, da qualche anno alcuni gruppi di studiosi stanno cercando tracce di *Sapiens* e addirittura di qualche loro predecessore su alcune isole del Mediterraneo orientale. Nel 2022 il geologo George Ferentinos ha pubblicato uno studio che mette insieme tracce sparse della presenza di *Neanderthal* e in alcuni casi di *Homo erectus* nelle isole Cicladi, fra Grecia e Turchia. A Malta si discute da piú di un secolo di tre molari umanoidi che secondo alcuni esperti potrebbero appartenere a dei *Neanderthal.* A Creta è stata trovata un'ascia di quarzo datata al 130 000 a.C., che un rispettato storico del Mediterraneo come David Abulafia ritiene possa essere finita sulle spiagge dell'isola (insieme al suo proprietario?) in seguito a una tempesta, forse mentre questa persona stava pescando sulla terraferma. Un po' per caso, insomma, dato che sull'isola non è stato trovato nessun altro oggetto di fattura umana nemmeno cosí lontanamente antico.

Ad ogni modo gli archeologi – nel bene e nel male – sono estremamente prudenti quando alcuni reperti isolati e ancora poco compresi contraddicono le nostre conoscenze attuali, frutto della stratificazione di decenni di studi. E per quanto ne sappiamo oggi rimane difficile immaginare che gli umani praticassero stabilmente la navigazione prima dell'8000 a.C. Non sappiamo quanto abbia contato la paura degli antichi abitanti, un sentimento difficile da soppesare a migliaia di anni di distanza. In base alle nostre conoscenze marittime, però, sappiamo che era del tutto giustificata, almeno nel Mediterraneo e soprattutto nel Canale di Sicilia.

Esiodo feat. Jan Gustav.

Il Mediterraneo è un mare semi-chiuso, piccolo – contiene circa l'1 per cento dell'acqua salata della Terra – e dalle coste estremamente frastagliate. Anche solo osservandolo dalla riva si nota che le onde sono frequenti e assai irregolari: negli oceani invece l'assenza di terraferma fa sí che un'onda possa sopravvivere per giorni e per migliaia di chilometri, e quindi uniformarsi e allargarsi. Nel Mediterraneo, oggi come 10 000 anni fa, le onde rotolano sulle spiagge o si infrangono contro le scogliere ogni dieci secondi circa, portando con sé una quantità d'acqua sempre variabile.

L'andamento delle onde è influenzato dai venti, che a loro volta nel Mediterraneo sono molti e altrettanto imprevedibili. In giro per il mondo esistono pochissimi paragoni con un mare che ha un solo piccolissimo sbocco sull'oceano, unisce-separa due continenti, è circondato lungo i suoi bordi dal piú vasto deserto caldo al mondo (il Sahara) e da imponenti catene montuose, e le cui coste si dipanano in centinaia di slarghi, baie, golfi: tutti elementi che condizionano i movimenti dell'aria. I venti principali che soffiano nel Mediterraneo sono almeno sette, e hanno una cadenza piuttosto regolare ma anche variabile di giorno in giorno.

Il Mediterraneo poi è un mare tendenzialmente poco profondo – in media il fondale si trova a 1500 metri, contro i circa 3800 degli oceani – e le correnti d'acqua risentono moltissimo dei movimenti dell'aria sopra la sua superficie, contribuendo all'imprevedibilità delle sue condizioni meteo. Ancora intorno all'VIII secolo a.C. il poeta greco Esiodo spiegava che nel Mediterraneo esisteva soltanto una stagione davvero buona per navigare: l'estate, cioè quella in cui l'imprevedibilità delle onde, dei venti e delle correnti è ridotta al minimo per via delle zone di alta pressione, che creano giorni e giorni di mare calmo e non agitato.

Generalizzare è difficile, per le ragioni di cui sopra: il Mediterraneo è fatto da mille Mediterranei diversi, quasi dei sotto-mari, col proprio clima e le proprie consuetudini. Uno dei piú importanti studiosi del Mediterraneo antico, l'inglese Cyprian Broodbank, nel suo monumentale *Il Mediterraneo* spiega che l'estrema frammentazione geografica e l'incertezza del clima rendono «il Mediterraneo un luogo ad alto rischio ma in cui possono anche aprirsi improvvise opportunità, e la vita nel bacino è condizionata dagli sforzi per sopravvivere o per ridurre i pericoli sfruttando le occasioni favorevoli. [...] Le etichette precise assegnate a ciascuna di queste attività – esplorazione, estrazione, riproduzione, alleanze, commercio, pirateria, capacità militare, migrazione, diaspora, caccia, pastorizia, agricoltura – sono in un certo senso soltanto la sovrastruttura posta sulla necessità comune di spostarsi per garantirsi la sopravvivenza e prosperare in un teatro mediterraneo pieno di sfide e di improvvise occasioni». Se il Mediterraneo preso tutto insieme è un mare imprevedibile, di rischi e opportunità improvvise, di isole e terre che diventano importantissime per un certo periodo e poi perdono rapidamente la propria rilevanza, per poi riottenerla magari a distanza di secoli, il Canale di Sicilia è una specie di über-Mediterraneo. Alcune delle sue isole, come Linosa, sono state abitate soltanto da specie animali per migliaia e migliaia di anni: altre, come Pantelleria e Lampedusa, da sempre alternano periodi in cui diventano centralissime a momenti di estrema marginalità, senza mezze misure.

Ma il Canale di Sicilia è una specie di über-Mediterraneo soprattutto dal punto di vista del clima. Le sollecitazioni qui sono ancora piú estreme, lo spazio fra i due continenti è piú ridotto, il fondale ancora piú irregolare, e di conseguenza qui il tempo cambia in continuazione: oggi il mare è piatto e il vento soffia morbido e tiepido. Domani le onde supereranno i tre metri, e le raffiche di vento urleranno senza sosta. Dopodomani chissà.

Prova a spiegarlo nella maniera piú lineare possibile anche Jan Gustav M., un marinaio svedese che negli ultimi anni ha passato diversi periodi a bordo della *Geo Barents*, la nave di Medici senza frontiere che fra il 2021 e il 2024 ha soccorso 12 675 migranti in 190 operazioni nel Mediterraneo. Jan Gustav è un personaggio notevole. È alto quasi due metri, e nonostante abbia superato i sessant'anni ha un fisico tonico e asciutto. Da giovane ha giocato nella nazionale svedese di pallamano e lavorato come informatico e insegnante di educazione fisica. Oggi fa soprattutto lo skipper: in estate accompagna clienti facoltosi in giro per il Mare del Nord a bordo della sua barca a vela, mentre sua moglie, che fa la cuoca, si occupa dei pasti. Nel tempo libero ricostruisce auto d'epoca scandagliando eBay e fabbricando insieme a suo figlio i pezzi di ricambio che non esistono piú. Come tutte le persone che lavorano nel Mediterraneo, Jan Gustav ha il telefono pieno di app che lo aiutano a capire che forma prenderà il mare nelle ore seguenti. Hanno nomi come Windy o Windfinder e mostrano le temperature e la pressione previste, la velocità e la direzione con cui soffieranno i venti – influenzando le onde e le correnti –, ora per ora, giorno per giorno. Esattamente come Esiodo, Jan Gustav sa che il Mediterraneo è clemente quasi solo d'estate: e che il Mediterraneo centrale può diventare particolarmente ostile alla presenza umana. «In questo periodo dell'anno il meteo qui è piuttosto duro, cambia spesso, – racconta una sera di fine marzo nella principale sala di svago della *Geo Barents*, seduto su un divanetto nero in finta pelle. – Significa che ogni giorno le previsioni meteo possono essere corrette, o possono essere sbagliate». I marinai della *Geo Barents* e delle altre Ong consultano app come Windy anche per un'altra ragione: sanno che dalle coste tunisine e libiche le imbarcazioni salpano soltanto se c'è bel tempo e il mare lo permette. Il meteo è l'unico fattore che influenza davvero le partenze da quelle coste, come hanno dimostrato anche diversi studi: è del tutto possibile, fra l'altro, che pure i trafficanti di esseri umani usino le stesse app di chi invece i migranti li dovrà soccorrere.

Ma le app per la navigazione non esistevano, 50 000, 20 000, 10 000 anni fa. Come si supera la paura di un mare del genere? Con la tecnologia, benché in una forma molto piú primordiale rispetto alle app.

La barca della marmotta.

Nel 1955 un gruppo di operai stava prosciugando una palude vicino al villaggio di Pesse, nel Nord dei Paesi Bassi. La palude ostruiva il tracciato della futura A28, l'autostrada che collega Utrecht e Groningen. A un certo punto, dalle acque piú profonde della palude venne estratta una specie di tronco levigato, fradicio ma dalla forma stranamente regolare. Un contadino della zona se lo portò a casa, incuriosito. Qualche tempo dopo lo consegnò all'Università di Groningen e chiese loro cosa fosse e a quando risalisse. Oggi consideriamo quel tronco levigato la piú antica barca al mondo mai ritrovata. È lunga circa 3 metri e larga 44 centimetri, e fu realizzata intorno all'8000 a.C., 10 000 anni fa. Venne ricavata dal tronco di un pino silvestre, scavato e levigato per ospitare una fila di umani accovacciati: la sua forma ricorda alla lontana quella di una canoa. Si è conservata quasi perfettamente per via della ridotta quantità di ossigeno nelle acque torbide della palude di Pesse; oggi è conservata al museo di Assen, nei Paesi Bassi. Sappiamo con discreta sicurezza che fu costruita per muoversi sull'acqua perché nel 2001 un archeologo olandese ne costruí una identica, e riuscí a usarla piuttosto agevolmente fra le alghe e le sponde erbose della zona. A qualcuno, piú che una canoa ricordava una mangiatoia, di quelle che si vedono ancora oggi sulle Alpi, scavate in maniera squadrata dentro tronchi robusti. All'epoca però l'Europa era ancora popolata da cacciatori raccoglitori che non praticavano l'allevamento. Con tutta probabilità la canoa di Pesse veniva usata per muoversi sull'acqua, catturare pesci e contribuire cosí a saziare la fame inestinguibile di chi non aveva ancora addomesticato animali e piante selvatiche.

La piú antica imbarcazione trovata nel Mediterraneo invece non è stata trovata in una palude, ma dentro un lago: quello di Bracciano, nell'attuale area metropolitana di Roma. Risale al 5400 a.C. circa e per certi versi sembra un'evoluzione della canoa di Pesse. In realtà a Bracciano non è stata trovata una sola imbarcazione, ma ben cinque. La piú interessante è stata recuperata nel 1998 ed è una specie di canoa quasi ultimata ma mai utilizzata, per ragioni oggi difficili da ricostruire. La comunità che l'ha costruita viveva in un villaggio di pescatori sulla sponda del lago, ora completamente sommerso per via dell'innalzamento delle acque. Gli archeologi l'hanno chiamato «Villaggio Marmotta», dal nome della località in cui si sono tuffati per recuperarne i resti, molto ben conservati: la canoa infatti era immobilizzata da alcuni pali, e venne parcheggiata sulla riva di un fiumiciattolo appena prima che il villaggio fosse abbandonato per sempre. La canoa ritrovata alla Marmotta è lunga 5,40 metri e larga 53,5 centimetri nella sua parte posteriore, mentre la prua è piú sottile e rialzata. In uno studio pubblicato nel 2014, le archeologhe Maria Antonietta Fugazzola Delpino e Nina Mauro hanno ipotizzato che fosse usata soprattutto «per la pesca, per la caccia a uccelli acquatici, per la raccolta di materiale vegetale e forse anche per il trasporto di piccoli animali o di poche persone da una zona all'altra del bacino lacustre». Alcune scanalature sul fondo della barca però suggeriscono che un tempo i suoi fianchi potevano essere rafforzati con delle tavole di legno, per impedire che eventuali onde allagassero la parte interna dello scafo. Dato che nei laghi e nei fiumi del Lazio le onde sono perlopiú inesistenti, proprio queste scanalature hanno fatto pensare alle due archeologhe che queste canoe fossero utilizzate anche per brevi spostamenti in mare, dove le onde sono assai piú alte. Fugazzola Delpino e Mauro si sono spinte ancora oltre. Secondo loro, le primissime navigazioni in mare delle persone che abitavano in riva al lago di Bracciano erano legate alla ricerca di una pietra estremamente preziosa, i cui scambi hanno segnato la storia della navigazione umana e il passaggio di un'epoca: l'ossidiana.

LINOSA E LE SUE BERTE

Si dice spesso che in Scozia ci siano piú pecore che persone: ed è vero, anche se di poco. A Linosa invece, una piccola isola circa 50 chilometri a nord di Lampedusa, la presenza non umana piú pervasiva è quella dei fichi d'India. Se ne iniziano a scorgere alcuni nel molo dove sbarcano gli aliscafi, partiti da Lampedusa o da Porto Empedocle. Poi si gira una curva, sulla strada bucherellata che porta al paese: e improvvisamente sono ovunque. Incombono sui muretti in pietra lavica, penetrano senza pietà nelle griglie di cancelli e recinzioni, si insinuano dappertutto, persino fra gli stretti sentieri erbosi che delimitano gli orti. Sono centinaia di migliaia, forse milioni. Nell'unico abitato dell'isola fanno parte del panorama, insieme ai vicoli in pietra e alle tonalità pastello delle case. Appena ci si sposta verso l'interno diventano i padroni incontrastati dell'isola. A guardarli da lontano assomigliano a una massa di ometti verdi, immobili, un po' inquietanti.

Fino a qualche anno fa ce n'erano ancora di piú: nel 2017 la popolazione dei fichi d'India si è parzialmente ridotta per via di un fungo, il *Botryosphaeria ribis*, ma non si è certo estinta. A Linosa i fichi d'India crescono cosí rigogliosi per una combinazione di fattori diversi: fa molto caldo, anche d'inverno, il vento soffia meno forte che altrove, il terreno ha origine vulcanica e quindi è fertilissimo, e i campi coltivati tutto sommato non sono molti, incastrati a valle delle montagnette vulcaniche che circondano l'isola. Per quasi tutte le altre piante l'estrema scarsità d'acqua sarebbe un problema, dato che sull'isola non ci sono sorgenti naturali. Non per il fico d'India, che si accontenta di quella piovana.

Gli unici frequentatori di Linosa che possono contendere il primato ai fichi d'India sono le berte maggiori, degli uccelli marini tipici delle piccole isole del Mediterraneo. Assomigliano agli albatros, degli uccelli quasi leggendari – anche grazie alla *Ballata del vecchio marinaio* del poeta inglese Samuel Coleridge – che però vivono a migliaia di chilometri di distanza da qui. Le berte maggiori invece passano gran parte dell'anno non lontano dall'Europa, alla ricerca di cibo a pelo d'acqua sull'oceano Atlantico. Poi, verso la fine della primavera, migrano nel Mediterraneo per accoppiarsi. Moltissime scelgono di atterrare proprio a Linosa, che da decine di migliaia di anni ospita la piú grande colonia di berte maggiori in territorio europeo. Fino a poco tempo fa si pensava che fosse addirittura la piú grande al mondo, che invece si trova poco distante, sull'isola tunisina di Zembra.

Fin qui nulla di particolare: molti uccelli migratori compiono lo stesso tragitto, a un certo punto dell'anno. Le berte maggiori però sono degli uccelli assai peculiari, che da tempo attirano le attenzioni e la curiosità degli studiosi umani.

Per cominciare sono eccezionalmente fedeli: scelgono un solo partner per tutta la vita. Il loro processo di riproduzione poi è estremamente laborioso. Le femmine depongono soltanto un uovo all'anno. Sono longeve quasi quanto gli uomini – possono vivere fino a cinquant'anni – ma anche assai piú sedentarie: per tutta la vita abitano un solo nido, sempre lo stesso. A Linosa sono situati sulle rocce vulcaniche che danno sul mare, nella costa nord dell'isola, in una zona chiamata «Mannarazza». Le berte fanno anche un verso particolarissimo, simile a un lamento umano: secondo alcuni furono loro a ispirare la leggenda delle sirene, che nell'*Odissea* e in molte altre storie e miti occidentali attirano i marinai con la loro voce, per poi farli schiantare sulle coste rocciose di un'isola.

Non sappiamo con certezza *perché* gli antenati delle berte che capitarono a Linosa scelsero di costruire proprio qui il loro nido. Si pensa che abbiano apprezzato soprattutto la roccia vulcanica della costa settentrionale, piena di anfratti dove possono covare in tutta tranquillità il proprio uovo, al riparo da venti ed eventuali predatori (che a Linosa, peraltro, scarseggiano). Quando tutte le berte arrivano sull'isola, a fine maggio, ce ne sono sessanta per ogni abitante umano. Anche se fino a pochi decenni fa erano molte, molte di piú.

«Fino al 1846 a Linosa c'erano solo le berte», racconta il ricercatore Giacomo Dell'Omo, che collabora con l'Università di Palermo e da quasi vent'anni coordina un progetto di monitoraggio della popolazione di berte maggiori a Linosa. Nell'antichità l'isola era stata frequentata soltanto in modo sporadico: i Romani ci avevano costruito delle cisterne per l'acqua piovana, che probabilmente utilizzavano solo quando erano costretti a fare scalo sull'isola. I primi umani che misero piede a Linosa per rimanerci furono un centinaio di persone che sbarcarono sull'isola il 25 aprile del 1845. Erano stati inviati da Ferdinando II di Borbone per colonizzare Linosa e trasformarla in un'enorme tenuta agricola. Rispetto a una simile operazione avvenuta due anni prima a Lampedusa, le premesse sembravano migliori: Linosa è un'isola vulcanica, a differenza di Lampedusa, quindi ha un terreno decisamente piú adatto a essere coltivato. Nel 1859 però Ferdinando II morí, e con lui lo slancio del progetto coloniale. Due anni dopo l'isola passò al Regno d'Italia, come il resto del Regno delle Due Sicilie. Il primo censimento nazionale del 1861 registrò sull'isola 118 abitanti, che nei decenni successivi se la sarebbero passata piuttosto male. I collegamenti con la terraferma erano complessi e occasionali: portare sull'isola un carico qualsiasi, cibo compreso, era una piccola impresa. Ancora nel 1960 il biologo Edoardo Zavattari, nel suo libro *Biogeografia delle Isole Pelagie*, notava che alcune «deficienze alimentari» causavano a molti abitanti dell'isola «gravissime distrofie dentarie».

Per non morire di fame, i linosani mangiavano tutto quello su cui potevano mettere le mani: comprese le uova delle berte, che in primavera sfamavano decine di abitanti dell'isola. Per essere commestibili, però, le loro uova devono essere mangiate quasi subito. Dato che le femmine depongono le uova di notte, per decenni i linosani sono usciti dalle proprie case, al buio, per incamminarsi verso le scogliere nere di Punta Mannarazza, nell'estremo Nord dell'isola. Alcuni di loro si portavano dietro i figli, che con le loro manine riuscivano a raggiungere anche i nidi piú nascosti. Una scena del documentario *L'isola piú lontana*, girato a Linosa nel 1963 dal regista e fotografo Mario Carbone, mostra anche una sessione di caccia alle uova delle berte maggiori: a un certo punto si vede proprio un bambino infilare la mano in un pertugio di roccia vulcanica, e tirarne fuori un uovo.

Col passare degli anni la situazione a Linosa è progressivamente migliorata. Nel 1963 arrivarono i cavi del telefono. Un decreto del presidente della Repubblica dell'11 agosto 1975 segnala come «in costruzione» un'antenna televisiva, completata poco piú tardi. Otto anni dopo fu costruito un dissalatore, che per la prima volta nella storia di Linosa la rese indipendente dall'acqua piovana e dalle navi cisterna. Man mano arrivarono anche i turisti. Nonostante tutti questi cambiamenti, almeno una cosa per molti anni è rimasta identica: i linosani hanno continuato a cacciare le uova delle berte. «Negli anni Ottanta era ormai diventata una gara a chi ne prendeva di piú, – dice Dell'Omo. – I cinquantenni-sessantenni di oggi sono quelli che allora uscivano tutti gli anni con gli adulti per andare a prendere le uova. Per queste persone la caccia alle uova ha fatto parte dell'adolescenza, ed è legata a ricordi belli: si andava di notte, nel caldo di fine primavera, si faceva festa suonando le fisarmoniche sugli scogli, – racconta. – Negli anni Ottanta e Novanta se ne prendevano anche cinquemila: troppe, per il fabbisogno alimentare dell'isola. Si dice che poi molte uova venissero buttate. Sull'isola c'era anche una classifica delle persone piú brave ad *andare a uova*».

Dal 1992 però le berte maggiori e le loro uova non possono piú essere cacciate. Merito della legge 157 di quell'anno, che rafforzò le tutele legali per gli animali considerati a rischio di estinzione. Nel 2009 poi queste misure furono ulteriormente estese dalla cosiddetta Direttiva Uccelli approvata dall'Unione europea. Da almeno trent'anni, insomma, le berte maggiori e le loro covate non si potrebbero nemmeno sfiorare. Eppure i linosani hanno continuato a lungo a fare a gara a chi raccogliesse piú uova, nelle calde notti di fine maggio. Ancora nel 2017 Dell'Omo stima che circa 700 uova furono sottratte dai nidi.

Dall'anno successivo, anche grazie alle pressioni del gruppo di lavoro di Dell'Omo, è stata trovata una soluzione drastica. Ogni anno a fine maggio un gruppo di carabinieri della Sezione operativa centrale del Raggruppamento Cites (Convenzione di Washington sul commercio internazionale delle specie di fauna e flora minacciate di estinzione) sbarca sull'isola e ci rimane per almeno una settimana, per pattugliare i nidi e dissuadere eventuali furti di uova. «La sola presenza sull'isola di pattuglie specializzate dedite alla perlustrazione delle aree di cova, nel tempo, si è dimostrata un forte deterrente», ha scritto l'ufficio stampa nazionale dei carabinieri in un comunicato dai toni trionfanti. Dell'Omo concorda: dal 2018 i furti di uova si sono praticamente azzerati. Questo però non significa che le berte siano al sicuro da altri pericoli, a volte ancora piú minacciosi dell'uomo.

L'attività principale del gruppo di lavoro di Dell'Omo prevede un accurato monitoraggio di un campione delle berte maggiori che frequentano Linosa. A circa 500 esemplari è stato legato alla zampa un anello che contiene un geolocalizzatore, mentre ogni singolo nido è stato individuato e segnalato con una targhetta bianca: se ne intravedono alcune anche appena al di fuori della stradina che porta a Punta Mannarazza. «Riusciamo a capire quanto a lungo vivono, se nei nidi tornano gli stessi individui – se il nido rimane vuoto assumiamo che il suo proprietario sia morto –, se e quanto si riproducono: è una raccolta di dati che ci permette di capire se questa popolazione ce la farà, nel futuro», dice Dell'Omo. Contare quante berte esattamente facciano parte della colonia che frequenta Linosa è praticamente impossibile, ma l'impressione del gruppo di Dell'Omo è che negli ultimi vent'anni la popolazione sia progressivamente diminuita: nel 2007 era formata da circa 20 000 coppie, mentre oggi sono appena 13 000. L'azzeramento dei furti di uova ha rallentato un processo che però, per certi versi, sembra quasi inarrestabile.

Dell'Omo spiega che ora i pericoli piú grandi per le berte si trovano in mare, dove passano la maggior parte delle loro vite: molte di loro muoiono perché abboccano agli ami che i pescatori preparano per i pesci e gettano in acqua all'estremità di fili lunghi anche molti chilometri. Altre perché, senza accorgersene, ingeriscono grandi quantità di plastica. Per ridurre in maniera radicale i pericoli per le berte maggiori servirebbero misure strutturali, come una campagna di sensibilizzazione per i pescatori del Mediterraneo centrale, e molto piú a monte interventi per ridurre la quantità di plastica nelle vite di tutti noi. Secondo una stima del Programma delle Nazioni Unite per l'ambiente (Unep), ogni giorno vengono scaricate nel Mediterraneo piú o meno 730 tonnellate di plastica. Circa un rifiuto su quattro trovato nel Mediterraneo centrale è fatto di plastica usa e getta. Dell'Omo e i suoi colleghi e colleghe, comprensibilmente, possono intervenire soltanto sulle minacce che esistono sulla terraferma, cioè a Linosa. Dove peraltro gli umani non sono i soli interessati alle berte maggiori: da qualche tempo ci sono anche i gatti.

«Sulle isole le specie endemiche si sono evolute in assenza di predatori, e per tutte loro i gatti sono un problema», spiega Martina Cecchetti, biologa dell'Università di Torino che fa parte del gruppo di lavoro di Dell'Omo. In Giappone, per esempio, esistono una decina di isole diventate famose perché abitate quasi solo da gatti, che hanno spazzato via moltissime altre specie animali. A Linosa la situazione non è ancora cosí grave, ma un rischio del genere era all'orizzonte, fino a qualche anno fa. «Le berte maggiori a terra sono molto goffe, quindi semplici da cacciare per i gatti», che a Linosa sono tantissimi. Non è chiaro chi li abbia portati per primo sull'isola, ma oggi sono almeno 485. Piú dei linosani stessi, che li amano molto: il murale piú famoso dell'isola, realizzato sulla curva della strada principale dell'abitato, è una sagoma stilizzata di alcune panchine, e di un gatto che le osserva serafico.

Cosa si può fare per evitare che questa ingente colonia felina divori quella delle berte maggiori? La soluzione trovata da Dell'Omo è una campagna di sterilizzazione di massa dei gatti linosani, che va avanti ormai da tre anni.

In teoria la sterilizzazione di animali problematici spetterebbe all'Asl di Agrigento, che però a Linosa non ha le forze e le risorse per occuparsene. Dal 2022 è il gruppo di lavoro di Dell'Omo che si occupa della sterilizzazione dei gatti. Ogni anno fa venire appositamente un veterinario di Torino: i linosani vengono invitati a portare i loro gatti domestici all'ambulatorio, mentre quelli selvatici vengono catturati con delle trappole in metallo (sono gabbie che si chiudono da sole dopo che il gatto viene attirato all'interno con un pezzo di cibo). Per comodità, a Linosa vengono sterilizzate soltanto le femmine: Cecchetti dice che dal 2022 a oggi sono state sterilizzate quasi tutte tranne due o tre, particolarmente difficili da catturare.

Una campagna di sterilizzazione di massa di questo tipo produce soprattutto due conseguenze: la progressiva riduzione della popolazione, principalmente quella selvatica, e un comportamento piú mansueto, e quindi meno interessato alla caccia, degli esemplari sterilizzati. Non è soltanto un'impressione: le gatte linosane sterilizzate cacciano effettivamente meno di quelle non sterilizzate. «Abbiamo fatto uno studio sui baffi dei gatti, che sono un po' come il capello delle persone, – spiega Cecchetti. – La differenza la vedi in primavera, quando arrivano gli uccelli migratori come le berte: nei gatti non sterilizzati la percentuale di carne di uccello sul totale della dieta passa dal 3 al 10-11 per cento, mentre in quelli sterilizzati la percentuale rimane la stessa», nonostante siano circondati da migliaia di pasti ambulanti, facili e appetitosi.

Cecchetti dice che ci vorrà del tempo per capire se la campagna di sterilizzazione sui gatti di Linosa darà i risultati attesi. Intanto però bisogna sperare che nessun linosano diventi un gattaro, e decida di adottarne a decine dal continente; oppure che sull'isola non arrivino altri potenziali predatori delle berte maggiori. «Nonostante le isole siano dei posti da preservare perché presentano un elevato tasso di biodiversità, in Italia non c'è nessuna tutela in questo senso, – spiega Cecchetti. – Se io domani portassi a Linosa un camaleonte, o ancora peggio una faina per cacciare i conigli, farei un danno gigante: potenzialmente potrei sterminare la colonia di berte. Ci piacerebbe che una legge imponesse una soglia massima di gatti che ogni persona può tenere, e vietasse nuove introduzioni». Difficile, però, pensare a una misura meno popolare di questa: a Linosa come altrove.

Capitolo secondo

Il Neolitico fu un momento cruciale nella storia umana, soprattutto per i tre continenti che si affacciano sul Mediterraneo. Per convenzione gli antropologi fanno coincidere il suo inizio con la diffusione dell'agricoltura e dell'allevamento, scoperti entrambi intorno al 10 000 a.C. – non a caso, verso la fine dell'ultima era glaciale – in una regione del mondo di cui tutti abbiamo avuto una prima contezza sui sussidiari: la Mezzaluna fertile, quel pezzo di Medio Oriente incastonato tra i fiumi Tigri ed Eufrate, in una zona che oggi è compresa fra Iraq, Turchia, Siria, Iran, Arabia Saudita e Kuwait. Nel giro di qualche migliaio di anni l'agricoltura e l'allevamento si diffusero nel resto del Medio Oriente, in Nord Africa e in Europa. L'ultimo lembo di Europa geografica in cui arrivarono fu l'Irlanda, intorno al 3800 a.C. Lassú e ovunque in Europa queste innovazioni furono introdotte da un gruppo umano con un preciso patrimonio genetico, gli antichi agricoltori di cui parlavamo qualche pagina fa. Per caratterizzarli meglio, i genetisti li chiamano «antichi agricoltori anatolici».

Provenivano infatti dall'Anatolia, cioè l'odierna Turchia. Erano piú bassi dei cacciatori raccoglitori che all'epoca vivevano in sparuti villaggi lontani decine di chilometri l'uno dall'altro, e avevano anche la pelle piú chiara della loro. Ancora oggi in buona parte dei paesi del Sud Europa il loro patrimonio genetico è quello prevalente nella popolazione. Il posto in cui lo si trova nella concentrazione maggiore è la Sardegna: se conoscete una persona che ha parenti sardi da moltissime generazioni, è possibile che abbia un aspetto fisico paragonabile a quello degli antichi agricoltori anatolici. Ma anche a quello di Ötzi, l'uomo morto intorno al 3230 a.C. sulle Alpi fra Italia e Austria, i cui resti furono trovati nel 1991 da una coppia di turisti. Ötzi infatti era un discendente diretto degli antichi agricoltori anatolici che arrivarono in Europa. Ma questa è un'altra storia.

Con l'agricoltura e l'allevamento le comunità umane lungo tutto il Mediterraneo si trasformarono, diventando quasi del tutto stanziali. Aravano campi, costruivano recinti in cui allevare capre, pecore e bovini, e per la prima volta nella storia avevano un pezzo di terra, uno solo, che potevano chiamare «casa», qualunque parola usassero per esprimere questo concetto. I processi produttivi diventarono operazioni da compiere in serie, ogni giorno, nello stesso posto, con le stesse modalità. Servivano quindi utensili sempre piú precisi e affidabili. I metalli sarebbero stati scoperti soltanto qualche migliaio di anni piú tardi. In natura però esisteva un materiale che dopo una rapida lavorazione permetteva di ricavare strumenti affilati e resistenti quasi quanto un moderno coltello da cucina. Ci si potevano costruire asce, punte di lancia e di freccia, e i fondamentali raschiatoi, con cui rimuovere la pelle dalla carne degli animali. Oggi chiamiamo questo materiale «ossidiana».

L'origine del suo nome è un piccolo mistero: lo storico latino Plinio il Vecchio sosteneva che fosse stata scoperta da un romano, un certo Ossidio. Sappiamo però che l'ossidiana veniva estratta e lavorata anche in posti assai lontani dal Mediterraneo, dove quel mitico scopritore non avrebbe mai potuto mettere piede. Uno studio del 2015 dell'archeologo giapponese Nobuyuki Ikeya ha scoperto che già nel 36 000 a.C., nell'entroterra giapponese, erano arrivati pezzi di ossidiana raccolti sull'isola vulcanica di Kōzushima, che oggi si trova a circa 50 chilometri dalla costa. Lo studio di Ikeya apre scenari molto affascinanti anche per quanto riguarda la scoperta della navigazione, di cui parlavamo prima: per quanto ne sappiamo, Kōzushima non è mai stata collegata via terra alla piú grande isola giapponese, Honshū, dove si trovano Tōkyō, Ōsaka e Yokohama. Nell'Asia orientale le piú antiche canoe ritrovate sono di poco successive a quella scoperta a Pesse, nei Paesi Bassi, e databili fra 8000 e 7500 a.C. Come ha fatto, insomma, l'ossidiana di Kōzushima ad arrivare a Honshū? Oggi non siamo in grado di dare una risposta.

Oggetti di ossidiana si trovano anche in Sud America, dove fra Cile e Argentina sono stati individuati almeno nove luoghi di estrazione. Uno dei piú antichi oggetti in ossidiana è stato trovato a Pilauco, nel Cile meridionale: ha una forma un po' incomprensibile, e un'età di circa 13 500 anni. Ma ancora nel 1828 (dopo Cristo) il geografo inglese William Bollaert osservò una comunità indigena della Patagonia che si muoveva in lunghe canoe e usava comunemente dei coltelli in ossidiana. Ancora oggi si possono acquistare dei coltelli in ossidiana su Amazon, certo molto meno affascinanti rispetto a quelli che riemergono da uno scavo neolitico. Ma l'ossidiana non era certo l'unica pietra con cui si potevano realizzare solidi utensili: perché ha esercitato questo fascino, a tutte le latitudini?

C'entra la sua estrema utilità, certo. Ma anche il suo colore cosí difficile da descrivere, nero e lucente, del tutto simile agli schermi dei nostri smartphone, a cui la possiamo paragonare anche per la superficie cosí piacevole al tatto. Tutte queste caratteristiche sono dovute al suo processo di formazione. In estrema sintesi, l'ossidiana è un pezzo di lava che al contatto con l'aria si è raffreddato cosí velocemente che le molecole al suo interno non hanno avuto tempo di cristallizzarsi in maniera definita. Per questo mantiene sia la solidità della pietra sia l'affilatezza e la superficie patinata tipiche del vetro.

In tutto il Mediterraneo l'ossidiana fu uno degli elementi principali del cosiddetto «pacchetto Neolitico»: una serie di innovazioni che, combinandosi fra loro, nel giro di pochi secoli trasformarono per sempre la vita umana sulla Terra. La scoperta dell'agricoltura e dell'allevamento rese gli uomini stanziali e li spinse quindi ad aggregarsi in comunità complesse. Nacquero allora nuove organizzazioni sociali, gruppi umani molto piú stratificati di quelli esistiti fino a quel momento. Un accesso piú agevole al cibo portò per la prima volta a un aumento vertiginoso della popolazione. I primissimi cacciatori e raccoglitori che arrivarono in Europa non erano mai riusciti a occuparla in tutta la sua estensione, neanche lontanamente. Nel 2019 due studiosi dell'Università di Colonia, in Germania, hanno calcolato che fino a circa 30 000 anni fa nell'intera Europa centrale e occidentale, quella che va grossomodo dalla Spagna alla Polonia, vivevano contemporaneamente circa 1500 persone. 50 volte meno di chi oggi abita a Isernia, di gran lunga la provincia italiana meno popolata. Nei millenni successivi i cacciatori raccoglitori non dovettero essere molti di piú. L'Europa, insomma, iniziò a punteggiarsi di villaggi e campi coltivati soltanto con l'arrivo degli antichi agricoltori anatolici. Nei secoli e millenni successivi infatti moltissime persone lasciarono la comunità di origine in cerca di terre da coltivare e mantenere a pascolo, come del resto è avvenuto diverse volte nella storia umana.

Per coprire facilmente distanze piú lunghe, e raggiungere terreni che ancora non erano di nessuno, molte persone furono spinte dalle circostanze a inventarsi un modo per spostarsi sfruttando il mare: e con tutta probabilità lo fecero a bordo di imbarcazioni rudimentali simili a quelle trovate sul lago di Bracciano. La vela sarebbe stata scoperta soltanto verso la fine del Neolitico: una delle primissime immagini, forse la prima in assoluto di una vela in questa parte del mondo, risale a un vaso egizio conservato al British Museum, datato intorno al 3500 a.C., quindi a cavallo fra Neolitico ed età del bronzo.

Anche senza l'aiuto delle vele, durante il Neolitico migliaia di umani si spostarono in cerca di terre in tutta Europa, in certi casi mettendo piede per la prima volta su isole che fino a quel momento erano state precluse alla presenza dell'uomo. Su alcune di queste isole, come la Sardegna, trovarono sterminati terreni fertili, innumerevoli sorgenti di acqua dolce e animali che ancora non conoscevano il collare o il giogo. Altre isole vennero raggiunte e frequentate per ragioni diverse, come la presenza di ossidiana.

Qualcuno l'avrà già notato. La Patagonia e le isole minori del Giappone sono luoghi geologicamente molto significativi: ricchi di vulcani, e spesso sottoposti a forti terremoti per via degli scontri fra enormi placche sotterranee. Anche nel Mediterraneo centrale l'ossidiana proviene da luoghi del genere, ugualmente rari e remoti. Ancora oggi si contano sulle dita di una mano: a Palmarola, una piccola isola dell'arcipelago di Ponza, al largo delle coste della Campania. Sul monte Arci, in Sardegna, in provincia di Oristano. A Lipari, la piú grande delle isole Eolie, in Sicilia. E infine a Pantelleria, nel Canale di Sicilia. Fu proprio all'ossidiana di Pantelleria che si dovettero i primi contatti nella storia umana fra le persone che abitavano in Europa e quelle che abitavano in Africa.

Un eccellente motivo.

«Pantelleria non ha approdi naturali, il suo ambiente è molto ostico, ventoso, quasi non c'è acqua potabile, – racconta Leonardo Abelli, archeologo subacqueo dell'Università di Sassari. – Devi avere davvero un buon motivo per andarci». Per gli umani del Neolitico la ricerca dell'ossidiana era un motivo che definire buono sarebbe un eufemismo.

Non sappiamo esattamente *chi* siano stati i primi ad arrivare a Pantelleria, da dove fossero partiti, da dove risalirono l'aspra scogliera che circonda l'isola. Sappiamo molto bene cosa li attirò: le vene di ossidiana nella costa sud dell'isola, visibili anche dal mare. A Pantelleria ancora oggi sono note cinque miniere di ossidiana: quella di gran lunga piú nota e sfruttata si trova nell'estrema punta meridionale dell'isola, in un posto particolarmente remoto chiamato «Balata dei Turchi». Lontano tre quarti d'ora di macchina dall'abitato principale di Pantelleria, per arrivarci bisogna abbandonare la strada militare che collega tutta la costa dell'isola e scendere lungo una specie di mulattiera di fango rossiccio. In teoria sarebbe un sentiero escursionistico, ma le tracce a terra non mentono: auto e scooter si lanciano verso il mare sfidando l'assenza di un guardrail.

Ancora oggi, dopo millenni di sfruttamento, nella parete rocciosa a picco sul mare si scorge uno strato orizzontale di roccia nera, anzi nerissima, sopra le teste delle centinaia di turisti che ogni estate vengono qui a fare il bagno, immergendosi nell'acqua azzurrina di una caletta riparata dal vento. Qualche migliaio di anni fa l'ossidiana doveva occupare gran parte della parete. Possiamo quasi immaginare un gruppo di persone che arriva a Pantelleria pagaiando a bordo di tronchi scavati e messi in acqua, simili a quelli trovati nel lago di Bracciano. L'isola appare davanti a loro come un enorme cono rovesciato, coperto di boschi e corollato da pietra lavica, forse ancora fumante. L'Istituto nazionale di geofisica e vulcanologia stima che a Pantelleria le ultime eruzioni avvennero fra il 3000 e il 2000 a.C., quindi molto dopo la primissima frequentazione umana dell'isola. Gli uomini con i remi forse decisero di dare un'occhiata a Pantelleria girandole intorno, dal mare: possiamo figurarceli mentre vogano parallelamente alla costa, a qualche decina di metri dall'isola, per evitare di finire risucchiati dalla corrente ed essere sbattuti sugli scogli. Chissà chi fu il primo ad accorgersi di quella parete nera scintillante, cosa disse ai suoi compagni, cosa provò in quel momento. Sicuramente un po' di sollievo, osservando che proprio nei pressi della parete scintillante la costa si faceva piú dolce e avvicinabile.

Una volta esplorata da vicino la parete, la loro reazione doveva essere stata ambivalente. Da un lato una certa felicità legata al ritrovamento di un materiale cosí prezioso e in quantità enormi, sebbene in un posto non esattamente comodissimo. Fra l'8000 e il 6000 a.C. il livello del mare a Pantelleria era di vari metri piú basso rispetto a quello attuale: l'ossidiana non si trovava a circa 30 metri d'altezza, come oggi, cosa che negli anni ha fatto immaginare agli archeologi complicati sistemi di ingegneria per calarsi dall'alto con delle corde e picconare la parete sospesi sul mare. È possibile però che una vena di ossidiana fosse raggiungibile ad altezza d'uomo, o quasi: nel tratto di mare sotto la Balata dei Turchi, fra i 5 e gli 8 metri di profondità, si trova il fronte di una colata lavica con massi e blocchi di ossidiana già staccati dalla roccia, che per essere lavorati dovevano soltanto essere spostati altrove. Dall'altro lato, le prime persone arrivate sull'isola furono costrette a un'amara constatazione. Nel giro di chilometri non c'era nemmeno una goccia di acqua dolce, allora come oggi. Pantelleria non ha fiumi o sorgenti. Nell'unico laghetto dell'isola l'acqua è stagnante e salatissima. Che fare?

A volte in luoghi del genere l'acqua dolce si trova in falde nascoste sottoterra. Si sceglie un posto e si continua a scavare finché non si trova qualcosa. E però quasi ovunque, a Pantelleria, si possono sterrare dei pozzi senza trovare traccia di acqua dolce. L'unico posto dove se ne trova un po' è anche il meno comodo, almeno dalla prospettiva di un frequentatore neolitico. In alcuni promontori a nord, esattamente dalla parte opposta dell'isola rispetto alla Balata dei Turchi, ci sono delle cave in cui si insinuano sia l'acqua del mare sia quella piovana. Essendo salata e quindi piú pesante, l'acqua del mare tende a rimanere in profondità, mentre quella piovana in buona parte «galleggia»: nelle cave quindi l'acqua piú vicina alla superficie è composta da acqua piovana mischiata a piccole quantità di acqua marina. È salata, ma potabile: col tempo forse ci si fa persino l'abitudine. Gli abitanti dell'isola chiamano queste cave *buvire*. Oggi non servono piú, dato che sull'isola sono attivi due impianti di desalinizzazione, il primo dei quali costruito nel 1975. Parecchie *buvire* sono scomparse o sono state distrutte per fare spazio a strade e case, molte delle quali sfoggiano rigogliosi giardini. Chi visita l'isola oggi deve quindi fare un grande sforzo per immaginare quanto a lungo i primissimi frequentatori di Pantelleria esplorarono l'isola alla ricerca di acqua dolce. Quanti pozzi furono scavati a vuoto, sotto il sole, per ore, per giorni, prima di trovare la prima *buvira*. Ancora oggi il principale centro abitato di Pantelleria si trova nell'estrema punta nordovest dell'isola, nella zona delle antiche *buvire*.

Nel Neolitico però le condizioni dell'isola rimasero estremamente difficili per una presenza stabile, di cui in effetti non abbiamo tracce: non ci sono case, magazzini, botteghe, nessuna struttura permanente. Questo però non vuol dire che Pantelleria non sia stata frequentata, forse addirittura per secoli, prima di diventare la casa di qualcuno. «Fin dalla fine degli anni Novanta abbiamo trovato nella parte nord dell'isola tantissime attestazioni in superficie di ossidiana lavorata, che proviene soprattutto dalla parte sud, – racconta Maurizio Cattani, che insegna preistoria e protostoria all'Università di Bologna e da molti anni, ogni estate, conduce una campagna di scavo sull'isola. – Alcune di queste ossidiane le possiamo datare tra il sesto e il quarto millennio avanti Cristo», quindi poche migliaia di anni dopo le prime tracce concrete di navigazione nel Mediterraneo. «L'abbondanza di materiale nella zona ci fa presumere che anche la comunità che la frequentava era di una certa consistenza», dice Cattani. La forma dei vasi e degli altri oggetti di vita quotidiana che usavano ci dice che queste persone provenivano dalla Sicilia meridionale. Difficile però ipotizzare qualcosa di piú sul loro conto: abitavano sull'isola oppure ci passavano soltanto il tempo necessario per estrarre l'ossidiana per poi tornare al sicuro nelle proprie case, al di là del mare?

Ancora oggi a nord dell'isola non è difficile trovare pezzi di ossidiana sparsi per terra. Un isolano racconta che ogni tanto emergevano anche nel campo da calcio dello stadio della contrada Arenella, alla periferia dell'abitato principale di Pantelleria, chiuso dal 2010 per problemi di agibilità delle tribune. Ma il posto in assoluto dove sono stati trovati piú pezzi di ossidiana nel Nord dell'isola, quindi lontano circa 10 chilometri dal punto in cui veniva estratta, è la cosiddetta «Punta Fram», qualche chilometro a sud dell'abitato principale. Qui nel 1996 l'Università di Bologna condusse un piccolo scavo, poi analizzato anni dopo dall'archeologo Fabrizio Nicoletti dell'Università Suor Orsola Benincasa di Napoli. Durante lo scavo furono ritrovati 1518 oggetti in ossidiana, dai nomi molto indicativi per gli archeologi e un po' meno per i comuni mortali. Nicoletti elenca *bulini*, *grattatoi*, *troncature*, *incavi*, *spine*, *raschiatoi*, *lame a dorso*. A osservare la loro forma non sembra avessero una funzione precisa: infatti qualcuno sospetta che siano in realtà scarti di lavorazione di oggetti piú definiti. Sul loro conto circola un'ipotesi ancora piú romantica. Punta Fram è un posto abbastanza unico a Pantelleria: «La sua superficie è un caotico ammasso di lave alternate a piccoli avvallamenti colmi di sedimento sabbioso nei quali, durante l'inverno, ristagnano le acque piovane», scrive Nicoletti in un articolo del 2012. Oggi ha conservato la stessa forma: a pochi metri da una curva della strada militare ad anello che collega tutta la costa dell'isola si vede una distesa di pietra lavica, nerissima, interrotta da alcune chiazze di sabbia grigia. Quando l'isola era frequentata da uccelli migratori è possibile che Punta Fram fosse un punto dove gli stormi potevano riposare e bere dell'acqua dolce, in mezzo a chilometri di acqua salata. Oggi non capita praticamente piú, ma migliaia di anni fa visitavano Pantelleria moltissime specie di uccelli: fino agli anni Settanta del Novecento planavano sull'isola persino i *puffin*, le pulcinelle di mare.

I primi frequentatori di Pantelleria non potevano non sapere di questi enormi raduni di uccelli. Forse, quindi, piazzavano all'interno delle pozze delle trappole per catturarli: e fra una presa e l'altra ingannavano il tempo scheggiando pezzi dell'ossidiana recuperata piú a sud.

Che fine faceva, poi, questa ossidiana? Circolava in tutto il Mediterraneo centrale. «L'ossidiana piú antica estratta a Pantelleria la troviamo in Tunisia, in Algeria, a Malta e in Sicilia: risale alla fine del settimo millennio avanti Cristo, all'inizio del sesto, e indica che c'era già una frequentazione piuttosto consistente dell'isola», racconta Cattani. Le ossidiane di Pantelleria sono la prima prova di un contatto fra chi viveva a nord e a sud del Canale di Sicilia: due comunità che erano rimaste separate per decine di migliaia di anni, e che si ritrovarono, si parlarono, ed evidentemente si accordarono grazie, forse, a una pietra lucente e particolarmente appuntita.

Uno studio del 2010 di un gruppo guidato dall'archeologo Simone Mulazzani ha stimato che oggetti in ossidiana sono stati trovati in diciannove siti archeologici sparsi in tutta la Tunisia. Pochi sono stati analizzati al radiocarbonio, l'unico metodo che consente di datare con precisione un certo reperto: ma i piú antichi risalgono al 7000 a.C., cioè alle primissime navigazioni in giro per il Mediterraneo, prima ancora che in Europa o in Nord Africa arrivasse l'agricoltura. Anche l'analisi della composizione chimica è stata effettuata solo su pochissimi campioni. Ma queste ricerche limitate e incomplete possono essere integrate con un'osservazione piú elementare, a occhio nudo. A differenza delle altre ossidiane italiane, quella di Pantelleria ha infatti un leggero riflesso verdognolo, e per questo si riesce a distinguere piuttosto facilmente. Sulla base delle analisi e delle osservazioni a occhio nudo, Mulazzani scrive che «tutti i dati disponibili suggeriscono che l'ossidiana che inondò il Nord Africa orientale proveniva quasi tutta, se non tutta, da Pantelleria».

Non sappiamo quasi nulla di quegli scambi. All'epoca non c'erano monete, non c'erano entità statali, non esisteva neanche una classe sociale di mercanti: il commercio nelle forme in cui lo conosciamo oggi sarebbe stato inventato soltanto qualche millennio piú tardi. Lo stesso Mulazzani ammette che non sappiamo se per esempio «l'ossidiana di Pantelleria venisse acquisita tramite specifiche spedizioni dal continente da "raccoglitori marittimi", oppure piú indirettamente, tramite una navigazione a vista della costa che prevedeva il trasporto di altri materiali. Per via delle sue proprietà meccaniche, cromatiche e di lucentezza l'ossidiana esercitava certamente una certa attrazione per le comunità del Nord Africa: che in cambio avrebbero potuto offrire ai gruppi umani di Pantelleria la selce, assente sull'isola, fra le altre cose». La selce è un'altra pietra importantissima per la preistoria: è abbastanza tagliente per realizzare coltelli e punte di frecce, e se sfregata contro un'altra pietra produce una scintilla che permette di accendere un fuoco.

La diffusione dell'ossidiana di Pantelleria nel Nord Africa coincide col passaggio delle comunità locali da uno stile di vita da cacciatori raccoglitori a uno piú compiutamente neolitico: cioè stanziale e basato sull'agricoltura e l'allevamento. Difficile stabilire la direzione di un rapporto di causa-effetto: se cioè la diffusione dell'agricoltura abbia richiesto l'uso di oggetti piú precisi e affilati, quindi la ricerca di ossidiana, oppure se l'arrivo di oggetti affilati abbia permesso una transizione piú rapida all'agricoltura e all'allevamento. Possiamo dire con certezza che l'ossidiana fu un catalizzatore di processi già in atto in maniera autonoma e indipendente da quello che stava succedendo piú a nord, dalla Sicilia in su. Nel giro di un paio di millenni in tutto il Nord Africa emersero comunità di agricoltori e allevatori, che utilizzavano la stessa identica pietra delle comunità umane che popolavano l'Italia, la Francia del Sud e la Croazia. Un fenomeno dovuto anche a una piccola isola in mezzo al mare, incastrata fra due continenti.

Le ultime cene.

In seguito alla scoperta dei metalli e l'ingresso in quella che per convenzione chiamiamo età del bronzo, l'ossidiana perse valore. Il bronzo era un materiale versatile, incredibilmente resistente e persino bello da vedere: ci si poteva fare di tutto, dalle spade agli orecchini, passando per gli ami da pesca e le pentole. Lo si otteneva fondendo il rame e lo stagno, due materiali rari ma tutto sommato reperibili attraverso una fitta rete di commerci di mare e di terra, la cui stabilità secondo alcuni studiosi fu assicurata da un bisogno condiviso da tutte le comunità del Mediterraneo di procurarsi rame e stagno per produrre il bronzo. Per questo periodo, che va piú o meno dal 2000 al 1200 a.C., in un suo saggio l'archeologa danese Helle Vandkilde ha inventato il termine *Bronzization*: una crasi fra le parole *bronze*, bronzo, e *globalization*, globalizzazione, per indicare che una mole del genere di connessioni e rapporti – commerciali, politici e culturali – non si era mai vista nella storia umana, prima di allora, e sarebbe tornata soltanto con l'Impero romano e con la globalizzazione contemporanea.

Dopo la scoperta e la diffusione del bronzo, e la conseguente riduzione della domanda di ossidiana, Pantelleria perse la sua centralità nel Mediterraneo: come capitato a tutte le isole e le terre di questo pezzetto di mondo, l'avrebbe recuperata secoli o millenni piú tardi. Paradossalmente è probabile che fu proprio la perdita di questa centralità ad agevolare la nascita della prima comunità stabile a Pantelleria, nell'arco di 300 anni fra il 1800 e il 1500 a.C. I suoi resti sono perfettamente conservati e si trovano un paio di chilometri a sud dell'abitato di Pantelleria, in una zona chiamata «Capo Mursía».

Qui, in un promontorio sulla costa che fino a mezzo secolo fa ospitava una coltivazione di capperi, sono state trovate una cinquantina di capanne ancora ben visibili, in una zona che Cattani scava ogni estate insieme ai suoi collaboratori. La posizione di Capo Mursía non fu scelta a caso: le *buvire* di acqua potabile erano poco distanti, e il promontorio ancora oggi è situato vicino a un pianoro dove far pascolare gli animali, in mezzo a due piccole insenature che per via del loro orientamento sono sottoposte a venti diversi: quindi si possono usare alternativamente, a seconda di quale delle due ospiti il mare piú calmo. Le abitazioni piú antiche del villaggio sono case di forma allungata di cui oggi si vedono soltanto le fondamenta. Erano lunghe una decina di metri, ed erano costruite circa un metro sotto il livello del terreno, forse per proteggerle in maniera piú efficace dal vento che sull'isola soffia forte quasi ovunque e per tutto l'anno. Le pareti erano state intonacate con dell'argilla rossa, il pavimento livellato da uno strato di ghiaia. Il tetto poggiava su travi di legno e all'esterno era protetto da lunghe canne selvatiche, ancora oggi visibili sull'isola lungo la strada militare. Ovunque, a Capo Mursía, si trovano pezzetti di ossidiana, che nel villaggio era rimasto il materiale piú utilizzato, nonostante le innovazioni tecnologiche nel resto del Mediterraneo. Nel momento di massima espansione del villaggio ci abitavano circa trecento persone, che vivevano di quello che riuscivano a coltivare e ad allevare nelle sue immediate circostanze. In tutta l'isola non esistevano altri insediamenti. Oltre alle capanne gli antichi abitanti dell'isola lasciarono altre due strutture che ancora oggi affascinano chi le osserva: un muro lungo 150 metri che delimitava il villaggio fra una costa e l'altra di Capo Mursía, e alcune tombe monumentali chiamate «Sesi», una parola che nel dialetto dell'isola significa «cumuli di pietre».

Il muro è uno degli elementi del sito che piú affascinano Cattani. Oggi è alto appena qualche metro ma ai tempi doveva essere «una fortificazione esagerata, alta fino a 12 metri, ben oltre le normali necessità di difesa», racconta. Non è chiaro a cosa servisse davvero: sull'isola non c'era nessun altro villaggio – gli abitanti di Capo Mursía erano soli. Non dovevano difendersi da nessuno. Dal mare non era mai arrivata alcuna minaccia, per quanto ne sappiamo, e Pantelleria non si trovava nei paraggi di nessun impero marittimo: non ancora, perlomeno. Cattani ipotizza che venne costruito «per segnalare forza e prestigio della comunità», un enorme monumento alla coesione interna, dato che per costruirlo ci sono sicuramente volute migliaia di ore e le braccia e il sudore di centinaia di persone. Altri pensano che potesse servire a scoraggiare eventuali invasori, o pirati, dato che un muro alto 12 metri è visibile a occhio nudo anche dal mare. Come a dire: non ci provate.

Anche i Sesi sono un lascito piuttosto affascinante. Da fuori assomigliano a depositi di pietre, spesso laviche. Al loro interno però nascondono delle piccole camere che gli abitanti di Capo Mursía usavano come tombe. Il Sese piú grande è aperto al pubblico: in linea d'aria si trova qualche centinaio di metri piú a nord rispetto al villaggio, in una zona ancora oggi meno ventosa e piú quieta rispetto al resto dell'isola. In quest'area non sono state trovate abitazioni, ma solo tombe: per gli abitanti di allora era probabilmente il quartiere dei morti.

Il Sese grande di Pantelleria ha undici accessi e dodici camere funerarie. In ciascuna camera veniva seppellita una persona, a volte due, in rarissimi casi anche tre. L'accesso alla tomba non era sigillato ma rimaneva aperto: forse per celebrare la persona morta a distanza di un anno, dieci anni, vent'anni. I Sesi sono una struttura particolarissima e con pochi paragoni. Un'ipotesi suggestiva ma poco verificabile vuole che gli abitanti dell'isola li costruissero per imitare i luoghi dove in Sicilia, fin dall'arrivo dei primi *Sapiens*, si seppellivano i morti: nelle grotte. Ancora oggi sono famosissime quelle di Pantalica, successive di qualche secolo alla vita del villaggio di Pantelleria (che invece è completamente sprovvista di grotte che non siano marine).

Dai Sesi, Maurizio Cattani ha ricavato un'altra informazione: il possibile carattere egalitario della prima comunità stabile a Pantelleria. Nessuno di loro aveva una tomba piú grande o piú ricca degli altri. E a guardare bene nessuno di loro aveva una capanna piú grande o piú ricca degli altri. Nell'ultimo periodo di vita del villaggio sembra che i suoi abitanti cucinassero e mangiassero tutti insieme in una lunga capanna a metà strada fra il villaggio e la necropoli dei Sesi, che doveva essere una specie di mensa. Poi, intorno al 1500 a.C., successe qualcosa. Il villaggio venne abbandonato e mai piú rioccupato. Cattani non indica una sola causa ma una serie di elementi che avrebbero potuto mettere in crisi un sistema delicatissimo: trecento persone che vivevano in un'isola a decine di chilometri di distanza dalla terraferma, senz'acqua o quasi, con pochissimi contatti con l'esterno. «Forse c'entrò una carenza d'acqua, conseguenza di cambiamenti climatici, o una certa tensione sociale: a un certo punto per una comunità del genere diventa automatico trasferirsi altrove, – racconta. – C'è anche un'altra ipotesi: nelle fasi piú recenti del villaggio abbiamo trovato delle strutture incendiate. Tracce simili si trovano anche in fasi precedenti, ma dopo gli incendi le capanne erano sempre state ricostruite. In quel caso invece non le ricostruiscono piú. Magari c'è stato qualche micro-evento violento in un villaggio che doveva già essere in crisi». Dopo che gli ultimi abitanti di Pantelleria se ne andarono o morirono in solitudine, l'isola rimase vuota per circa cinque secoli, durante i quali diventò probabilmente un enorme scoglio in mezzo al Mediterraneo, buono soltanto per orientarsi durante una lunga traversata, e nient'altro.

Benché il passato di Pantelleria sia stato ricco e sia ancora in parte avvolto nel mistero, basta spostarsi di qualche decina di chilometri a est per trovare comunità ancora piú vivaci e misteriose, a cavallo fra Europa e Nord Africa.

Sciamani mediterranei.

A Malta, come in Sicilia, non ci sono prove della presenza di *Neanderthal*: solo tre molari, di cui abbiamo già parlato. L'isola rimase sostanzialmente disabitata fino al 5000 a.C., quando gli umani del Mediterraneo impararono finalmente a percorrere lunghe distanze via mare. La piccola isola di Gozo, la piú a nord dell'arcipelago che prende il nome da Malta, dista circa 80 chilometri da Marina di Ragusa. I primi umani arrivarono a Gozo proprio dalla Sicilia: lo testimoniano i resti di vasi e contenitori decorati con linee a zigzag e puntini realizzati col dorso di una vongola, la stessa fantasia che si usava nella Sicilia sudorientale in quel periodo. I primi abitanti di Malta furono in gran parte agricoltori e allevatori, arrivati laggiú per le stesse ragioni che avevano spinto gli umani in tutto il Mediterraneo a colonizzare le isole, anche le piú remote, in cerca di risorse o di terra per dare una casa alla propria famiglia. A Malta non c'erano materie prime di pregio, ma il terreno e il clima erano ottimi. I primi maltesi sopravvivevano coltivando grano, orzo e lenticchie, e allevando capre, pecore, maiali e soprattutto mucche, che al loro arrivo sull'isola trovarono libere di pascolare ovunque e di crescere a dismisura: oggi come allora Malta era infatti priva di grandi predatori. Ai primissimi umani sbarcati sull'isola queste mucche enormi ed estremamente pasciute dovevano aver fatto un certo effetto.

A Malta in compenso mancava del tutto l'ossidiana. Arrivava prevalentemente da Lipari, e in parte anche da Pantelleria, lontana circa 200 chilometri, e veniva usata per oggetti di uso quotidiano trovati dentro capanne modeste, proprie di una comunità di agricoltori e allevatori quasi indigenti. Intorno al 3600 a.C. la vita cambiò drasticamente. A Malta apparvero delle strutture mai viste fino a quel momento, né sull'isola né in nessun altro posto del Mediterraneo. Ancora oggi facciamo fatica a definirle. I primi archeologi che scavarono Malta le chiamarono «templi», ma quella definizione ora è diventata assai stretta. È difficile anche solo descriverli, per chi non li ha mai visti: sono una trentina di palazzi in vari punti dell'isola costruiti impilando gigantesche rocce calcaree, appena sgrezzate. Hanno nomi esotici che risentono delle moltissime persone che passarono per Malta nei millenni successivi, lasciandosi dietro toponimi come Ġgantija, Ħaġar Qim, Mnajdra, Ta' Ħaġrat, Skorba, Tarxien. Al loro interno questi templi contenevano sicuramente tombe; ma anche delle stanze per i vivi, ed enormi spazi che dovevano funzionare da magazzino per le scorte di cibo. «Il ruolo che avevano nell'antica società dell'isola dev'essere stato molto complesso, influenzato dalla composizione sociale nonché simbolo di essa [...], punto focale religioso e ideologico delle persone che le costruirono», scrive l'archeologa Claudia Sagona nel piú importante libro sulla storia antica maltese uscito negli ultimi anni, *The Archaeology of Malta*.

Un altro archeologo, Andrew Sherratt, ha cercato di capire perché esattamente i primi maltesi costruirono questi templi. Sherratt ritiene che la loro costruzione abbia segnato il passaggio da uno stile di vita nomade, da cacciatori raccoglitori, a uno piú sedentario, da agricoltori e allevatori: e ipotizza che questi palazzi formassero «la base per la costruzione simbolica della loro società». Secondo Sherratt insomma furono prodotti-simbolo di una comunità sempre piú organizzata, strutturata e capace di sforzi enormi, come la costruzione di edifici simili. Ma a cosa *servivano*, di preciso?

Alcune stanze funzionavano chiaramente come fosse comuni. A Ħaġar Qim, il piú famoso dei templi maltesi, sono stati trovati resti di almeno settemila persone. Altre dovevano essere usate come magazzini per la raccolta di cereali, frutta e verdura: quasi tutte le strutture si trovano vicino a terreni che allora erano sicuramente fertili, oltre che alle principali sorgenti d'acqua dell'isola – oggi Malta è quasi del tutto urbanizzata e sempre piú arida per via del cambiamento climatico, ma allora doveva essere una specie di paradiso, per chi coltivava campi e allevava animali. Per di piú facilissima da difendere, avendo pochi approdi. Dentro e fuori dai templi sono state ritrovate moltissime macine per la farina, segno di una grande disponibilità di cereali. Qualcuno ipotizza anche che la loro presenza delimitasse il territorio dei villaggi e quindi delle comunità che abitavano l'isola; o ancora, che servissero come avvertimento a chi osservava l'isola da lontano, dalla propria nave. Anche i palazzi maltesi dovevano essere visibili a occhio nudo per incutere paura ai navigatori curiosi, esattamente come l'imponente muro neolitico di Pantelleria, costruito secoli dopo. Forse, i templi erano tutte queste cose insieme.

È possibile che avessero anche una funzione religiosa, come ipotizzarono i primi archeologi? In effetti alcune di queste strutture sembrano costruite tenendo a mente particolari fenomeni astronomici. All'alba dell'equinozio di primavera i raggi del sole illuminano esattamente il corridoio centrale del tempio di Mnajdra, nel Sud dell'isola: un fenomeno che da alcuni anni viene trasmesso in diretta video dalla pagina Facebook del tempio. Altri templi poi sono disseminati di statue e statuette, perlopiú femminili. Una delle piú famose è la cosiddetta «Dea sdraiata», trovata a Ħal Saflieni. Mostra una donna dai fianchi molto ampi, sdraiata di lato e con la mano destra sotto la nuca, a mo' di cuscino. Anche la cosiddetta «Venere di Malta», trovata a Ħaġar Qim, esercita ancora oggi un enorme fascino: è la figura di una donna senza testa, leggermente piegata in avanti, che regge il suo seno sinistro col braccio sinistro. Oggi entrambe le statuette, insieme a esemplari simili, si trovano al Museo nazionale di archeologia della Valletta, la capitale di Malta.

Queste statuette convinsero l'archeologa lituana Marija Gimbutas che a Malta, come altrove nel Mediterraneo, durante il Neolitico le prime società agricole praticassero il culto di una Dea madre, multiforme e sfaccettata, simbolo non soltanto di fertilità ma anche di *rigenerazione*. Una dinamica fondamentale per chi vive soltanto dei frutti della terra: come del resto facevano gli antichi agricoltori anatolici, i primi a colonizzare Malta. Nei suoi libri, Gimbutas racconta di avere individuato in tutta Europa e nel Medio Oriente decine di migliaia di statuette della Dea madre rappresentata in varie forme: come dea-uccello, cioè un animale che conduce un'esistenza in moto perpetuo migrando da un luogo all'altro; come dea-serpente, che quindi cambia pelle nel corso della sua vita (una famosa dea serpente arrivata fino a noi è Medusa, che nella mitologia greca viene uccisa dall'eroe Perseo); la dea-rana, che abita sulla terra ma anche immersa dentro l'acqua. Secondo Gimbutas le civiltà mediterranee avevano sviluppato un fortissimo legame con la terra, essendo state le prime nella storia umana ad aver padroneggiato l'agricoltura. E a partire da questo legame avevano creato un culto molto articolato che sovrapponeva la terra a un'unica divinità femminile che amministra il ciclo di tutti gli esseri viventi: nascita, crescita, morte e rigenerazione. Gimbutas si era spinta fino a teorizzare che queste società fossero sostanzialmente egalitarie e matriarcali: a suo dire, per esempio, a Malta «le attività delle donne avevano un carattere sacro», e nei cosiddetti templi avvenivano rituali condotti da una casta di sacerdotesse. Oggi le teorie di Gimbutas sul culto della Dea madre e sul carattere matriarcale delle antiche società neolitiche sono state in larga parte superate, anche se rimangono estremamente affascinanti.

Non c'è dubbio, poi, che nei templi di Malta avvenissero dei rituali che avevano a che fare con una dimensione religiosa o anche solo spirituale dell'esistenza. L'archeologa Claudia Sagona racconta che, secondo alcuni studiosi, le stanze dei templi erano perfette per stimolare esperienze extrasensoriali: dovevano essere buie o illuminate soltanto dal fuoco – le loro pareti non avevano finestre –, e alcune erano fatte in modo che il suono della voce o di uno strumento musicale potesse riverberare in tutti gli ambienti. Alcuni archeologi ritengono che un largo contenitore di pietra trovato nei pressi di alcuni templi fosse in realtà la cassa di un tamburo. Oggi sappiamo che le variazioni nella frequenza del suono producono effetti allucinatori sulla nostra mente: qualcuno, insomma, ha ipotizzato che all'interno dei templi maltesi si consumassero sostanze che provocano allucinazioni, agevolate forse da una melodia ripetitiva e ritmata dal suono dei tamburi, oltre che dal buio circostante. Per alcuni la prova che all'interno dei templi di Malta si consumassero sostanze allucinogene sono le molte spirali incise nelle varie stanze: ancora oggi la spirale è una delle figure astratte piú comuni che appaiono alla vista di chi assume allucinogeni.

A Malta, come in diverse altre isole mediterranee, peraltro, cresce la *Ephedra fragilis*, una pianta dalle bacche di un rosa intenso che contengono efedrina. Isolata nel 1885 dal chimico giapponese Nagai Nagayoshi, l'efedrina ha una composizione chimica molto simile a quella delle anfetamine: se assunta in grandi quantità, provoca allucinazioni. Al momento però non abbiamo trovato tracce del consumo di *Ephedra fragilis* all'interno dei templi maltesi.

Cosí come era iniziata, senza avvisaglie, a Malta l'età dei templi si concluse improvvisamente intorno al 2400 a.C. Ci sono persino tracce delle ultime celebrazioni che gli antichi maltesi tennero nei templi, per poi sigillarli per sempre, almeno nelle loro intenzioni. Non sappiamo cosa convinse gli antichi abitanti di Malta a comportarsi in questo modo: la scrittura non era ancora uscita dalla Mesopotamia, e le tracce archeologiche non ci dicono molto di piú.

Ma i templi non sono l'unico lascito eccezionale di quell'epoca. Nella fase piú ricca della costruzione dei templi, a Malta era successa un'altra cosa notevole: si era completamente isolata dal resto del Mediterraneo. I commerci si interruppero, cosí come l'afflusso di nuove persone o anche solo di nuove decorazioni delle ceramiche. «In quel periodo la comunità di Malta fu incentrata quasi totalmente su se stessa, e la costruzione stessa dei templi diventò un dispendio eccessivo di energie, probabilmente per ragioni politiche o religiose», spiega Pietro Militello, archeologo dell'Università di Catania esperto di civiltà mediterranee preistoriche. «Forse c'era una dinastia di sacerdoti che percepiva il contatto esterno come elemento pericoloso per la propria sopravvivenza. Dove ci sono dei monopoli l'apertura verso l'altro è pericolosa, perché porta nuove idee», dice Militello, secondo il quale la fine dell'età dei templi a Malta fu causata forse dall'arrivo di altre persone, che misero in discussione la gerarchia della società maltese. Altri studiosi ritengono che la civiltà dei templi sia entrata in crisi per una questione di risorse, piú banalmente: se per secoli impiego gran parte delle mie energie per costruire degli enormi edifici, sostanzialmente inutili, a un certo punto il sistema collassa perché nel frattempo non ha raggiunto una maturità economica e sociale. Nell'età moderna il Giappone resistette per quattro secoli senza contatti con l'esterno: anche a Malta forse fu possibile una cosa del genere, benché sia situata al centro del Mediterraneo. Sagona cita poi una probabile carestia di cereali provocata da un periodo di siccità intorno al 2300 a.C.; difficile dire se fu la proverbiale goccia che fa traboccare il vaso oppure l'elemento che scatenò un effetto domino che avrebbe portato alla fine della civiltà dei cosiddetti templi. Alcune strutture vennero sigillate, come dicevamo. Altre furono bruciate, altre ancora semplicemente abbandonate per sempre; alcune rimasero aperte ma diventarono dei banali magazzini.

Qualche anno dopo la fase finale dei templi, sull'isola apparvero anche oggetti di vita quotidiana molto diversi rispetto a quelli dei periodi precedenti, quando Malta si isolò quasi completamente dal resto del mondo. Asce, pugnali, vasi con fantasie del tutto nuove. A quest'epoca risale anche la costruzione di una dozzina di dolmen, strutture in pietra simili a quelle di Stonehenge, formate da due pietre in posizione verticale e una in orizzontale appoggiata sulle prime due: Sagona individua delle somiglianze fra i dolmen maltesi e altri simili realizzati nell'Italia del Sud, specialmente nella zona di Otranto, in Puglia.

Ma le strutture piú innovative di questo periodo non erano visibili da lontano, come i dolmen. Erano anzi quasi del tutto invisibili, e nelle notti senza luna una persona distratta avrebbe potuto caderci dentro. Erano infatti delle buche, di profondità compresa fra 1,5 e 4,5 metri, scavate nei pressi dei villaggi. Non erano dei pozzi, e non servivano a conservare cibo o altri oggetti, bensí per la tintura delle stoffe. All'epoca Malta era popolata da moltissimi molluschi della famiglia dei Muricidi, noti e apprezzati per millenni perché producono un liquido viscoso che contiene un'enorme concentrazione di pigmento color porpora. Immergendo i Muricidi in un contenitore – o in una buca, come facevano i maltesi – insieme a un pezzo di stoffa e un po' d'acqua, dopo qualche ora la stoffa si colora di porpora. L'ipotesi di Sagona e di altri studiosi è che un gruppo di persone arrivate sull'isola dopo la fine dell'età dei templi vi abbia scoperto la presenza dei Muricidi e abbia messo in piedi una produzione in serie di tessuti color porpora. In assenza di riscontri certi, quella di Sagona rimane un'ipotesi: già oggi però, scrive la studiosa, «non abbiamo ragioni per escludere la possibilità che una comunità di mercanti, locale o straniera, importasse materiale grezzo e del filo da cucire, oppure dei veri e propri pezzi di stoffa, da tingere [di porpora] sull'isola». Gli antichi maltesi furono tra i precursori di questa tecnica, che qualche secolo piú tardi permise lo sviluppo e la fioritura di una comunità di persone diffusa in tutto il Mediterraneo, la cui città piú potente si sviluppò proprio sul Canale di Sicilia. Parliamo dei Fenici e della città fenicia – o meglio, punica – nota in Italia col nome di Cartagine.

PANTELLERIA, 1943

I turisti che oggi atterrano all'aeroporto di Pantelleria in costume e con le infradito, pronti per tuffarsi in mare, spesso non immaginano che a pochi metri dall'unica pista di atterraggio si trova una delle strutture militari piú grandi e peculiari in Europa. Da lontano sembra una collina come molte altre, sull'isola: verdissima, dai lineamenti morbidi e regolari, striata dai terrazzamenti delle viti. Nessuno sembra farci caso: esattamente come speravano i suoi progettisti. Solo chi sa dove guardare riesce a distinguere, alla base della collina, una chiazza marrone a forma di enorme sofficino. La chiazza è in realtà un gigantesco cancello arrugginito, che mostra la vera natura della collina: sotto uno strato di erba e terriccio si nasconde infatti uno dei piú capienti hangar per aerei mai realizzati in un paese occidentale.

Nel gergo militare si chiama «aviorimessa», ma in maniera piú informale lo si può definire «hangar». È stato costruito quasi un secolo fa, è lungo 345 metri – piú del doppio del Duomo di Milano –, largo 77 e alto 30. Quando è vuoto, pare colorato interamente di grigio: sembrano grigi il pavimento a piastrelle, gli archi di cemento che ricordano un enorme sterno umano, le pareti lucide, le sei file di lampioni, metà al neon e metà a incandescenza, che proiettano una luce uniforme e rarefatta. In sottofondo si sentono almeno una decina di rumori continui, che provengono da chissà dove. Un furgone parcheggiato al centro dell'hangar sembra un giocattolo, visto dall'ingresso.

La funzione principale dell'hangar di Pantelleria è quella di fornire un parcheggio protetto per gli aerei militari. La sua capienza è imprecisata: secondo il progetto ufficiale potevano starci almeno venti aerei bombardieri. Nella parte alta del soffitto venne inoltre ricavata una specie di piano mansardato: lassú c'era spazio per altri trentadue caccia, che venivano issati con un complicato sistema di carrucole. L'hangar fu costruito dal regime fascista fra il 1937 e il 1939 e secondo i piani di quegli anni doveva essere il cuore delle fortificazioni di Pantelleria, che Benito Mussolini ambiva a rendere il principale avamposto militare italiano nel Mediterraneo centrale. Un'isola impossibile da espugnare, base necessaria per controllare le coste tunisine e le colonie italiane in Libia, al di là del Canale di Sicilia. Piú o meno la stessa funzione che per l'Impero britannico aveva Malta, a quei tempi. Le cose però finirono in maniera molto, molto diversa.

Il progetto preliminare dell'hangar risale al 1936, lo stesso anno in cui il regime occupò l'Etiopia, espandendo il proprio impero coloniale, e riprese il controllo di tutta la Libia dopo le rivolte degli anni precedenti. Ancora oggi gira voce che l'architetto originale fu Pier Luigi Nervi, che nel dopoguerra sarebbe diventato famosissimo per i suoi lavori, fra cui lo stadio Franchi di Firenze e il Pirellone di Milano. La costruzione dell'hangar di Pantelleria doveva rimanere segreta: nei documenti interni del regime viene citato soltanto con la sigla «Dam – località P». La lettera «P» stava per Pantelleria, mentre Dam erano le prime tre lettere della società milanese a cui venne affidato il progetto esecutivo, quella degli ingegneri Damioli.

La costruzione dell'hangar sconvolse completamente la vita dell'isola, e le diede una centralità che non aveva da secoli, per certi versi inaspettata. In quegli anni Pantelleria era ancora difficilissima da raggiungere via terra, e i turisti erano molto rari. Gli abitanti dell'isola vivevano soprattutto di agricoltura, piú precisamente della coltivazione dello zibibbo: un'uva bianca e dolcissima, che deve il suo nome all'arabo *zabīb*, «uvetta». Nel 1930 peraltro anche a Pantelleria era arrivata la fillossera della vite, una specie di moscerino che fra Ottocento e Novecento distrusse quasi completamente i vigneti di tutta Europa. Esattamente come nel resto del continente, a Pantelleria fece danni incalcolabili. Gli isolani stavano ancora faticosamente cercando di tenere in vita i propri vitigni quando nel 1937 l'intera isola fu requisita dall'aeronautica e divenne di fatto un'enorme base militare. A centinaia di abitanti venne offerto un lavoro da operai nel cantiere dell'hangar, e molti non furono nelle condizioni di poter rifiutare.

Da soli però gli abitanti di Pantelleria non erano sufficienti per completare il progetto. Per finire di costruire l'hangar il regime assunse centinaia di operai da tutta Italia. Li sistemò in baracche provvisorie sparpagliate in vari punti dell'isola, a cui fu dato il nome delle città di provenienza degli operai. Nonostante abitassero tutti quanti nelle baracche, gli operai non venivano trattati allo stesso modo. Durante il fascismo esistevano infatti le gabbie salariali, e un operaio della baracca Sondrio guadagnava circa un terzo in piú di un operaio della baracca Trapani. La differenza di stipendio generò malcontenti, che si tradussero in ritardi e rallentamenti, finché il regime concesse a tutti gli operai lo stesso stipendio. L'hangar fu infine completato nel 1939, con un anno di ritardo rispetto a quanto previsto, a ridosso dell'ingresso dell'Italia nella Seconda guerra mondiale.

L'hangar e la pista di atterraggio attigua, che oggi è diventata quella dell'aeroporto civile, furono costruiti in una delle zone meno ventose e quindi piú fertili dell'isola, a nordovest, non lontano dall'abitato principale. Il regime espropriò circa 200 ettari di terreno a 50 famiglie dell'isola: le loro case furono rase al suolo per fare spazio all'enorme struttura portante dell'hangar, che aveva 14 sezioni. Una volta montate e messe in piedi le colonne che formavano lo sterno, fu costruito un tetto di calcestruzzo spesso 2 metri, a sua volta seppellito da 8 metri di terriccio. Da fuori, allora come oggi, l'hangar sembrava una collina terrazzata fra le tante. «Fu un'opera titanica e colossale, – scrive Angelo D'Aietti, notaio e storico dell'isola, nel suo *Libro dell'isola di Pantelleria*, uscito nel 1978 e piú volte aggiornato. – I paesani ammirarono lo spettacolo di quel formicaio di uomini e macchine che spianava e spianava, appianava e livellava, e infine videro, sbalorditi e disorientati, lo spettacolo di quel pezzo della loro isola che aveva cambiato i secolari connotati ed era irriconoscibile ai loro occhi».

L'hangar non fu l'unica struttura eretta a Pantelleria in quegli anni. In tutta l'isola vennero posati cavi elettrici aerei e sotterranei, e costruite varie postazioni radar. Le coste furono disseminate di batterie antiaeree: piattaforme di cemento con enormi mitragliatrici puntate verso il cielo. Per raggiungerle, l'esercito realizzò una strada ad anello che è tuttora la principale strada dell'isola, cioè la Provinciale 54. Con l'arrivo di migliaia di operai e soldati da tutta Italia, Pantelleria raggiunse probabilmente il picco piú alto di sempre di presenze e vivacità: D'Aietti annota pudicamente che in quegli anni abbondavano i matrimoni fra le ragazze isolane e i forestieri. «Tutta la vita fu lietamente trasformata e rivoluzionata. Alla guerra si pensava poco, o si pensava ad essa come a una vicenda che si sarebbe risolta rapidamente e vittoriosamente, e nella quale comunque Pantelleria sarebbe stata poco impegnata, – scrive D'Aietti. – Questa *belle époque*, questa novella vita serena e festosa, lieta e spensierata, durò fino al primo bombardamento aereo dell'8 maggio 1943».

Durante la lunga e complessa fortificazione di Pantelleria l'esercito degli Alleati, composto in questa regione soprattutto da battaglioni statunitensi e britannici, non era rimasto a guardare. Già nel 1942, dopo una serie di missioni di ricognizione, aveva realizzato una mappa dettagliatissima delle fortificazioni dell'isola. Erano segnati persino i recinti di filo spinato, oltre ovviamente alla posizione esatta di bunker, batterie antiaeree, depositi di munizioni e carburante, strade ed edifici pubblici. Fra il 1942 e il 1943 le sorti del conflitto erano cambiate: dopo l'entrata in guerra degli Stati Uniti, gli Alleati decisero di attaccare l'Italia da sud per rovesciare il regime di Mussolini e mettere in difficoltà l'alleanza dell'Asse, guidata dalla Germania nazista. Prima di avviare un'operazione di vasta scala in Sicilia, gli Alleati pianificarono di occupare Pantelleria e Lampedusa in modo che il regime fascista e quello nazista non potessero usarle come basi per attaccare alle spalle i soldati che sarebbero sbarcati in Sicilia di lí a poche settimane. Lampedusa, piú sguarnita e decisamente meno popolata, fu presa in una settimana all'inizio di giugno del 1943. A Pantelleria invece i bombardamenti iniziarono l'8 maggio, si interruppero per dieci giorni, e poi dal 18 maggio proseguirono per settimane, con un aumento vertiginoso nella seconda settimana di giugno. «La fase finale della campagna aerea si sviluppò dal 7 giugno fino al giorno previsto per lo sbarco, l'11 giugno, con altre 3710 sortite e 5325 tonnellate di bombe. Gli attacchi si susseguirono senza interruzione durante tutto l'arco delle 24 ore prendendo di mira soprattutto le batterie costiere», ha raccontato di recente ad «Avvenire» il generale ispettore capo Basilio Di Martino, ufficiale dell'aeronautica nonché rispettatissimo storico dell'aviazione italiana.

Le fortificazioni di Pantelleria non erano in grado di resistere a un attacco del genere, e lo si capí praticamente da subito. Fin dai primi giorni i bombardamenti degli Alleati interruppero le linee elettriche e telefoniche, cosa che rese i tentativi di difesa immediatamente caotici e inefficaci. L'unica autobotte che distribuiva acqua potabile fu colpita e distrutta. Si scoprí presto, poi, che le batterie aeree erano armate con mitragliatrici della Prima guerra mondiale, e non avevano vere protezioni per i soldati che le controllavano. Non fu soltanto una questione di negligenza, da parte del regime: oggi consideriamo la fortificazione di Pantelleria, e quindi l'enorme mole di soldi ed energie che serví per realizzarla, un grave errore di strategia militare. L'isola era troppo piccola per ospitare difese adeguate – è grande circa un quarto di Malta – ma anche troppo lontana dalla terraferma. Già in quegli anni la principale potenza aerea in Europa, il Regno Unito, non costruiva hangar fissi ma strutture smontabili in metallo, piú economiche e polifunzionali. Alcuni esperti ritengono che Mussolini si fosse semplicemente impuntato sulla necessità di fortificare l'isola, nonostante il parere contrario di diversi tecnici dell'esercito. Del resto le sue competenze militari erano prossime allo zero. Alle 22,40 del 10 giugno inviò all'ammiraglio Gino Pavesi, capo delle forze armate di Pantelleria, questo telegramma: «Giunga a Voi et a Presidio mio vivissimo elogio. Eroica resistenza guarnigione Pantelleria aggiunge nuovo alloro alle armi d'Italia. Mussolini». Circa dodici ore dopo, Pavesi ordinò all'esercito italiano di arrendersi.

Pantelleria diventò la prima isola nella storia a essere conquistata con un bombardamento aereo, senza incursioni dal mare. In totale i morti italiani causati dalle bombe alleate furono una cinquantina, soprattutto militari: fin dall'inizio dei bombardamenti i civili si erano rifugiati nelle zone interne dell'isola, lontano dall'abitato e dalle batterie antiaeree delle coste.

Nonostante le pochissime perdite, l'11 giugno la situazione sull'isola era diventata disperata. Nella notte Pavesi aveva segnalato via telegramma le «condizioni pietosissime della popolazione civile per mancanza di viveri, acqua e di adeguati rifugi», mentre «le energie morali delle forze armate» erano ormai «fiaccate dall'assoluta impotenza di combattere e difendersi». L'abitato principale dell'isola era stato raso al suolo. Piú di metà delle batterie antiaeree era stata distrutta. Scarseggiavano le munizioni, la farina sarebbe durata per una decina di giorni, l'acqua al massimo quattro. L'11 giugno, subito dopo la resa del contingente fascista, gli Alleati sbarcarono sull'isola e ne presero il controllo. Un video di propaganda dell'esercito statunitense mostra dei mezzi corazzati passare a malapena fra le strette vie dell'abitato, circondati dalle macerie. Una donna completamente vestita di nero cammina a fatica portandosi dietro una sedia di legno. Uomini in giacca con lo sguardo spaesato vagano osservati da alcuni giovani soldati alleati. Secondo la voce narrante del video, a Pantelleria furono catturati 11 121 soldati, quasi tutti italiani (sull'isola c'era anche qualche tedesco).

A differenza delle case dell'abitato principale, dopo la presa dell'isola l'hangar nascosto era ancora in ottime condizioni: gli Alleati non l'avevano bombardato perché lo ritenevano indistruttibile. Negli ultimi giorni della battaglia però era diventato praticamente inutile: gran parte degli aerei che ospitava erano stati distrutti – durante l'intera operazione gli Alleati ne abbatterono 47, secondo i calcoli dello storico Alberto Santoni. Dopo la conquista di Pantelleria gli Alleati lo usarono per appena qualche settimana: nel giro di un paio di mesi avrebbero occupato buona parte della Sicilia, rendendo inutile quella scomoda lingua di terra in mezzo al mare.

Il regime fascista cercò di addossare la responsabilità della sconfitta a Pavesi, che però nell'immediato dopoguerra fu del tutto riabilitato: la decisione di arrendersi, presa in autonomia, era inevitabile. L'interruzione immediata dei combattimenti serví a salvare qualche vita e a evitare che i soldati italiani diventassero carne da cannone, anzi da bombardiere. L'hangar non fu piú utilizzato al massimo della sua capienza, e negli anni successivi alla guerra si pensò addirittura di demolirlo. Si scoprí anche che non era stato progettato da Pier Luigi Nervi, come molti credevano. Ancora oggi non è chiaro come fosse nata quella diceria: forse c'entrano i lineamenti essenziali dello sterno dell'hangar, che a qualcuno hanno ricordato le opere di Nervi; forse la segretezza con cui venne trattato il progetto nelle fasi iniziali. Oggi l'attribuzione a Nervi è considerata completamente infondata. A salvare l'hangar dalla demolizione fu il fatto che aveva una centrale elettrica autonoma, rimasta intatta. Quella civile invece era stata distrutta durante i bombardamenti: nel primissimo dopoguerra l'isola rimase illuminata ed elettrificata soltanto grazie all'energia che proveniva dall'hangar.

Ora l'hangar è impiegato, per modo di dire, dall'aeronautica militare, che sull'isola mantiene ancora una piccola base. D'estate, gruppetti di turisti e curiosi vengono ammessi al suo interno durante alcune visite guidate, organizzate insieme al Comune e al Parco nazionale di Pantelleria.

I cartelli delle strade della base dell'aeronautica, ormai quasi completamente deserta, lo indicano ancora come «hangar Nervi».

Capitolo terzo

All'ingresso del parco archeologico dell'acropoli di Cartagine, su una placida collina naturale da cui si vedono l'intera città di Tunisi e il suo golfo, appena entrati sulla sinistra si incontra una tomba. Da fuori non assomiglia esattamente a una sepoltura, ma a un pozzo per l'acqua: un muretto circolare, evidentemente costruito di recente, protegge il luogo dove 4 metri piú in basso è stato ritrovato lo scheletro di un ragazzo. Di lui non sappiamo moltissimo: non conosciamo il suo nome, a quale famiglia appartenesse, cosa facesse nella vita, se fosse nato a Cartagine o ci fosse finito piú tardi. Le sue ossa ci dicono che fu seppellito nei primi secoli di vita della città, che era alto circa un metro e settanta, e che da bambino si era fatto male alla spalla destra. Al momento della morte – sulle cui cause non abbiamo informazioni certe – aveva un'età compresa fra i diciannove e i ventiquattro anni. Le persone che lo seppellirono evidentemente gli volevano molto bene. Insieme al corpo del ragazzo sono state ritrovate 2 anfore, 2 pinzette su un vassoio, 120 frammenti di ossa di oca, che forse qualcuno aveva sacrificato per lui, 21 amuleti di fattura egizia, una piccola scatola di ceramica decorata, e tanto altro ancora. Nessuno di questi oggetti è visibile, oggi. Nemmeno le ossa del ragazzo, o la nicchia che le conteneva. Ecco, a dire il vero di questa non tomba non si riesce a vedere proprio nulla. Sopra al muro di mattoni qualcuno ha appoggiato una pesante lastra di vetro: ci si può sporgere e perfino spalmare col proprio corpo sopra la lastra, ma tutto ciò che l'occhio umano riesce a distinguere è una massa informe di oscurità. Per riconoscere che quel ragazzo è esistito davvero, e che si trova là sotto, bisogna fidarsi.

È possibile che la tomba del ragazzo senza nome sia stata posta all'inizio del percorso di visita dell'acropoli come una specie di avvertimento. Tutti i principali edifici antichi ancora visibili appartengono all'età romana: il teatro, le terme di Antonino, le fondamenta delle ville dei ricchi, situate a pochi metri dalle loro discendenti contemporanee, intonacate di bianco e blu e protette da telecamere a ogni angolo. Ma anche l'anfiteatro, il foro, la biblioteca pubblica, la cisterna da cui l'acqua scorreva fino alle case. Tutto ciò che è rimasto era stato costruito dai Romani, cioè coloro che nel 146 a.C., alla fine delle guerre puniche, assediarono e rasero al suolo la città che era esistita fino a quel momento. Furono risparmiate soltanto alcune tombe, e un quartiere residenziale poco distante dalla collina, chissà perché. Il resto fu completamente cancellato.

Bisogna fidarsi per immaginare che, prima di essere distrutta e ricostruita, questa città collinare affacciata sul Canale di Sicilia era diventata la capitale del primo vero impero marittimo nella storia del Mediterraneo, al culmine di una vicenda millenaria iniziata con i Fenici. Per fortuna oggi conosciamo talmente tante cose su cos'era Cartagine prima della conquista romana che non sono necessarie particolari professioni di fede, come per la tomba del ragazzo senza nome.

Se una notte d'inverno un fabbro.

La storia del successo dei Fenici non ha origine nella sottile striscia di terra che oggi chiamiamo Libano e che ospitava quasi tutte le città-stato che possiamo definire a pieno titolo fenicie: Tiro, Sidone, Berito (l'odierna Beirut) e Akko, che i crociati rinominarono San Giovanni d'Acri. Questa storia inizia invece qualche centinaio di chilometri a nordovest, nella penisola balcanica.

Intorno al 4650 a.C., nell'odierna Serbia abitava una comunità di persone assai omogenea dal punto di vista etnico e culturale. Fra loro c'erano dei bravissimi fabbri, che sfruttavano le miniere di metalli disponibili un po' ovunque nei Balcani. Questa comunità senza nome – sono stati chiamati in molti modi diversi, legati alle città piú vicine ai siti dove sono state trovate loro tracce – è stata la prima al mondo, per quello che sappiamo, a inventare un nuovo metallo. Possiamo quasi immaginare uno di questi fabbri, piú creativo dei suoi colleghi, che una mattina si svegliò e decise di fare un esperimento; forse perché quel giorno faceva particolarmente freddo, e nessuno aveva voglia di uscire di casa e passare in bottega per farsi levigare i propri coltelli. Quel primo fabbro senza nome fuse insieme il rame, che era disponibile in varie miniere nei dintorni, e un metallo molto piú raro che arrivava da lontano e in quantità estremamente ridotte, cioè lo stagno. Era nato il bronzo. Una lega metallica che nei secoli successivi permise alle persone di fare tutto quello che facevano prima, ma *meglio*: cacciare animali e disossare le loro carcasse, arare i campi, uccidere e difendersi.

Col bronzo si poteva fare di tutto e di piú. È un materiale molto resistente, quindi adatto per le armi e gli attrezzi da lavoro, ma anche relativamente facile da malleare, alle temperature giuste. Mescolato con la tinta opportuna può assumere colori diversissimi. E una volta esaurita la sua funzione, un oggetto in bronzo si può fondere e plasmare di nuovo. La comunità balcanica senza nome, però, non seppe sfruttarlo adeguatamente: il primo oggetto che l'umanità abbia mai prodotto col bronzo è una lamina che probabilmente copriva un contenitore di ceramica, trovata vicino al villaggio serbo di Pločnik, non lontano dal confine col Kosovo. Potremmo definire quell'oggetto un copri-brocca: nulla di particolarmente avventuroso o eccitante. In tutto, secondo uno studio del 2013 pubblicato dall'archeologa Miljana Radivojević sulla rivista «Antiquity», fra lamine, anelli, trivelle e ami da pesca si possono contare quattordici oggetti in bronzo trovati nei Balcani e risalenti piú o meno a quell'epoca, cioè il V millennio a.C. Oggetti piccoli e tutto sommato di poco conto.

Un affare da esperti di logistica.

Per molti secoli il bronzo rimase un segreto ben custodito, di cui forse a un certo punto si perse anche la ricetta. Nell'emisfero occidentale il metallo di gran lunga piú popolare e di uso quotidiano, quello che si usava per realizzare fermagli per capelli ma anche spade, punte di freccia e armi varie, rimase il rame. Era di rame puro al 99,7 per cento l'ascia che stringeva Ötzi, l'uomo morto intorno al 3230 a.C. A quell'epoca in Europa e Medio Oriente gli oggetti di maggior prestigio venivano realizzati in oro. Una delle tombe preistoriche piú ricche di oro in questo pezzo di mondo è stata trovata a Varna, nell'odierna Bulgaria. Laggiú, in una necropoli neolitica, sono stati rinvenuti piú di tremila oggetti d'oro. La tomba in assoluto piú ricca è la numero 43, che con tutta probabilità apparteneva a un capo. Fra i numerosi oggetti in oro ce n'era uno che sembra proprio un preservativo. Cavo e allungato, fu posizionato probabilmente sulla punta del pene del capo. Il preservativo d'oro del villaggio di Varna risale piú o meno al 4200 a.C., circa quattro secoli dopo il copri-brocca in bronzo di Pločnik.

Il bronzo cambiò tutto, ma soltanto qualche secolo piú tardi. La Serbia non era esattamente il centro del mondo, e il bronzo riapparve fra il 2600 e il 2300 nella regione piú ricca e potente del mondo di allora, cioè la Mesopotamia. Da lí, nel giro di qualche secolo diventò rapidamente il metallo di gran lunga piú diffuso in Medio Oriente, in Europa e nel Nord Africa.

Per diventare un materiale di produzione di massa, il bronzo dovette superare un unico, grande ostacolo. Il rame era un metallo molto facile da reperire: le miniere da cui estrarlo erano note da millenni. Quelle di stagno invece erano situate agli estremi opposti del mondo che si era sviluppato intorno al Mediterraneo: ce n'erano alcune nell'attuale Inghilterra, e altre in Afghanistan, a circa 5000 chilometri di distanza. I primi carichi di stagno in Mesopotamia arrivarono proprio dall'Afghanistan, viaggiando sulle stesse rotte che portavano oro e lapislazzuli nelle città assire. Affinché lo stagno e il rame arrivassero a destinazione bisognava attrezzare e rendere sicure tratte commerciali lunghe migliaia di chilometri, che attraversavano pianure, deserti, valichi di montagna, fiumi, mari e altra terra ancora, governati da decine se non centinaia di regni.

L'enorme domanda di rame e stagno da parte delle potenze di allora, nello stesso lasso di tempo, comportò una comune necessità di stabilizzare le principali rotte commerciali, che mettevano in comunicazione la periferia del mondo – dove si estraevano i metalli necessari per realizzare il bronzo – con le sue zone piú ricche. Questa esigenza attivò un circolo virtuoso che andò molto oltre il commercio di metalli.

Una volta stabilizzate le rotte commerciali, i popoli che abitavano lungo questi tragitti iniziarono a scambiarsi, oltre al rame e allo stagno, materiali e oggetti che potevano procurarsi o fabbricare in abbondanza, e quindi mettere in vendita: spezie, gioielli, vasi di terracotta, lingotti dei metalli piú disparati. A un certo punto lungo queste rotte iniziarono a viaggiare non soltanto oggetti fisici, ma anche idee, tecniche di produzione, stili di vita. Nel già ricordato saggio breve uscito nel 2016 e intitolato *Bronzization*, un'abile crasi fra le parole «bronzo» e «globalizzazione», l'archeologa Helle Vandkilde spiega che il traffico di bronzo generò una «subcultura» che catalizzò innovazioni parallele in tutto il mondo di allora: nella lavorazione ed estrazione dei metalli, nella costruzione delle navi, nella fabbricazione di oggetti di uso quotidiano. Ma anche nei rapporti sociali, che nell'età del bronzo diventarono molto piú complessi e stratificati di prima. Ovunque, e nello stesso periodo: per questo alcuni la indicano come la prima grande epoca di «globalizzazione» della storia.

Fra il 1500 e il 1200 a.C. nel Mediterraneo si sviluppò un discreto viavai di navi commerciali che trasportavano beni di ogni tipo: vasi, spezie, stoffe, vestiti, gioielli, bevande. Come ogni globalizzazione che si rispetti, uno sparuto gruppo di persone – in questo caso, i sovrani dei regni – si arricchí a dismisura e iniziò a inviare regali costosissimi da un capo all'altro del Mediterraneo per rafforzare i propri legami politici e personali. In una lettera del XVIII secolo a.C. trovata a Mari, una città che oggi sarebbe al confine tra Siria e Iraq, leggiamo che il re della città, un certo Zimri-Lim, aveva inviato dei sandali fabbricati a Creta, nel Mediterraneo orientale, al re babilonese Hammurabi. *Quell'*Hammurabi. Lui però per qualche ragione li rimandò indietro: chissà se gli stavano scomodi, se fossero troppo lunghi o troppo corti, se gli premevano sul tallone oppure se semplicemente li aveva trovati brutti.

Ora: chi si occupò di trasportare su e giú per il Mediterraneo carichi immensi di sandali pregiati, vasi, gioielli, anfore piene di olio e vino, e tutti gli altri oggetti che ci si scambiava nell'età del bronzo? I Fenici, che proprio grazie alla scoperta del bronzo – e alla posizione strategica delle coste che occupavano – diventarono «gli esperti di logistica» dell'età del bronzo, come ha scritto l'archeologo britannico Richard Miles nel suo libro *Carthago delenda est*. Questo ruolo «periferico ma cruciale» offrí alle città fenicie «una certa protezione dalle inquietudini della politica del Vicino Oriente: tutte le grandi potenze apprezzavano e necessitavano dei loro servizi». Poi però successe qualcosa. Intorno al 1200 a.C. gran parte dei committenti dei Fenici si trovò improvvisamente in enorme difficoltà durante un periodo che gli storici chiamano «il collasso della tarda età del bronzo».

Collassi e opportunità.

Nel giro di qualche decennio buona parte delle potenze che si affacciavano sul Mediterraneo o erano dipendenti da quei traffici, come Assiri e Babilonesi, entrarono in crisi. Scomparvero la scrittura, le arti figurative, le filiere industriali di prodotti che venivano realizzati in serie come vasi e gioielli. In Grecia si ridusse persino l'aspettativa di vita. Le attuali Inghilterra e Afghanistan smisero di essere collegate dalla stessa rotta. Per decenni questo «collasso» venne attribuito a certi misteriosi Popoli del mare, che avrebbero invaso diversi territori del Mediterraneo orientale. Oggi sospettiamo che la crisi fu generata da un collasso sistemico innescato da piú fattori, tra cui probabilmente un periodo di grandi scombussolamenti climatici, che fecero saltare il delicato equilibrio su cui si reggeva quella primordiale globalizzazione.

Se oggi smettesse improvvisamente di funzionare la rete elettrica, se internet collassasse e gli smartphone si trasformassero in tavolette nere inutilizzabili, se insomma le nostre vite diventassero da un giorno all'altro molto meno globali, le prime a soffrirne le conseguenze sarebbero le compagnie commerciali che trasportano merci a migliaia di chilometri di distanza. In maniera simile, qualcuno potrebbe pensare che il collasso delle principali potenze mediterranee dell'età del bronzo trascinò in un periodo di crisi anche i Fenici. Avvenne esattamente il contrario. «La sparizione dei commerci controllati dagli stati liberò i Fenici dalle costrizioni che in passato avevano inibito i loro traffici, – scrive ancora Miles. – Da monopolio di stato, il commercio a lunga distanza si trasformò in un'impresa individuale portata avanti da mercanti alla ricerca di profitto personale». Nei secoli immediatamente successivi al «collasso» i mercanti fenici, finalmente liberi dalle decisioni prese in qualche palazzo circondato dal deserto, seguirono le rotte che gli sembravano piú promettenti ed esplorarono il Mediterraneo in lungo e in largo arrivando ovunque: dalla Spagna all'Algeria passando per le odierne Libia e Tunisia. Per aprire nuove rotte commerciali sfruttavano ogni mezzo. Compravano case su case in giro per il Mediterraneo creando interi quartieri fenici, e si aggregavano a imprese coloniali decise da altre città o regni. Spesso però erano loro stessi a costruire porti e villaggi a vocazione commerciale in punti strategici: posti in cui l'equipaggio delle navi poteva scaricare i propri prodotti, caricare quelli appena arrivati dall'entroterra, mangiare qualcosa e ripartire. Molti di questi piccoli insediamenti oggi sono scomparsi, ma già in origine non erano stati fondati per durare a lungo.

Fin da subito invece fu chiaro che i Fenici facevano sul serio quando comprarono un ampio pezzo di terra in un punto quasi esattamente a metà strada fra le città fenicie dell'odierna Siria e gli insediamenti spagnoli e algerini, su una rotta est-ovest lunga oltre 3000 chilometri. Lo stesso punto era anche una perfetta base di partenza per la rotta sud-nord, che invece univa il Nord Africa all'Italia. La colonia venne chiamata *qrt-ḥdšt*: «città-nuova», in fenicio. Lo stesso nome in un'altra lingua ha dato esito alla città che chiamiamo Napoli (*nea-polis*). I Romani invece latinizzarono *qrt-ḥdšt* in Carthago, da cui abbiamo Cartagine.

Virgilio e Salomone.

Oggi un nome del genere ci sembra banale, ma allora fu sintomo di una grande ambizione. Del resto la spedizione originaria per fondare Cartagine fu inviata da Tiro, che piú o meno dal 900 a.C. era diventata la città-stato egemone nel territorio fenicio.

Ancora oggi Tiro si trova nella stessa posizione in cui fu fondata, svariati millenni fa: su un pezzo di terra che spunta come un brufolo dalla costa altrimenti lineare dell'attuale Libano, 20 chilometri a nord in linea d'aria dal confine con Israele. Occupare quel tratto di costa permise ai primi abitanti di Tiro di controllare ben due insenature, una a nord e una a sud. Da subito Tiro diventò quindi una città a vocazione marittima. Nei primi secoli della sua esistenza era famosa soprattutto per le stoffe color porpora che produceva grazie ai molluschi della famiglia dei Muricidi, di cui parlavamo nel precedente capitolo. Ancora oggi in inglese, per indicare il colore porpora si usa l'espressione *Tyrian purple*, «il viola di Tiro». Ma la città di Tiro si guadagnò l'egemonia sulle altre città fenicie anche grazie a una scommessa politica, cioè l'alleanza con un piccolo regno regionale sempre piú forte e agguerrito. Quel regno si chiamava «Israele». Ce lo racconta anche la Bibbia. Quando nel 961 a.C. il re Salomone succedette a suo padre Davide, strinse un'alleanza con l'allora re di Tiro, Hiram. Fra i due «regnò la pace», leggiamo nel capitolo quinto del *Primo libro dei Re*, parte dell'Antico Testamento. Hiram forní a Salomone operai e artigiani del bronzo per costruire un enorme tempio per il Dio degli Ebrei, esattamente quel tempio di Salomone. In cambio Salomone garantí a Tiro una fornitura annuale di grano e olio d'oliva. Qualche anno dopo l'alleanza si rafforzò a tal punto che Salomone cedette a Tiro venti villaggi nella regione immediatamente a sud della città fenicia, piú o meno dove oggi si trova la città israeliana di Netanya. Hiram si fece portare in quei villaggi e non ne fu entusiasta, diciamo: ancora oggi è una zona un po' brulla, non esattamente la piú incantevole nei paraggi. «Sono questi i villaggi che mi hai dato, fratello mio?», chiese Hiram a Salomone, un po' deluso, secondo il *Libro dei Re*. Evidentemente poi se li fece andare bene, anche perché i terreni intorno erano estremamente fertili. L'espansione nell'entroterra permise a Tiro di avere un numero sufficiente di abitanti e di risorse per convertirsi all'attività piú redditizia di quell'epoca, cioè i commerci via mare.

I mercanti di Tiro girarono per tutto il Mediterraneo e anche oltre: si dice che alcuni di loro arrivarono fino alla Somalia, cioè fino alla punta del Corno d'Africa. Tiro poi fu forse la piú attiva città fenicia nella fondazione di insediamenti in giro per il Mediterraneo. In un primo momento costruí soprattutto scali commerciali o villaggi vicini a miniere di metalli, in modo da poterli estrarre e portare facilmente in città. A un certo punto, forse anche per dare sfogo a una popolazione in continuo aumento, gli abitanti di Tiro si misero in testa di fondare delle città vere e proprie, autonome ma in qualche modo legate alla madrepatria. Cadice, che oggi è la prima grande città spagnola fuori dallo Stretto di Gibilterra, fu fondata da Tiro con l'ambizione che diventasse un punto di riferimento per i mercanti fenici dalla parte opposta del Mediterraneo. Un'altra colonia, invece, doveva garantire un accesso agevolato a una rotta commerciale sempre piú importante, quella verso l'Italia.

Cartagine fu fondata negli ultimi decenni del IX secolo a.C. su un promontorio all'imbocco di un'ampia baia, che ora chiamiamo golfo di Tunisi. Allora come oggi si trova a 200 chilometri in linea d'aria dalle coste siciliane e ad appena 60 in piú da quelle della Sardegna. La mitica fondatrice della città fu una certa Elissa, nota anche come Didone: la stessa Didone dell'*Eneide* di Virgilio. Non sappiamo quale fosse il suo vero nome: forse Didone, forse Elissa, forse entrambi. È possibile che uno fosse il suo vero nome e l'altro un vezzeggiativo. Non ne abbiamo idea. Sappiamo per certo invece che la sua tresca con Enea fu una pura invenzione di Virgilio. La leggenda non romanizzata sulla fondazione di Cartagine racconta che Didone/Elissa nell'814 a.C. scappò da Tiro dopo che il fratello aveva ucciso suo marito, un potentissimo sacerdote che incidentalmente era anche zio di entrambi. Arrivata in quella che sarebbe diventata Cartagine, un re locale accettò di venderle un pezzo di terra a patto che fosse compreso nei confini di un tappeto di pelle di bue. La leggenda vuole che Didone/Elissa tagliuzzò il tappeto in una strisciolina continua lunga chilometri, tutta attorno a una collina di nome Birsa: proprio lassú, come confermano gli archeologi, fu fondato il primo nucleo della città (ancora oggi quell'operazione geometrica viene chiamata «il problema di Didone»).

In controluce il mito della fondazione della città mostra alcuni elementi coerenti con l'espansione fenicia di quegli anni. È verosimile che gli abitanti di Tiro fossero arrivati in Africa con un po' di soldi e che avessero trattato l'acquisto di un pezzo di terra con la popolazione locale. A quanto ne sappiamo cercarono anche una relazione con loro, senza provare ad assoggettarli o spazzarli via: esattamente come i Fenici avevano fatto in decine di altri posti nel Mediterraneo.

«Posso lasciarle il mio biglietto da visita?»

Altri aspetti dei primi anni di Cartagine suggeriscono una vita da normale città fenicia. In uno studio sulla datazione esatta della fondazione di Cartagine, l'eclettico storico francese Gérard Gertoux nota che alla periferia della nuova città c'era un distretto industriale in cui si fondevano i metalli e si facevano essiccare i Muricidi per ottenere la porpora. Nei primi livelli di occupazione di Cartagine, inoltre, sono stati trovati pezzi di ceramiche greche, cipriote, spagnole e italiane, per quanto questi aggettivi allora non avessero alcun senso: segno di traffici regolari con altre città in giro per il Mediterraneo. Al contempo sappiamo che già nei primi secoli le persone che vivevano a Cartagine svilupparono il senso di appartenenza di chi nell'antichità abitava vere e proprie comunità autonome. In una delle necropoli piú antiche della città, in uno strato databile al VI secolo a.C. è stata ritrovata una «tessera ospitale», cioè una specie di biglietto da visita che mercanti e imprenditori lasciavano a potenziali clienti e partner commerciali, in cui si legge: *mi Puniel Karthazies*. «Sono un punico di Cartagine». Questo biglietto da visita ci è arrivato sbriciolato in vari pezzi, e non siamo in grado di studiarlo come merita: non sappiamo esattamente chi fosse il suo proprietario, se facesse parte di una serie, o ancora perché in un angolo della tessera – che era fatta d'avorio, un materiale decisamente prezioso – fosse stato intagliato un cinghiale accovacciato. Dalla scritta però possiamo ricavare due elementi molto interessanti. Per prima cosa la frase *mi Puniel Karthazies* è scritta in lingua etrusca: dobbiamo immaginare quindi che il suo proprietario fosse salpato da Cartagine con una sacca piena di queste tessere da lasciare nei porti in cui era diretto, le città del Lazio e della Toscana dove si parlava etrusco. La seconda considerazione è piú sottile.

Sappiamo che l'aggettivo «punico» è una latinizzazione avvenuta secoli piú tardi del termine greco Φοῖνιξ, *phoinix*, cioè «fenicio». Col termine «punico» i Romani indicavano i Fenici con cui avevano a che fare loro, cioè quelli che vivevano nel Mediterraneo occidentale. Non siamo certi che i Fenici si riferissero a loro stessi con quel nome: *Phoinix* è un termine greco che significa «porpora» e «dattero». Forse i Greci lo ricavarono dal nome della comunità di persone che piú esportava quei prodotti: quelli che noi ancora oggi chiamiamo Fenici, appunto. Ma è anche possibile che i Greci si fossero inventati di sana pianta quella parola: in greco antico *phoinos* significa fra le altre cose «rosso sangue». La sua radice era un verbo che in proto-indoeuropeo significava «colpire, uccidere», e che in italiano ha dato origine alla parola «fendente». Insomma: non sappiamo se *Phoinix* fosse la parola che i Fenici usavano per descrivere se stessi oppure un aggettivo – «quelli del rosso» – che gli era stato appiccicato dai Greci.

Comunque: la presenza della parola *Puniel* nella tessera-biglietto trovata a Cartagine ci dice sia che nel VI secolo a.C. nella lingua etrusca esisteva un termine per definire una persona fenicia; sia che il suo proprietario era disposto a utilizzarlo per definire se stesso. Se davvero la parola «fenicio» era stata inventata dai Greci per definire a spanne una persona che proveniva da quelle zone, è un po' come se oggi un imprenditore tedesco in viaggio di lavoro in Italia distribuisse biglietti da visita in italiano, con la scritta «sono un crucco di Karlsruhe». Nella tessera - biglietto da visita insomma intravediamo in controluce sia un certo orgoglio cittadino – «sono di Cartagine» – sia un certo pragmatismo mercantile: pur di concludere un affare, chiamami pure col nome che ti pare. Combinazione: proprio nel VI secolo, il periodo a cui risale la tessera - biglietto da visita, successero due fatti apparentemente scollegati che nel giro di qualche generazione avrebbero permesso a Cartagine di diventare una potenza internazionale.

Il primo avvenne qualche centinaio di chilometri piú a est del Canale di Sicilia. Nel 586 a.C. il re babilonese Nabucodonosor II assediò Tiro, la città madre di Cartagine, durante una vasta operazione militare in Medio Oriente. L'assedio durò tredici anni: alla fine Tiro fu sconfitta e conquistata dai Babilonesi, e non tornò mai piú alla potenza e allo splendore dei secoli precedenti. L'assedio di Tiro e la sua successiva sconfitta lasciarono campo libero a Cartagine per estendere definitivamente la sua rete di rapporti a nord, quindi verso la Sicilia e il resto dell'Italia, nonché nel Mediterraneo occidentale.

Piú o meno nello stesso periodo a Cartagine il territorio cittadino iniziava a stare stretto. Per gestire quello che stava prendendo la forma di un regno coloniale serviva un'enorme quantità di gente e quindi di cibo. Nel giro di qualche decennio dunque la città si espanse fino a controllare buona parte dell'odierna Tunisia del Nord, fertilissima per via di condizioni climatiche del tutto simili a quelle siciliane. Fra VI e V secolo Cartagine conquistò la zona di Capo Bon, le odierne città di Susa e Sfax – la città tunisina da cui oggi salpa buona parte dei migranti che cercano di arrivare a Lampedusa –, ma il suo esercito entrò anche a Sirte, che ora è una delle principali città costiere della Libia. Tutta la regione intorno a Cartagine divenne una distesa di campi, poderi, vigne e pascoli. Lo storico greco Diodoro Siculo descrisse cosí la zona di Capo Bon, la regione tunisina piú vicina in linea d'aria alla Sicilia, nel periodo di maggior benessere della storia cartaginese: «La regione era costellata di giardini e di coltivazioni di ogni genere, grazie ai molti corsi d'acqua che la solcavano e irrigavano tutta. Sorgevano lí numerose case coloniche, costituite da ricchi edifici, ornati di stucchi che testimoniavano la ricchezza dei loro padroni. I poderi erano pieni di tutto ciò che procura piacere nella vita, poiché gli abitanti, godendo di un lungo periodo di pace, avevano potuto accumulare una gran quantità di prodotti. La regione era in parte coltivata ad uliveti, in parte a vigneti e piena di altri alberi da frutta. Pascolavano, nell'altra parte della pianura, mandrie di buoi e greggi e le paludi vicine erano ricche di cavalli di razza. In quei luoghi, insomma, esisteva una prosperità di vario genere; i piú illustri Cartaginesi si erano divisi i poderi e con il loro denaro avevano fatto di tutto per renderli piú confortevoli».

Ricapitolando. Alla fine del VI secolo a.C. Cartagine era ormai diventata una metropoli con interessi in varie parti del Mediterraneo, una delle piú potenti dell'epoca. Cartagine dovette la sua iniziale ricchezza a una posizione perfetta per chi voleva commerciare con l'Italia ma anche con le altre colonie fenicie dell'Ovest. A questo vantaggio competitivo seguí una sapiente espansione nell'entroterra tunisino. Il passo successivo fu l'ambiziosissima costruzione di un impero al di là del Mediterraneo centrale, in Sicilia e in Sardegna.

La Sardegna fu apparentemente la piú semplice da conquistare. Sembra che già entro il 510 a.C. i clan indigeni, cioè le comunità che oggi chiamiamo «nuragiche», fossero stati sconfitti e che tutta l'isola fosse sotto il controllo dei Cartaginesi. Tanto che un trattato del 509 a.C. fra Cartagine e una potenza regionale dell'Italia centrale, una certa città chiamata «Roma», prevedeva che i mercanti romani potessero commerciare nei porti sardi soltanto sotto la supervisione delle autorità cartaginesi. «Una simile clausola presupponeva da parte di Cartagine un effettivo dominio sulla Sardegna e specialmente su tutte le coste», scrive lo storico Ferruccio Barreca nel suo *La Sardegna fenicia e punica*. In realtà la conquista della Sardegna non fu proprio semplicissima.

Ötzi, zanzare e zucche a fiasco.

Sia prima sia dopo la firma del trattato fra Cartagine e Roma il popolo nuragico cercò di difendersi dagli attacchi dei Cartaginesi: prima con una resistenza villaggio per villaggio, poi con una serie di ribellioni al governo locale cartaginese. Alcuni studiosi sardi rintracciano in questi tentativi di difesa la nascita di una condizione permanente di resistenza nei confronti di invasori stranieri, viva ancora oggi. Giovanni Lilliu, uno dei piú famosi storici delle comunità nuragiche, la chiamava «la costante resistenziale sarda». Lilliu la legava ad altre successive invasioni dell'isola, e ad altrettanti strenui tentativi di resistenza da parte degli abitanti sardi. Sono argomenti da maneggiare con grande prudenza: è un attimo che per celebrare lo spirito indomito degli abitanti della Sardegna si passa alla difesa identitaria di una presunta purezza etnico-culturale sarda, e quindi al rigetto di qualsiasi elemento esterno. Anche perché gli studi di archeogenetica, come sempre, smentiscono qualsiasi teoria legata alla purezza di una comunità. Ci piaccia o no, siamo tutti figli e discendenti di stranieri, genitori di persone che saranno considerate straniere da qualcun altro, o stranieri noi stessi, nel posto in cui viviamo. Cosí anche i sardi, come abbiamo accertato ancora di recente.

In un importante studio genetico sulle antiche popolazioni sarde pubblicato nel 2020 sulla rivista «Nature Communications», il genetista statunitense John Novembre e altri scienziati hanno esaminato il Dna di 70 scheletri di persone seppellite in Sardegna in 21 posti diversi, morte in un periodo compreso fra il 4100 a.C. e il 1500 d.C. Fra il 4000 e il 1000 a.C., quindi un periodo di tremila anni che copre anche lo sviluppo della civiltà nuragica, il patrimonio genetico dei sardi è rimasto effettivamente piú o meno lo stesso.

La componente principale era composta dal gruppo genetico degli antichi agricoltori anatolici, che abbiamo incontrato nel capitolo secondo: ora che con loro abbiamo sviluppato una certa confidenza, possiamo definirli amichevolmente AAA. È il gruppo umano che a partire dal 7000 a.C. si spostò in massa dall'odierna Turchia all'Europa portando con sé le prime tecniche di agricoltura e allevamento. Gli AAA arrivarono in Sardegna intorno al 6000 a.C. e per millenni vissero pressoché indisturbati: le popolazioni provenienti dalle steppe eurasiatiche che intorno al 3000 giunsero in Europa portando con sé la lingua proto-indoeuropea e l'uso della ruota e della lana, fra le altre cose, non si trasferirono mai in massa in Sardegna. Di conseguenza ancora oggi il patrimonio genetico dei sardi che vivono sull'isola da molte generazioni ricorda quello degli AAA. Questa è anche la ragione per cui Ötzi, l'uomo preistorico morto fra Italia e Austria intorno al 3230 a.C. di cui abbiamo parlato all'inizio del capitolo, ha molte piú affinità genetiche con i sardi di oggi rispetto agli altoatesini che abitano nei pressi del ghiacciaio del Similaun, dove sono stati trovati i suoi resti.

Ma parlare soltanto di AAA è una forzatura. Novembre e il suo gruppo di lavoro hanno scoperto che gli abitanti della Sardegna neolitica e successivamente nuragica avevano ricavato in media circa il 17 per cento del proprio patrimonio genetico dal gruppo etnico dei cacciatori e raccoglitori dell'Ovest, cioè persone che vivevano perlopiú nell'Europa centrale e orientale prima dell'arrivo degli AAA. Evidentemente durante il loro interminabile viaggio verso la Sardegna lungo i Balcani, i passi alpini e la Pianura Padana, alcuni gruppi di AAA avevano incontrato delle persone del gruppo etnico dei cacciatori e raccoglitori dell'Ovest: si erano piaciute, avevano fatto dei figli insieme, e i loro discendenti erano infine arrivati in Sardegna. Se conoscete un sardo o una sarda che ha gli occhi chiari, è possibile che sia il frutto alla lontana di quella unione e commistione fra gruppi etnici: moltissimi cacciatori raccoglitori dell'Ovest avevano infatti gli occhi azzurri. Lo studio di Novembre, poi, dice molto chiaramente che intorno al 1000 a.C. – quindi secoli prima della conquista di Cartagine – arrivarono in Sardegna molte persone con un patrimonio genetico diverso dai discendenti degli AAA. La data ci dice che le persone in questione erano i primissimi coloni fenici. I quali avevano una certa riconoscibilità etnica, ma nemmeno cosí evidente, e risultato a sua volta di coppie miste.

In una necropoli cartaginese nel paese di Villamar, nel Sud della Sardegna, è stata trovata una persona che presentava un aplogruppo, cioè un raggruppamento di mutazioni genetiche che si tramanda di generazione in generazione, del tipo L2a: è quello piú diffuso ancora oggi nell'Africa subsahariana, e in particolare in Ciad e nel Ghana. Un altro aplogruppo ancora piú specifico e tipico delle comunità etniche preistoriche del Vicino Oriente, cioè del territorio compreso oggi fra Libano, Siria e Israele, si chiama J1-L862 ed è presente nel patrimonio genetico del 5 per cento dei sardi dei nostri giorni. Altro che purezza, insomma.

In Sardegna i Fenici e poi i Cartaginesi non lasciarono una traccia soltanto nel patrimonio genetico. Pare sempre piú probabile che sulle navi cartaginesi che sbarcarono sull'isola, oltre a mercanti e soldati ci fossero anche degli esemplari di zanzara anofele, nota soprattutto per trasmettere la malaria. Che in Sardegna ci si potesse ammalare facilmente di malaria è stato vero per secoli: l'hanno scritto diversi storici antichi, compreso il greco Pausania. Ancora in una rilevazione del 1882 (dopo Cristo) la malaria era presente in 316 Comuni sardi su 364, circa l'87 per cento: dati abnormi rispetto al resto dell'Occidente. Gli storici sardi hanno sempre sospettato che fossero stati i Cartaginesi a portare la malaria sull'isola, e alcuni studi recenti danno loro ragione. Nel 2013, una ricerca coordinata dall'Università di Sassari osservò che nessuno scheletro di età nuragica sembrava contenere tracce di malaria. Risultarono invece positivi alcuni campioni ritrovati nella necropoli cartaginese di Sa Figu, nel Nord della Sardegna. «Le popolazioni che innalzarono le grandiose costruzioni tronco-coniche, chiamate nuraghi, erano in buona salute, non indebolite dalle febbri, – spiegò nel 2013 la storica della medicina Eugenia Tognotti presentando il suo studio *Approccio paleobiologico alla storia della malaria e della leishmaniosi in Sardegna dall'età Prenuragica al Medioevo*. – La malaria si diffuse in Sardegna nel quinto secolo a.C. come in altri paesi rivieraschi del Mediterraneo: un effetto della "globalizzazione" indotta dai fenicio-punici», concluse Tognotti. In Sardegna la malaria fu debellata soltanto fra il 1946 e il 1950 grazie a un'enorme bonifica messa in piedi dal governo italiano con l'aiuto della Rockefeller Foundation, che aveva già realizzato operazioni del genere in altre parti del mondo. Per settimane 32 000 uomini, 200 automezzi e 4 aerei militari spruzzarono 6 milioni di litri di una soluzione di Ddt e nafta. L'operazione fu un successo. In un articolo di qualche anno fa il «Corriere della Sera» ha ricordato che i casi di malaria in Sardegna passarono da circa 75 000 nel 1946 ad appena 9 nel 1951.

Ma i Cartaginesi portarono in Sardegna anche parecchie altre cose, non soltanto una malattia che infestò l'isola per secoli. Si stima che insieme a loro arrivarono – e non se ne andarono mai piú – mandorli, noccioli, noci, susini, angurie, zucche a fiasco e ginepro. Oltre a piantare migliaia di alberi da frutto, i Cartaginesi convertirono la Sardegna in un gigantesco granaio, per sfamare una popolazione e un esercito in costante aumento a cui l'entroterra nordafricano non bastava piú. La coltivazione di grano da esportazione era cosí diffusa che alcuni storici parlano addirittura di agricoltura intensiva. Il clima sardo però non permetteva di coltivare ovunque, e la traversata fino a Cartagine obbligava a navigare per decine di chilometri senza tappe intermedie. Anche per questo, probabilmente, i Cartaginesi rivolsero le loro attenzioni a un'isola ancora piú grande, fertile e vicina al Nord Africa. La Sicilia. E proprio durante quegli sforzi, ai Cartaginesi – che ormai erano percepiti come assolutamente autonomi dai Fenici – fu appiccicata una fama che li avrebbe accompagnati per secoli.

«Polydaidaloi».

Per i Cartaginesi la conquista della Sicilia si rivelò molto piú complicata rispetto a quella della Sardegna, tanto che non riuscirono mai a controllarla per intero. Fra gli storici c'è chi dice che i Cartaginesi non ci abbiano mai provato per davvero: del resto la Sicilia era probabilmente troppo grande e difficile da difendere, nonché punteggiata da ricche e potentissime colonie greche. La volta che i Cartaginesi ci provarono con maggiore convinzione risale al 480 a.C., quando il comandante cartaginese Amilcare si infilò in una bega locale fra colonie greche e attraversò il Canale di Sicilia con migliaia di soldati: 300 000 secondo Diodoro Siculo, un decimo secondo l'equivalente della questura, cioè gli storici moderni. Un'alleanza fra città greche guidate da Siracusa riuscí a respingere l'esercito cartaginese a Imera, nel Nord della Sicilia, piú o meno dove oggi è situata Termini Imerese (fondata qualche anno dopo, quando Imera fu distrutta in un'altra guerra). La quasi esatta contemporaneità della battaglia di Imera con quella di Salamina, con cui nel 480 a.C. le città della Grecia «vera» respinsero definitivamente l'esercito persiano, fu forse la traccia piú duratura che lasciò nella storia, per quanto intangibile. Nella testa dei Greci la battaglia di Imera innescò infatti un'equivalenza fra i Cartaginesi e i Persiani, «destinata a non uscire mai piú dallo schema oppositivo Greci/barbari», scrive la storica Stefania De Vido nel suo libro *Le guerre di Sicilia*: «In quanto nemici "per natura" dei Greci, i barbari Cartaginesi non possono che essere infidi e crudeli [...] sempre intenti a macinare insidie e ad accumulare ricchezze». Esattamente come i Persiani, altri temibili nemici che per i Greci provenivano da Oriente, secondo il racconto stereotipato e caricaturale che ne facevano intellettuali, scrittori e drammaturghi greci.

Eppure nei secoli precedenti i Greci avevano avuto tutt'altra opinione degli antenati dei Cartaginesi, cioè dei Fenici. Nel XXIII libro dell'*Iliade* gli abitanti della città fenicia di Sidone vengono definiti *polydaidaloi*, cioè «dai molti talenti artistici». Nell'*Odissea* i Fenici vengono citati da Ulisse quando sbarca finalmente a Itaca dopo dieci anni in giro per il Mediterraneo, verso la metà del XIII libro. Poco dopo il suo arrivo, ancora sulla spiaggia, Ulisse incontra la dea Atena travestita da giovane pastore. Ulisse non vuole dire al pastore chi è davvero, e quindi si inventa una balla: dice di essere stato portato sull'isola da alcuni Fenici molto gentili, che l'avevano lasciato sulla spiaggia insieme a tutte le sue cose, senza rubargli niente.

Dopo la battaglia di Imera, la fama dei Fenici gentili e amanti delle arti svanisce del tutto, per via della loro associazione con i Cartaginesi. Nella *Repubblica*, scritta fra il 380 e il 370 a.C., Platone fa dire a Socrate che le bugie in fondo sono «cose fenicie». Nella *Politica*, Aristotele ritiene i Cartaginesi inclini per natura alla guerra e li mette nello stesso calderone di civiltà in cui «la forza militare riceve il massimo onore, come avviene tra gli Sciti, i Persiani, i Traci e i Celti».

Quando Roma fra il III e il II secolo a.C. procedette a conquistare l'intera Grecia, gli intellettuali romani importarono moltissime abitudini e convinzioni da quelli greci: l'ostilità nei confronti dei Fenici-Cartaginesi fu compresa nel pacchetto, e di lí a poco diventò funzionale alla propaganda di stato durante le guerre puniche. «Nelle storie e nelle canzoni popolari romane non è mai esistito un avversario tanto temibile quanto Cartagine, – ha notato lo storico Erich S. Gruen nel libro *Rethinking the Other in Antiquity*: – tre guerre puniche all'apice del periodo repubblicano segnarono la memoria e l'immaginazione dei Romani. Le battaglie contro un nemico cosí formidabile lasciarono cicatrici indelebili, e l'esito finale una gloria infinita. Le guerre puniche indirizzarono il primo periodo dell'imperialismo romano, contribuendo a modellare la percezione che i Romani avevano di sé. Per Roma, Cartagine divenne "l'altro" per eccellenza. Annibale fu l'uomo nero per generazioni di bambini romani. E la presunta immoralità dei propri nemici aiutò a definire i valori che formarono la percezione di se stessi dei Romani».

L'odio per i Cartaginesi attraversò i secoli e arrivò persino al fascismo, che si considerava erede dell'antica potenza di Roma. Nel suo *Storia di Roma durante le guerre puniche* del 1927 il classicista Ettore Pais, noto anche per aver scritto diversi discorsi per Benito Mussolini, tracciò un paragone fra i Cartaginesi e l'Impero britannico: un goffo e infantile tentativo di screditare quest'ultimo, che ai tempi era un avversario politico del regime fascista. «Il guerriero Cartaginese, – scrisse Pais, – in tutto il corso della storia della potente Nazione punica mostrò di saper morire per la patria, ma simile al moderno Britanno, che da abile mercante si trasforma, occorrendo, in leone, l'accorto Cartaginese preferiva [comunque] i fini e penetranti mezzi della diplomazia e del commercio». Ma da dove arriva esattamente questa fama, che ha trovato terreno fertile anche in quelli che si ritengono discendenti e successori dei Romani, e cosa contiene di vero? Chi erano *davvero* i Cartaginesi nel momento in cui arrivarono allo scontro con Roma?

Santi, navigatori e agronomi.

Un primo tramite dell'odio per i Cartaginesi fu lo storico greco Polibio, gran frequentatore dei salotti romani del II secolo a.C. Le sue monumentali *Storie* sono piene di stereotipi e giudizi sprezzanti sui Cartaginesi. Quando descrive l'abitudine del comandante cartaginese Annibale di difendersi da attentati e aggressioni personali indossando delle parrucche, piú o meno come avrebbe fatto il mercenario russo Evgenij Prigožin un paio di millenni piú tardi, Polibio definisce questo espediente «un trucchetto fenicio». Nella Roma tardo repubblicana i Cartaginesi erano ormai considerati alla stregua di truffatori. Nel latino colloquiale la *fides punica*, il «patto punico», era un'espressione paradossale per definire una bugia. Piú in generale l'aggettivo *poenus*, «punico», aveva un'accezione negativa: tanto che quando gli abitanti di Cartagine dovevano essere definiti in modo piú neutro si usava il piú civile *carthaginiensis*, «cartaginese». «È proprio un punico: c'è bisogno di dire altro?», fa dire Plauto a uno dei suoi personaggi nella commedia *Poenulus*, «il cartaginesuccio».

In età classica, decenni dopo la vittoria nelle cosiddette guerre puniche, il fenicio-punico-cartaginese era ormai diventato il nemico per definizione, ma anche una caricatura legata alla sua vocazione mercantile e cosmopolita. «Sono stati i Cartaginesi per primi a introdurre in Grecia l'avidità, il lusso e le passioni insaziabili», scrive Cicerone nel *De re publica*. Spesso gli stereotipi venivano personificati nei principali condottieri e capi cartaginesi, rappresentati come tiranni sanguinari senza alcuna morale. Lo storico Tito Livio per esempio descrive Annibale come un potentissimo guerriero, le cui qualità però erano «pareggiate da grandi vizi: crudeltà disumana, perfidia piú che cartaginese, nulla per lui era vero, nulla era sacro, non aveva nessun timore degli dèi, nessun rispetto dei giuramenti, nessuno scrupolo».

Anche la nostra percezione, in maniera indiretta, è stata condizionata dalla narrazione dei Romani, di cui ci consideriamo gli eredi. Nel racconto delle guerre puniche, quindi, è come se ci fossero i buoni di qui e i cattivi di là. È un approccio ingenuo e invecchiato molto male: grazie all'archeologia, alla genetica e a una rilettura piú accurata degli storici antichi abbiamo un quadro molto piú sfumato e tridimensionale, che sfata quasi del tutto l'immagine dei Cartaginesi che abbiamo ricavato un po' acriticamente da Greci e Romani.

È difficile, per esempio, sostenere che i Cartaginesi fossero dei despoti guidati da capi autoritari e senza alcun freno, come spesso vengono descritti Annibale e altri leader cartaginesi dagli storici romani. Fin dalla fondazione di Cartagine, in realtà, «quasi sicuramente esistevano delle magistrature che regolavano le tre sfere del potere: quella religiosa, politica e militare», spiega Michele Guirguis, che insegna archeologia fenicio-punica all'Università di Sassari. Le persone scelte per questi incarichi provenivano da una classe sociale di nobili al cui vertice di volta in volta c'era una famiglia: un po' come nelle signorie italiane medievali, fatte le dovute proporzioni. Da quello che possiamo intuire, comunque, le cariche principali non erano ereditarie, e venivano distribuite da un consiglio di anziani (in maniera non dissimile da come funzionava il Senato romano). Anche la piú importante carica civile, quella dei sufeti, aveva dei punti di contatto con la carica romana dei consoli. Esattamente come i sufeti – parola imparentata con quella ebraica *shopheṭ*, «giudice», dato che sia l'ebraico sia il fenicio erano lingue semitiche –, anche i consoli si occupavano di far funzionare i servizi pubblici, venivano eletti in coppia e rimanevano in carica per un anno. In età repubblicana i consoli avevano persino un potere piú autoritario di quello dei sufeti, dato che comandavano anche l'esercito. In certi posti l'impianto istituzionale ricavato da Cartagine lasciò una traccia cosí indelebile che rimase in vigore molto a lungo. Nel II secolo d.C., in piena età imperiale romana, alcune città sarde erano ancora governate da sufeti. Cartagine insomma «può essere definita forse una repubblica autocratica-oligarchica: sicuramente non una monarchia», spiega Guirguis.

Un'altra accusa ricorrente nella letteratura romana riguarda la presunta assenza di qualsiasi tabú etico-culturale nella società cartaginese. Diversi storici di età imperiale ritenevano per esempio che i Cartaginesi fossero soliti compiere sacrifici umani di bambini. «In Africa venivano sacrificati a Saturno dei bambini, pubblicamente», scrive il filosofo romano Tertulliano fra il II e il III secolo d.C. Lo storico greco Diodoro Siculo, vissuto nell'epoca della Roma tardo repubblicana, racconta invece di una volta in cui, durante una fase particolarmente concitata di una guerra contro Siracusa, i Cartaginesi «selezionarono duecento bambini tra i piú nobili e li sacrificarono pubblicamente» per placare gli dèi.

Il fatto che diversi autori antichi di varie epoche ed estrazioni parlino di sacrifici di bambini in relazione ai Cartaginesi non può essere trascurato: evidentemente era una diceria molto diffusa, che forse aveva un fondo di verità. La realtà dei fatti sembra però parecchio nebulosa e non ci permette di fare valutazioni certe. È vero che a Cartagine e in vari insediamenti cartaginesi esistevano luoghi appositi in cui venivano seppellite delle urne con i resti cremati di bambini molto piccoli, spesso di pochi mesi, a volte mischiati con quelli di animali. A Cartagine sono state trovate migliaia di queste urne, databili dal VII al II secolo a.C. e segnalate in superficie con delle pietre basse e squadrate. Ma urne del genere sono emerse un po' in tutti gli insediamenti e i territori controllati dai Cartaginesi: circa 2000 nel Sulcis sardo, diverse centinaia a Sabratha, una città che si trova nell'odierna Libia, circa 800 nella colonia siciliana di Mothia. I dati sono stati messi insieme dall'archeologo Bruno D'Andrea, che nel 2018 ha pubblicato lo studio piú comprensivo su questi luoghi, chiamati *tophet*. L'origine della parola è incerta: una delle piú antiche teorie la associa al termine aramaico *taphyā*, che fra le altre cose significa anche «focolare». Il termine *tophet* è presente anche nella Bibbia, e ha spesso a che fare con un rituale legato al fuoco.

Il *tophet* di Cartagine in particolare doveva essere enorme. Oggi ne rimane soltanto una piccola parte, in quella che all'epoca era una zona molto distante dalla città punica e ora ospita un grazioso quartiere di villette. Seguendo *rue Hannibal*, a un certo punto si incontra un muretto bianco un po' cadente, interrotto soltanto da un cancello e un ingresso a fenditura. Una volta messo piede nel *tophet* è come se qualcuno avesse abbassato bruscamente la manopola del volume: le persone entrano in modalità-cimitero e si comportano di conseguenza, agevolate dall'atmosfera protetta dal muretto bianco, a recinto, e dalle chiome fitte dei pini marittimi, che nascondono il cielo. Probabilmente è solo una suggestione, ma si percepisce che è stato un luogo di grande dolore, in cui centinaia di persone hanno pianto pensando a quello che avrebbe potuto essere e non è stato. La maggior parte delle pietre che segnalano il luogo di sepoltura delle urne è alta meno di un metro, ed è stata intagliata grossolanamente per ricavare quattro facce. Su buona parte delle pietre c'è soltanto il disegno di quella che sembra un'urna, come a dire: è qui sotto. Su alcune invece, ma bisogna strizzare gli occhi per accorgersene, è stata intagliata una figura umana stilizzata, con una specie di gonna e due braccia aperte verso il cielo: è la dea Tanit, la divinità femminile piú importante del pantheon punico. La teoria piú accreditata ritiene che i Cartaginesi l'abbiano mutuata dalle comunità umane che abitavano Cartagine prima di loro, verosimilmente berbere. Tanit era la dea sia della fertilità sia della reincarnazione. La sua presenza, purtroppo, non ci dà molti indizi su cosa fossero esattamente i *tophet*. Erano forse il luogo finale di un sacrificio rituale di bambini. Uccisi – forse, di nuovo – in situazioni di emergenza o difficoltà per placare una divinità e chiederle un raccolto migliore? Oppure era piú semplicemente una necropoli per bambini morti nei primi mesi di vita, che venivano affidati a Tanit perché tornassero in vita al piú presto? Nei primi secoli di vita della città il tasso di mortalità infantile raggiunse punte del 40 per cento.

A sostegno dell'ipotesi del sacrificio sistematico ci sono soprattutto le testimonianze degli storici antichi e alcune iscrizioni che sembrano legare la morte del bambino a un qualche tipo di sacrificio: ti do mio figlio, una delle cose piú preziose che ho, e in cambio mi garantirai un raccolto piú ricco, la vittoria in battaglia, o un figlio o una figlia piú sani. E però il fatto che questi neonati venissero cremati singolarmente, e che secondo alcune stime in buona parte non fossero individui formati ma ancora feti, oltre all'assenza totale di iscrizioni che parlano di un'emergenza o difficoltà collettiva, fa propendere invece per l'ipotesi di un rito personale, al massimo familiare, per bambini morti per cause naturali: di fame, malattia, o per gravissime malformazioni. Seguendo questa ipotesi, ai feti e ai bambini morti poco dopo la nascita veniva riservato un trattamento diverso rispetto agli altri, quasi di riguardo – i bambini piú grandi venivano sepolti nei cimiteri degli adulti –, perché gli dèi dessero loro maggiore cura e attenzioni, dato che erano sostanzialmente indifesi. Insomma: i *tophet* erano luoghi in cui l'adesione cieca a un culto religioso perde qualsiasi contatto con la realtà, generando comportamenti disumani – l'uccisione di un figlio per la presunta volontà di un dio –, oppure un posto in cui i piú deboli ricevevano attenzioni speciali, nella speranza che tornassero presto sulla Terra? Un luogo di mostruosità da culti degenerati, alla Charles Manson, o di attenzioni amorevoli, come le sezioni dei cimiteri dedicate ai ragazzi caduti in guerra? Per ora, comunque, quella del sacrificio sistematico di bambini, dato per certo dagli storici non cartaginesi, è soltanto una delle ipotesi possibili. Forse neppure la piú credibile.

Anche l'immagine dei Cartaginesi come mercanti avidi e arraffoni, buoni solo al commercio, sembra lontana dalla realtà. All'apice del suo benessere Cartagine non era soltanto una potenza mercantile, come abbiamo visto; ma anche territoriale, e perciò agricola. Il piú antico trattato di agricoltura arrivato fino a noi l'ha scritto un cartaginese, un certo Magone. I Romani ne erano cosí incuriositi che dopo la totale distruzione della città di Cartagine si dice che regalarono tutti i libri della biblioteca cittadina al vicino popolo dei Numidi, tranne uno: il trattato di Magone, i cui ventotto volumi vennero tradotti in greco e poi in latino per decreto del Senato romano. L'agronomo romano di età imperiale Lucio Giunio Moderato Columella descrisse Magone come «il padre della scienza agricola», e nel suo *De re rustica* riportò varie indicazioni di Magone, per esempio sul luogo piú adatto per piantare un vigneto, su come castrare un vitello, sulle abitudini riproduttive delle api, sulla conservazione della melagrana. Magone descrisse nel dettaglio anche la ricetta per produrre il vino passito, molto simile a quella che ancora oggi viene usata per il passito Doc di Pantelleria, controllata per secoli dai Cartaginesi per via della sua vicinanza alle coste del Nord Africa.

Fra i Cartaginesi inoltre vivevano raffinati filosofi e intellettuali, che frequentavano la già citata biblioteca, nonché architetti e artisti. «Quel poco che ci rimane dell'arte e architettura punica, peraltro, testimonia uno straordinario eclettismo e un'apertura a influenze e idee nuove», ha scritto l'archeologo britannico Richard Miles nel suo libro *Carthago delenda est.* Miles fa l'esempio di un mausoleo privato costruito da un ricco cartaginese a Sabratha: con i suoi capitelli ionici, i motivi religiosi egizi e alcuni bassorilievi che mostravano sia l'eroe greco Eracle sia il dio egizio-punico Bes, rappresentato come un nano, «a un greco di quell'epoca il mausoleo sarebbe sembrato alieno e familiare allo stesso tempo».

Difficile poi descrivere i Cartaginesi come pigri amanti del «lusso», come disse Cicerone, e di quella mollezza e accidia che i Romani percepivano come eminentemente orientale. Parliamo pur sempre di gente che arrivò praticamente ovunque, nel mondo conosciuto a quei tempi in Occidente. Si è calcolato che le loro navi triremi potessero coprire fino a 300 chilometri in un giorno. Un certo comandante cartaginese di nome Imilcone per esempio guidò una spedizione navale fino in Irlanda. Uno dei racconti di viaggio piú famosi dell'antica Grecia, poi, descrive il viaggio di un esploratore cartaginese chiamato Annone lungo le coste dell'Africa subsahariana, a metà fra storia e leggenda. Il racconto iniziò a circolare in Grecia intorno al IV secolo a.C. probabilmente sulla base di una traduzione di un testo cartaginese. Nel testo si racconta che Annone salpò da Cartagine insieme a 60 navi e circa 30 000 fra uomini e donne, dirigendosi verso sud. La flotta cartaginese, fra le altre, costeggiò le odierne isole di Capo Verde; si accampò sul delta del Niger dove venne spaventata da un persistente suono di tamburi che proveniva dalla giungla – la prima traccia dello stereotipo degli *africani col-ritmo-nel-sangue*?; assistette a un'eruzione del monte Camerun; e infine nell'odierno Gabon catturò e uccise tre femmine di quelle che l'autore senza nome chiama Γορίλλας, *gorillas*. È la prima volta che questa parola compare nella letteratura occidentale. Passerà poi a definire degli animali precisi, i gorilla: non si è mai capito però se l'autore si riferisse a degli animali o a degli umani estremamente pelosi. Il racconto sembra riflettere diverse esperienze di altrettanti navigatori cartaginesi lungo le rotte commerciali che portavano alla costa occidentale dell'Africa. Da quelle regioni sembra provenissero alcuni metalli che poi venivano importati e lavorati nel Mediterraneo, come l'oro estratto negli odierni Gambia e Guinea-Bissau.

I Cartaginesi, infine, non furono i classici imperialisti senza scrupoli. Soprattutto in una prima fase, Cartagine lasciava grande margine ai territori che controllava e ai propri insediamenti, e permetteva che anche la città madre rimanesse aperta agli influssi esterni. Tanto che Miles descrive il processo con cui Cartagine diventò una metropoli come una «ibridazione con altre culture indigene e coloniali nel Mediterraneo occidentale». A Cartagine, come nei suoi insediamenti e colonie, circolavano ceramiche e altre merci provenienti da varie parti del Mediterraneo, segno di comunità aperte e interessate agli scambi. Agli abitanti delle terre conquistate veniva lasciata una certa autonomia politica, a patto che pagassero le tasse e accettassero le decisioni dei funzionari punici. Abbiamo traccia anche di percorsi per ottenere la cittadinanza per stranieri e schiavi. Se tutto questo vi ricorda qualcosa, ci avete preso. Diversi studiosi insomma ritengono che Roma debba molto del suo modello espansionistico, pragmatico e per certi versi inclusivo a quello di Cartagine, con cui ebbe a che fare per secoli prima di arrivare a uno scontro frontale.

Troppo simili per convivere?

Guirguis e altri studiosi come lui ritengono che le guerre puniche furono in qualche modo inevitabili. Nel III secolo Roma si era progressivamente espansa verso il Centro Italia, e per controllare la Sicilia e il traffico marittimo dell'intera penisola era necessario togliere di mezzo Cartagine. Viceversa, per Cartagine, Roma stava diventando un vicino troppo ingombrante. Il primo trattato, del 509 a.C., fu verosimilmente imposto da Cartagine a Roma, date le condizioni estremamente sfavorevoli per quest'ultima: poi, piano piano, i rapporti di forza si invertirono. Un secondo trattato fu firmato nel 348 a.C.: vincolava al riconoscimento reciproco dei diritti dei cittadini romani e cartaginesi e riconosceva a Roma per la prima volta una sfera di influenza sulle città-stato che controllava nel Lazio. Col terzo trattato, del 306 a.C., questo territorio aumentò ulteriormente fino a comprendere vari pezzi dell'Italia centrale e meridionale (stavano per finire le guerre sannitiche, da cui Roma ricavò il controllo di buona parte dell'Italia a sud del Tevere). Il quarto trattato, del 279-278 a.C., l'ultimo prima dell'inizio delle guerre puniche, certificava che gli equilibri erano ormai cambiati: Cartagine riconosceva a Roma il controllo su tutti i territori italiani che aveva conquistato e a cui ambiva, in cambio della promessa di non invadere la Sicilia, dove Cartagine stava proseguendo la sua secolare ed estenuante guerra contro le colonie greche. I Romani accettarono, ma la Sicilia era una terra troppo ricca – nonché ormai indebolita da secoli di guerre ininterrotte – per lasciarli indifferenti.

Nel 275 a.C. i Romani sconfissero definitivamente il re Pirro, *quel* Pirro, che se ne tornò nel suo regno fra Albania e Grecia. Lo storico greco Plutarco ci informa che, prima di lasciare l'Italia, Pirro disse: «Amici, lasciamo questa palestra a Cartaginesi e Romani». Undici anni piú tardi sarebbe iniziata la prima guerra punica.

In una prima fase i Romani ottennero varie vittorie di terra in Sicilia. Nel 256 a.C. invasero il Nord Africa, convinti di poter arrivare fino a Cartagine: a sorpresa però l'esercito cartaginese fermò quello romano nella battaglia di terra di Tunisi, nel 255 a.C. La battaglia navale decisiva avvenne al largo di Capo Bon: i Cartaginesi furono sconfitti ma i Romani decisero comunque di rientrare in Italia, non avendo piú le forze per sbarcare a Cartagine. I comandanti romani ordinarono alle migliaia di uomini che affollavano le circa trecento navi della flotta di fare rotta verso la Sicilia. A quel punto successe quello che succede sovente nel Canale di Sicilia, che come sappiamo è soggetto a fenomeni meteorologici spesso imprevedibili.

Arrivati a nord di Malta, dopo aver attraversato lo stesso identico tratto che oggi viene percorso da migliaia di migranti, il mare si agitò improvvisamente. Le onde diventarono altissime e spaventose, i venti soffiavano senza sosta, e i Romani «incapparono in una tempesta cosí violenta e in una sciagura cosí grave che non si potrebbe descriverla in modo appropriato, – scrive lo storico Polibio. – Delle loro 364 navi, solo 80 si salvarono, e delle rimanenti alcune affondarono, altre, sbattute dai marosi contro le rocce e gli scogli, si sfasciarono sí che le spiagge [di Camarina, vicino all'odierna Marina di Ragusa] si riempirono di cadaveri e rottami». Sono scene che abbiamo imparato a conoscere bene, dopo anni di naufragi delle imbarcazioni di migranti sulle coste mediterranee.

Ci furono poi altre battaglie, altri naufragi, varie fasi di paziente ricostruzione della propria flotta da parte dei Romani, finché questi ultimi vinsero la battaglia navale decisiva nel 241 a.C., al largo delle isole Egadi. La seconda guerra punica iniziò invece nel 218 a.C., quando i Cartaginesi invasero l'Italia dopo aver attraversato il Nord Africa, lo Stretto di Gibilterra, i Pirenei e infine le Alpi, insieme a migliaia di cavalli e alcune decine di elefanti, come ricordiamo vagamente dalle lezioni di storia alle medie. Siamo piuttosto certi che Annibale si portò davvero degli elefanti fin lassú, nonostante oggi ci sembri bizzarro e un po' inverosimile che animali del genere siano riusciti davvero ad attraversare le Alpi.

Nel 2016 uno studio del geomorfologo Bill Mahaney della York University di Toronto individuò una zona pianeggiante appena al di sotto del Colle delle Traversette, un passo a 2950 metri fra Italia e Francia, dove circa 2200 anni fa uno strato di fango venne compattato da migliaia di passi animali e umani. In quel fango Mahaney trovò un'alta concentrazione di clostridia, cioè una classe di batteri tipica dello sterco di cavallo ma anche degli escrementi umani. Un collaboratore di Mahaney raccontò al «Guardian» che esisteva persino la possibilità di trovare dei vermi solitari noti per abitare soprattutto negli apparati digerenti degli elefanti: sarebbe stata la prova definitiva del passaggio di Annibale, ma purtroppo negli ultimi anni non ci sono state novità in questo senso, e Mahaney è tornato a studiare fiumi e ghiacciai dall'altra parte del mondo. Polibio racconta che trentasette elefanti della spedizione di Annibale riuscirono effettivamente a superare le Alpi, anche se quasi tutti morirono nei mesi successivi per via delle temperature troppo rigide dell'inverno padano. L'unico esemplare sopravvissuto, un certo Surus, morí di malaria poco dopo. Quando nel 203 a.C. Annibale lasciò l'Italia dopo quindici anni di scorribande, sulle navi cartaginesi che lo vennero a prendere a Crotone non c'era piú nessun elefante.

Per sconfiggere definitivamente Annibale e il suo esercito, i Romani scelsero di invadere il Nord Africa e minacciare Cartagine via terra: nel 202 a.C. vinsero la battaglia decisiva di Zama, poco a sud di Tunisi. Per i Cartaginesi fu una sconfitta che di fatto li fece uscire gradualmente dalla storia. Non appena cercarono di rialzare la testa, mezzo secolo piú tardi, i Romani invasero e distrussero quasi del tutto la Cartagine cartaginese. A presidiare le sue rovine fantasma, oggi, c'è soltanto un ragazzo di età compresa fra i diciannove e i ventiquattro anni, con una spalla malconcia.

PEPERONCINI, ACQUA E IDENTITÀ

Quando ne parla, allo chef anglo-israeliano Yotam Ottolenghi si illuminano gli occhi. «Se amate il concentrato di peperoncino, dovete assolutamente procurarvi l'harissa», disse qualche anno fa in una video-intervista al «Washington Post». «È una potente salsa nordafricana e la uso dappertutto: per marinare la carne e il pesce, per insaporire le carote arrosto, la mischio insieme alle verdure in insalata o nella zuppa all'aglio, la servo anche insieme al cous cous o al riso», ha poi precisato nella sua rubrica sul «Guardian». Ottolenghi è noto in tutto il mondo per la sua cucina sofisticata ma accessibile, tradizionale e contemporanea insieme, il cui punto di partenza sono i piatti della tradizione mediterranea e mediorientale. I suoi libri, a metà strada fra saggio e ricettario, vendono ormai centinaia di migliaia di copie. In molte delle ricette illustrate e spiegate passaggio per passaggio compare questo strano ingrediente, diventato distintivo della sua cucina e non solo. Oggi l'harissa viene usata regolarmente dalle cucine di mezzo mondo per rendere piccanti i propri piatti, ma con una sfumatura in piú rispetto al semplice peperoncino sminuzzato.

In estrema sintesi e nella sua versione piú diffusa, l'harissa è una pasta di peperoncini tagliati a pezzetti, che vengono pestati e mischiati insieme ad aglio, sale e olio. In bocca risulta piú complessa di un ordinario pizzico di peperoncino sia per l'olio e l'aglio, sia per la peculiare specie di peperoncino con cui viene preparata: carnosa e vicina al peperone, quindi quasi dolce. Sul suo sito la catena di supermercati online britannica Ocado ospita 53 ricette che prevedono l'harissa. Già nel 2014 la rivista specializzata statunitense «Bon Appétit» ne scriveva cosí: «La mettiamo nei nostri yogurt, sulla carne, nelle nostre verdure. Non è mai abbastanza». In Italia è ormai nota fra i vegetariani come la 'nduja-senza-carne, ed esistono chat sotterranee su Telegram in cui ci si scambia ricette e consigli su dove acquistarla online. Benché sia diffusa in tutto il Nord Africa e in vari paesi del Medio Oriente, la versione piú tradizionale e rinomata proviene da una zona costiera della Tunisia, il cui governo nel 2022 è riuscito a inserire la ricetta tunisina dell'harissa nella lista del patrimonio culturale immateriale dell'Unesco. Piú precisamente l'harissa proviene dalla regione di Capo Bon, il tratto di costa del continente africano piú vicino in linea d'aria alla Sicilia.

Si pensa che la prima pianta del genere *Capsicum*, quello dei peperoni e dei peperoncini, sia nata nell'America centrale e meridionale, e sia stata addomesticata circa 6000 anni fa nelle aree interne dell'odierno Brasile. Per secoli la diffusione di queste piante si dovette soprattutto agli uccelli, le cui papille gustative sono insensibili alla capsaicina, la molecola irritante responsabile della sensazione che noi umani descriviamo come «piccante». Milioni di uccelli mangiavano i peperoncini, ne digerivano la pelle ed espellevano i semi con il guano, che faceva crescere nuove piante anche a decine di chilometri di distanza. Dopo la scoperta delle Americhe da parte degli occidentali, fra Seicento e Settecento i semi di peperoncino furono trasportati un po' ovunque in giro per il mondo nelle stive delle navi commerciali che percorrevano le rotte delle spezie. Nel Nord Africa invece il peperoncino fu importato dai musulmani e dagli ebrei che il Regno di Valencia decise di espellere dal proprio territorio a partire dal 1609. Molti di loro si rifugiarono proprio a Capo Bon, nell'allora Tunisia ottomana, verosimilmente per la vicinanza geografica al continente europeo e un recente passato da colonia spagnola. Qui trovarono un microclima perfetto per coltivare il peperoncino: tanto sole, un terreno limaccioso e soprattutto un'umidità alta ma non eccessiva, garantita dal mare che circonda Capo Bon quasi completamente.

Oggi la città piú grande della zona, Nabeul, si definisce la capitale mondiale dell'harissa, come segnala un cartello ingiallito dalla sabbia lungo la strada principale. Proprio a Nabeul ha sede Terroirs de Tunisie, la piú famosa azienda di harissa artigianale del paese. Il suo fondatore si chiama Imed Attig, ed è un uomo gioviale e curioso che sostiene di parlare almeno cinque lingue. Da ragazzo Attig studiò storia all'università, ma presto decise di cambiare vita e dedicarsi alla produzione e alla promozione dell'harissa. Nel 2012 diventò presidente dell'Association tunisienne du patrimoine culturel immatériel (Atpci) e iniziò a fare lobby affinché l'harissa fosse protetta dall'Unesco. Dodici anni dopo la piccola sede di Terroirs de Tunisie è diventata una via di mezzo fra un museo che celebra l'harissa di Capo Bon e il suo inserimento nel patrimonio immateriale dell'Unesco, un negozio e una cucina aperta. Ogni settimana Attig racconta a piccoli gruppi di persone la storia secolare dell'harissa, oltre alla campagna portata avanti per proteggerne la ricetta tunisina. La lezione comprende, ovviamente, una serie pressoché infinita di assaggi. A contattare Attig sono turisti incuriositi, tunisini che apprezzano la sua harissa, o persone che amano particolarmente la cucina piccante. Un giorno si è presentato al museo un gruppo di coreani chiedendo ad Attig di fargli assaggiare il peperoncino piú piccante che aveva a disposizione: «Uno di loro è diventato rosso in faccia, poi nero», racconta Attig ridendo di gusto.

Terroirs de Tunisie vende moltissime salse e salsine a base di verdure coltivate nella zona di Capo Bon – c'è anche il *garum*, la salsa di interiora di pesce diffusissima in età romana –, ma il prodotto di gran lunga piú apprezzato rimane l'harissa. Attig spiega che ancora oggi segue la ricetta che gli passò un suo ex vicino di casa ebreo, che una trentina d'anni fa si trasferí in Francia. «Il ministro dell'Agricoltura tunisino ammette la coltivazione di sessantasei piante di peperoncino per produrre harissa, – racconta Attig, – ma soltanto quattro sono state sviluppate in Tunisia. Di queste quattro, quelle davvero speciali sono tre: la Meski, la Chabaani e la Baklouti», che crescono soltanto a Capo Bon. Le differenze fra le tre varietà sono quasi impercettibili per i profani: la Chabaani ha un frutto leggermente piú allungato, la Meski produce i frutti meno piccanti delle tre, mentre quelli della Baklouti hanno una forma piú classica da peperoncino, simile a quello che da qualche anno si trova su certe collanine per adolescenti. Sulla scala di Scoville, il metro internazionale per classificare la piccantezza dei peperoncini, hanno un'intensità che va dai 2500 della Meski ai 10 000 gradi degli esemplari piú piccanti della Baklouti: si trovano piú o meno a metà della scala fra i peperoncini piú piccanti (quello considerato piú piccante al mondo in assoluto, il Pepper X del South Carolina, arriva a 2 693 000 gradi nella scala di Scoville).

I peperoncini coltivati a Capo Bon si seminano a marzo e si raccolgono fra luglio e agosto, «quando raggiungono un'altezza compresa fra i 12 e i 20 centimetri e un peso fra i 25 e i 45 grammi», precisa Attig. Una volta raccolti, la ricetta tradizionale prevede che vengano fatti seccare al sole per qualche giorno. Per comodità, una volta li si infilava uno per uno su cordicelle che venivano appese ai muri delle case, che quindi si coloravano di enormi collane rosse. Dopo l'essiccatura i peperoncini vengono aperti per togliere i semi – che vengono dati ai polli e alle galline, i quali esattamente come gli altri uccelli non avvertono il piccante – e il picciolo. Una volta conclusa la preparazione del frutto originale rimane soltanto il corpo carnoso, che pesa pochi grammi. I pezzetti essiccati vengono quindi messi per mezz'ora in una bacinella d'acqua, per reidratarli, e poi pestati in un mortaio insieme ad alcune teste di aglio, granelli di sale grosso e un filo d'olio per rendere tutto piú omogeneo. Attig considera le proporzioni esatte di peperoncino, aglio e olio una specie di segreto industriale. Dopo qualche minuto di lavoro si ottiene una pasta della consistenza simile a quella di un pesto: del resto harissa significa proprio «pesto», dato che in arabo il verbo *harasa* vuol dire «pestare».

Attig consiglia di aggiungere l'harissa praticamente a qualsiasi piatto: dal pesce all'insalata, passando per la pasta – magari aggiungendone un cucchiaino a un sugo di pomodoro – e naturalmente la *shakshuka*, la tipica zuppa nordafricana a base di pomodori e peperoni cotti. L'unica indicazione è quella di aggiungerla soltanto alla fine della cottura: l'harissa cotta perde il suo gusto quasi indescrivibile e diventa semplicemente una pasta amara.

Per sua stessa ammissione, Attig è un po' integralista: a suo dire nell'harissa non ci va nessuna spezia, i semi e il picciolo vanno scartati per forza, e prepararla con peperoncini diversi dalle tre varietà che crescono a Capo Bon è una specie di eresia. Per Attig la produzione di harissa tunisina è anche una battaglia culturale: in un paese che non ha risorse naturali, industrie di grandi dimensioni o riserve di materie prime, e che esporta pochissimi beni oltre all'olio d'oliva, l'harissa è un po' un biglietto da visita per la Tunisia intera. E la storia dell'harissa, nelle intenzioni dei tunisini piú orgogliosi, dovrebbe rappresentare in piccolo quella della stessa Tunisia: un paese tradizionalista ma aperto agli stimoli esterni, soprattutto a quelli che provengono dall'Europa, affacciato su un tratto di mare benevolo su cui costruire la propria ricchezza. È un po' uno spericolato slancio di speranza, in un periodo in cui la Tunisia è tornata a essere governata da un regime autoritario. Ormai da qualche anno le spinte democratiche successive alle «primavere arabe» sono state del tutto atomizzate e rese inermi dal nuovo presidente Kaïs Saïed.

Se l'harissa di Attig è una versione pura e idealizzata di come dovrebbe essere l'harissa, ma anche un po' la Tunisia, la realtà è leggermente diversa. Nel mercato centrale di Tunisi, situato nella vecchia Medina, le bancarelle di spezie vendono una harissa dal colore indefinito dentro enormi ciotole di metallo, al prezzo di una ventina di dinari al chilo (circa sei euro). Un commerciante loquace racconta che la sua famiglia ne consuma in media quattro etti a settimana. Le famiglie piú tradizionali comprano invece i peperoncini essiccati e la cucinano a casa, fresca, quasi ogni giorno. Secondo una stima citata di recente dall'Onu, l'intero settore dell'harissa – fra coltivatori di peperoncino e produttori veri e propri – dà lavoro a 25 000 tunisini.

Una parte sempre piú consistente del settore è legata alle esportazioni, per via della sua recente popolarità all'estero, alimentata anche da chef noti e rispettati come Ottolenghi. Ogni anno centinaia di tonnellate di lattine e tubetti di harissa lasciano Capo Bon con destinazioni sempre piú esotiche. L'harissa è saldamente il secondo prodotto alimentare tunisino piú esportato, dopo l'olio d'oliva.

All'estero l'harissa piú famosa è quella prodotta da Le Phare du Cap Bon, estremamente riconoscibile per via della sua confezione giallo canarino e il logo che mostra il vero faro di Capo Bon, situato a 83 chilometri in linea d'aria da Pantelleria. Dal 1946 Le Phare du Cap Bon gestisce un piccolo stabilimento a Grombalia, una cittadina a pochi chilometri da Hammamet. Buona parte della superficie dello stabilimento è occupata da un parcheggio dove i coltivatori di peperoncino scaricano i loro prodotti direttamente su un nastro trasportatore. Riadh El Faiez, il responsabile delle esportazioni di Le Phare du Cap Bon, ne prende uno e lo annusa: «Sono gli ultimi della stagione», dice. È novembre, e gli operai stanno trasportando le lattine rimaste nel deposito accanto all'edificio centrale dello stabilimento, quello dove si produce materialmente l'harissa.

A differenza di quella artigianale, l'harissa in lattina o in tubetto di Le Phare du Cap Bon si produce col peperoncino fresco, che viene lavato tre volte, bollito, spremuto e poi mescolato agli altri ingredienti in pentoloni alti quasi 4 metri. Oltre all'aglio vengono aggiunti sale, coriandolo, cumino dei prati (una spezia che ha un sapore simile all'anice) e il conservante E330, cioè l'acido citrico. Niente olio d'oliva: al massimo lo si può aggiungere a crudo quando si spalma l'harissa su un piattino per offrirla ai propri ospiti, dice El Faiez.

Oggi Le Phare du Cap Bon spedisce in Australia, Giappone e Stati Uniti, e molti suoi prodotti si trovano anche su Amazon. Il mercato di riferimento rimane però quello europeo: il 70 per cento dell'harissa prodotta ogni anno nello stabilimento di Grombalia finisce in Francia, dove sono presenti sia un'ampia comunità tunisina sia una grande attenzione alle nuove tendenze culinarie.

Nelle annate migliori il magazzino dello stabilimento è pieno di scatoloni di lattine e tubetti fino al soffitto. Il raccolto del 2024 però è stato insoddisfacente: colpa del riscaldamento globale, con cui Le Phare du Cap Bon fa i conti ormai da una ventina d'anni. «Stiamo attraversando un periodo di siccità che dura ormai da sei anni, – spiega El Faiez. – A Capo Bon non c'è abbastanza acqua per produrre l'harissa, quindi abbiamo dovuto spostare la coltivazione a 120 chilometri da qui, nella Tunisia interna, in una regione con maggiore disponibilità di acqua ma dal clima piú secco di quello di Capo Bon. Di conseguenza anche le caratteristiche dei peperoncini sono completamente cambiate». Per bilanciare il gusto e la consistenza diversa e mantenere un prodotto uniforme, spiega El Faiez, bisogna modificare leggermente la ricetta: è una questione di cui ancora oggi si occupano in prima persona i proprietari dell'azienda, la famiglia Gastly, arrivata alla quarta generazione di produttori di harissa. In base al raccolto dell'anno capita di aggiungere alla ricetta un po' di aglio, l'anno dopo un filo di coriandolo, quello ancora successivo si riduce il cumino dei prati, l'anno prossimo si vedrà. La produzione di harissa è stagionale. Lo stabilimento di Le Phare du Cap Bon raggiunge il picco della propria attività in estate, quando vi lavorano fino a duecento operai: conclusa la stagione del raccolto e della produzione, ci si rivede l'anno dopo.

Finora l'azienda non ha mai avuto difficoltà, anzi, negli ultimi anni ha dovuto rinunciare a varie richieste per via di una domanda sempre piú alta a cui non riesce e non vuole far fronte. Le strategie di adattamento, lascia intendere mestamente El Faiez, possono arrivare fino a un certo punto: se continuerà a mancare l'acqua, banalmente, si riusciranno a produrre sempre meno peperoncini, e di una qualità sempre piú lontana da quella originale, apprezzata in tutto il mondo. Sarebbe la fine di un'azienda storica, che dà lavoro a decine di persone ed esporta un prodotto di successo. Una perdita per tutti, insomma. I bancali mezzi vuoti del magazzino di Le Phare du Cap Bon assomigliano a un sinistro presagio.

GLI SQUALI DI LAMPIONE, E TUTTI GLI ALTRI

Un mercoledí pomeriggio della scorsa primavera l'equipaggio della *Geo Barents*, la nave usata dal 2021 al 2024 da Medici senza frontiere per soccorrere i migranti, si stava esercitando a compiere un'operazione particolarmente complessa al largo di Malta. Quattro membri dell'equipaggio si trovavano a bordo di *Orca*, uno dei due gommoni semirigidi che durante le operazioni di soccorso fanno la spola fra l'imbarcazione in difficoltà e la *Geo Barents* (che non poteva soccorrere da sola imbarcazioni sovraffollate e in pessime condizioni: le onde generate dal suo avvicinamento rischierebbero di far ribaltare l'imbarcazione). *Orca* stava procedendo a tutta velocità verso un tratto di mare in cui lanciare dei manichini per poi «soccorrerli» pochi secondi dopo, quando all'improvviso un enorme delfino è saltato fuori dall'acqua a pochi metri da prua, e con una rapidissima traiettoria ad arco si è rituffato un paio di metri piú in là. In quel momento a destra e a sinistra del gommone sono comparsi altri delfini, piú circospetti: dopo pochi secondi il branco ha rallentato ed è sparito all'orizzonte.

Qualche mese piú tardi l'equipaggio di *Seabird 2*, l'aereo della Ong tedesca Sea-Watch che controlla il Mediterraneo centrale per individuare eventuali imbarcazioni di migranti in difficoltà, stava sorvolando le coste al largo della Libia dopo essere decollato dal piccolo aeroporto di

Lampedusa. Giú in basso, per pochi secondi, una chiazza di mare di forma ovale si è fatta improvvisamente piú scura, all'altezza della superficie: una prova abbastanza inconfondibile di un cetaceo che stava riemergendo dalle profondità marine.

Incontri del genere nel Canale di Sicilia sono rari ma non rarissimi. «In questa zona c'è una eterogeneità incredibile dal punto di vista morfologico: nel fondale ci sono canyon, montagne sottomarine, vulcani, banchi che arrivano quasi alla superficie dell'acqua, – spiega Carlo Cattano, ricercatore della Stazione zoologica Anton Dohrn di Napoli, un ente pubblico di ricerca che dipende dal ministero dell'Istruzione. – Questa diversità morfologica determina una elevatissima diversità biologica, una delle piú interessanti in termini di varietà di specie nel Mediterraneo». Nel Canale di Sicilia non nuotano soltanto delfini e cetacei – il piú comune dei quali è la balenottera, che d'inverno migra qui alla ricerca del krill. Ci passano anche foche monache, e razze, e moltissimi altri animali marini alla ricerca di un posto dove passare una parte dell'anno per nutrirsi o riprodursi. Molti, invece, si stanno spostando dalle acque del Mediterraneo orientale, piú calde e salate, verso quelle del Mediterraneo occidentale, raffreddate dalle correnti oceaniche, o viceversa. L'Istituto superiore per la protezione e la ricerca ambientale (Ispra) ritiene che oggi il Canale di Sicilia sia «il principale *hotspot* della biodiversità mediterranea», un'area in cui «sono presenti quasi tutte le specie marine protette del Mediterraneo».

L'habitat estremamente eterogeneo del Canale di Sicilia non attira soltanto specie protette, ovviamente. Questo tratto di mare è famoso da millenni per essere particolarmente ricco di pesci prelibati, dal tonno rosso al pesce spada, passando per giganteschi banchi di acciughe e sardine, ma anche per gustosi crostacei. I numismatici conoscono fin dall'Ottocento una serie in bronzo nota come «monete delle isole della Tunisia», emesse dai Cartaginesi, su cui da un lato veniva raffigurato l'eroe Eracle, celebrato anche dai Cartaginesi col nome di Melqart, e dall'altro un granchio. All'età romana repubblicana risale invece un'enigmatica moneta, sempre in bronzo, che sembra provenire da questa zona e testimoniare la centralità della pesca, già allora: da un lato c'è un volto piuttosto generico di Zeus; dall'altro un tonno e la scritta *Lopadoussaion*. È la prima attestazione del nome Lampedusa nella storia, e non sembra un caso che venga associata a un pesce, per di piú a un tonno. Ancora oggi a Cala Salina, un promontorio che divide il porto vecchio dell'isola dal porto nuovo, si vedono le vasche in cui i Romani lasciavano marcire il pesce per produrre il *garum*, una salsa a base di interiora mischiate con erbe aromatiche, quasi sicuramente immangiabile per i nostri canoni di gusto. Sull'origine del nome Lampedusa non abbiamo certezze: forse deriva dal greco antico *lampas*, «torcia», per indicare la luce tremolante prodotta dall'insediamento romano di Lampedusa per chi la osservava da lontano, di notte. Alcuni studiosi sostengono invece che provenga da un originario nome punico, *Ras Bariq*, traducibile a grandi linee con «capo scintillante». I due nomi peraltro non sembrano cosí lontani, nemmeno dal punto di vista fonetico: entrambi iniziano con una consonante liquida (*l* e *r*) e contengono una labiale (*p* e *b*).

In quest'area i pescatori piú attivi, almeno di recente, sono stati sicuramente quelli di Mazara del Vallo, il paese in provincia di Trapani che occupa il golfo piú vicino, in linea d'aria, a Pantelleria. Nel suo libro *Tropico Mediterraneo* il giornalista Stefano Liberti racconta che i pescatori mazaresi «furono pionieri nell'arte marinara: nell'immediato dopoguerra con le barche a vela, poi a partire dagli anni Sessanta con la motorizzazione, infine con i colossi della pesca a strascico che battono il mare a caccia del nuovo oro rosso, l'*Aristaeomorpha foliacea*, quel gambero dal colore purpureo richiesto dai ristoranti stellati di tutto il mondo». Ormai parecchi chef lo chiamano proprio cosí, *gambero-rosso-di-Mazara*, nonostante lo si peschi in tutto il Canale di Sicilia – ma anche in varie altre zone del Mediterraneo – e non sia protetto da alcuna indicazione geografica dell'Unione europea, come la Igp. Una leggenda metropolitana racconta che tutto questo clamore sia nato da una mail che la moglie di un pescatore di Mazara del Vallo inviò agli autori di una delle prime edizioni di MasterChef Italia, segnalandolo come un'eccellenza locale: da quel momento, nel giro di pochi anni il *gambero-rosso-di-Mazara* è stato richiesto dalle cucine e dai clienti di mezzo mondo.

Oggi però i pescatori di Mazara del Vallo finiscono sui giornali per i litigi con i pescatori libici e tunisini, ma soprattutto con l'Unione europea, che da anni impone limitazioni sempre piú severe per la pesca a strascico. Parliamo di una tecnica fra le piú remunerative per i pescatori mazaresi, ma anche estremamente dannosa per gli ecosistemi marittimi, perché distrugge tutto quello che trova sul fondale. Già oggi non si può piú praticare nei fondali che misurano meno di 50 metri. Nel 2030 entreranno in vigore norme ancora piú stringenti, di cui i pescatori si lamentano moltissimo (anche perché i pescatori tunisini e libici non saranno vincolati a rispettarle, esattamente come non rispettano le norme attuali). I pescherecci mazaresi sono rimasti poche decine, rispetto ai 400 di mezzo secolo fa: per via delle norme sempre piú rigorose sul loro lavoro, della concorrenza che salpa dal Nord Africa, ma anche per le conseguenze dei loro stessi metodi intensivi, che negli anni hanno decimato moltissime specie.

In maniera un po' controintuitiva, però, una minore presenza di pescatori che operano nei porti italiani si traduce in condizioni *peggiori* per alcune specie protette del Canale di Sicilia: su tutte, la *Caretta caretta*, la tartaruga marina per antonomasia.

Le *Caretta caretta* che si trovano nel Mediterraneo trascorrono buona parte dell'inverno nel Canale di Sicilia per via delle acque basse e relativamente calde di questa zona. Qui vicino ci sono anche diverse aree dove da migliaia di anni sono solite deporre le uova: per esempio le isole Kerkenna, al largo della città tunisina di Sfax. Proprio perché frequentano per tanti mesi un tratto di mare che rimane molto pescoso, le tartarughe finiscono spesso nelle reti di chi pratica la pesca a strascico, oppure impigliate negli ami che i pescatori italiani, tunisini o libici lasciano in mare aperto anche per giorni, attaccati a una lunghissima fune (è la tecnica cosiddetta *a palangaro*, diffusissima in tutto il Mediterraneo).

Daniela Freggi, una biologa considerata una delle principali esperte delle *Caretta caretta* mediterranee, vive da piú di trent'anni a Lampedusa. Per molto tempo sull'isola ha diretto e gestito un centro di recupero per tartarughe marine ferite o malate. Freggi racconta che fino a qualche anno fa operava piú di mille tartarughe all'anno. Gliele portavano, appena arrivati in porto, i pescatori lampedusani che le trovavano impigliate nelle proprie reti e ai propri ami. Le tartarughe piú in difficoltà venivano operate dal chirurgo veterinario Antonio Di Bello, che faceva avanti e indietro appositamente da Bari e negli anni aveva perfezionato una tecnica poco invasiva per estrarre gli ami dall'esofago. Ancora oggi nel settore la si chiama «tecnica Lampedusa». «Un solo pescatore, Filippo Solina, in vent'anni ha salvato piú di milleduecento tartarughe marine», ricorda Freggi. Oggi però sempre meno lampedusani si dedicano alla pesca: cioè a un mestiere faticoso, reso ostico dal cambiamento climatico, legato a orari micidiali, sempre piú incerto e meno remunerativo. Molti ex pescatori usano le loro barche per portare i turisti a fare il bagno nelle calette dell'isola, oppure hanno ristrutturato la propria casa di famiglia e aperto un bed and breakfast. Lo stesso hanno fatto moltissimi colleghi della terraferma, a Mazara come altrove. Oggi nel Canale di Sicilia lavorano parecchi pescatori libici, tunisini ed egiziani: meno o per nulla vincolati alle norme europee, e con scarse possibilità di appoggiarsi a centri di recupero specializzati, che nei loro paesi praticamente non esistono. «Non credo che il numero di animali feriti sia diminuito, – spiega Freggi. – Nel frattempo però il nostro sforzo di conservazione è diventato puntiforme».

Dal 1996 al 2023 Freggi ha tenuto aperto al pubblico il suo centro di recupero per tartarughe marine. Era situato a Punta Sottile, all'estremità sudorientale dell'isola. Per anni il centro è stato una delle attrazioni turistiche piú in voga dell'isola. D'estate, racconta Freggi, lei e il suo gruppo di volontari accompagnavano anche 1200 persone al giorno fra le vasche di ricovero delle tartarughe convalescenti. Due anni fa il centro ha chiuso per via dei costi di gestione ormai insostenibili, fra bollette e manutenzione del laboratorio. Il Comune di Lampedusa aveva promesso di trovare una soluzione, ma alla fine si è tirato indietro. Le tartarughe che i pescatori lampedusani portano ancora a Freggi vengono curate nel giardino di una villetta in cui ospita i volontari che d'estate le danno una mano. I casi piú gravi vengono trasferiti a Cattolica Eraclea, in provincia di Agrigento, dove Freggi ha aperto un altro centro. Né il giardino della casa dei volontari né il secondo centro sono aperti al pubblico. Freggi è ancora amareggiata per la chiusura del centro di Punta Sottile, ma al contempo, forse per consolarsi un po', si è convinta che negli ultimi anni il centro stava facendo «qualcosa di sbagliato»: «Stavamo veicolando il messaggio che fosse normale vedere una tartaruga marina in vasca. La gente ci chiedeva: ma perché, poi le liberate? Eravamo diventati soltanto un'attrazione».

Nel frattempo, le condizioni delle tartarughe marine del Mediterraneo continuano a peggiorare. La causa principale delle morti precoci rimangono le reti e gli ami da pesca, spiega Freggi. La quantità enorme di plastica che ci finisce ogni anno, però, sta rapidamente scalando posizioni. «Se vent'anni fa si trovava della plastica nelle feci del trenta per cento delle tartarughe marine, anche di quelle in buona salute, oggi quel dato è salito al cento per cento, – racconta Freggi. – Negli anni nelle feci delle tartarughe ho trovato oggetti di ogni tipo: lampadine, lamette da barba, cappucci di penne a sfera». La plastica non è dannosa soltanto perché ostruisce l'esofago e lo stomaco di una tartaruga marina, ma anche perché, marcendo, causa delle infezioni batteriche per cui gli esemplari non hanno ancora sviluppato difese immunitarie. La riduzione del numero di tartarughe è un grosso problema soprattutto nel Mediterraneo, nota Freggi, perché oggi sono gli animali che in assoluto mangiano piú meduse: ciascun esemplare ne può divorare anche centinaia al giorno. In assenza di tartarughe marine, le meduse si riproducono indisturbate, privando di ossigeno e luce solare gli animali che vivono sul fondale, riducendolo a una specie di deserto. Anche per questo è importante che tutte le tartarughe marine curate vengano riportate in mare.

A volte, molto piú raramente, Freggi cura delle tartarughe marine che presentano dei segni a mezzaluna sulla pinna. Sono i segni del morso di uno squalo: che a sua volta nel Canale di Sicilia è una specie protetta, per ragioni simili a quelle delle tartarughe marine.

Nel Mediterraneo vivono circa una cinquantina di specie di squali, nessuna delle quali davvero pericolosa per l'uomo. Gli squali mediterranei, esattamente come quelli oceanici, sono animali migratori: durante l'anno percorrono migliaia di chilometri per raggiungere le zone dove nutrirsi, accoppiarsi e crescere i propri cuccioli. Nel loro girovagare attraversano spesso il Canale di Sicilia. Ed è qui, in questo collo di bottiglia geografico, che molti di loro finiscono nelle reti dei pescatori, o abboccano agli ami dei *palangari*. Capita soprattutto allo squalo grigio, la specie che piú abbiamo in mente quando pensiamo a uno squalo. «Lo squalo grigio è la specie di squalo piú catturata per errore nel Mediterraneo», spiega Cattano, che per la Anton Dohrn cura vari progetti sugli squali grigi mediterranei. Succede perché soprattutto d'inverno ama nuotare in acque calde e poco profonde, come quelle attorno a Lampedusa. Cosí facendo, però, moltissimi squali grigi ogni anno rimangono impigliati negli ami o intrappolati nelle reti da pesca, e chi recupera dal mare se ne accorge quando gli squali sono ormai morti. È un grosso problema: in diversi contesti gli squali grigi sono i predatori in cima alla catena alimentare, e la loro assenza scombina equilibri delicatissimi e millenari.

Da qualche tempo, forse per una progressiva diminuzione della pesca intensiva, un branco di squali grigi – gli esperti lo chiamano «aggregazione» – frequenta per vari mesi all'anno l'isola di Lampione, un piccolo scoglio disabitato che si trova 18 chilometri a ovest di Lampedusa.

L'aggregazione di Lampione è una delle tre note nel Mediterraneo: ce n'è una in Israele, forse nata per via degli scarichi di acqua calda da parte di una centrale elettrica, e un'altra in Turchia. Quella di Lampione è però la piú studiata. È un compito reso agevole, peraltro, da una certa docilità della specie. «Gli squali grigi sono animali curiosi ma timidi», spiega Cattano: quando vedono un uomo non ci vanno vicino né tanto meno lo aggrediscono, ma non ne sono neanche terrorizzati. Anche per questa loro caratteristica non attirano l'interesse soltanto di ricercatori e biologi. Da anni a Lampedusa sono nate diverse agenzie che offrono ai turisti la possibilità di immergersi nelle acque di Lampione e vedere da vicino gli squali grigi. L'aggregazione che frequenta Lampione è composta soprattutto da giovani maschi lunghi circa un metro, ma può capitare di incontrare esemplari lunghi anche due metri e mezzo, ben visibili pure a pelo d'acqua.

Nel Mediterraneo lo squalo grigio sta progressivamente scomparendo, tanto che la lista rossa Iucn, la piú nota al mondo per definire il rischio di estinzione di una certa specie, lo definisce *endangered*, «a rischio». Anche gli squali che frequentano Lampione sono sempre di meno, ogni anno che passa; l'ha notato un progetto di monitoraggio e conservazione guidato dall'Università di Palermo a cui ha partecipato anche Cattano. È possibile che oltre alla pesca c'entri pure il continuo viavai di umani che si immergono nelle acque di Lampione per osservarli. Per evitare che gli squali grigi scompaiano del tutto dall'isolotto, l'Università di Palermo ha convinto le aziende turistiche di Lampedusa ad adottare un codice di condotta per l'osservazione degli squali grigi: raccomanda di usare il meno possibile il motore delle barche nei pressi del raggruppamento, e stabilisce un numero massimo di persone che possono immergersi con ogni istruttore. Nel frattempo, un gruppo di ricerca interuniversitario di cui fa parte anche Cattano vuole capire meglio chi sono esattamente gli squali grigi che popolano Lampione; da dove vengono, dove vanno quando lasciano l'isolotto, se hanno rapporti con le altre aggregazioni di squali grigi del Mediterraneo, o se addirittura sono gli stessi esemplari. Nell'estate del 2025 un progetto finanziato dal National Geographic permetterà di installare dei trasmettitori satellitari sulle pinne dorsali di cinque squali grigi dell'aggregazione di Lampione. Solo allora capiremo qualcosa in piú di questi timidi ma curiosi frequentatori del Canale di Sicilia.

CANNE DA GIARDINO DI IMPORTANZA MONDIALE

Su una normale cartina geografica, di quelle che appendiamo nelle aule scolastiche o consultiamo sullo smartphone in una città che non conosciamo, il Canale di Sicilia appare come una distesa di blu punteggiata da qualche sparuta terra emersa: Lampedusa, Malta, Pantelleria, le isole Kerkenna. Basta cambiare mappa, e il Canale di Sicilia diventa improvvisamente affollatissimo: da est a ovest, ma anche da nord a sud, lo attraversano linee multicolori, che ricordano il modo in cui vengono disegnati i tracciati delle metropolitane. Queste linee però non indicano gallerie sottomarine in cui sferragliano dei vagoni, ma qualcosa di ben piú affascinante: i cavi sottomarini in fibra ottica che tengono in piedi internet.

Il modo piú semplice per spiegare internet è di immaginarla come un'immensa rete di dispositivi collegati fra loro. Oggi questo legame ci appare sostanzialmente invisibile, dato che i nostri computer e smartphone accedono a internet grazie alle connessioni Wi-Fi e alle reti mobili; che però sono soltanto l'ultima intangibile tappa di un passaggio di dati che avviene perlopiú attraverso strutture fisiche. Centraline, amplificatori, data center e, appunto, cavi in fibra ottica. Secondo la stima piú citata, il 95 per cento del traffico dati di internet, oggi, passa per questi cavi: sono lo strumento con cui fisicamente possiamo mandare una mail, fare una call di lavoro, goderci un film senza accorgerci dei pixel sullo schermo, videochiamare chiunque all'orario in cui siamo piú comodi: vivere una vita contemporanea, insomma.

Tutte queste attività sono rese possibili da un fascio di fili in materiale vetroso all'interno di tubi grandi come le canne da giardino con cui annaffiamo le piante, posati a centinaia di metri sul fondale marino, nel buio piú totale. Nel mondo ne esistono circa cinquecento, il primo dei quali fu posato nel 1988. Ancora oggi sono cosí diffusi perché far passare un cavo in acque internazionali, in un territorio che non appartiene a nessuno stato, è molto piú facile che farlo a terra attraverso confini nazionali, valichi e frontiere, ma anche fiumi e montagne. Come tutte le tecnologie fondamentali ma di cui non abbiamo esperienza diretta, ci accorgiamo della loro esistenza soltanto nel momento in cui non funzionano piú: per esempio quando i cavi sottomarini in questione vengono tranciati dai denti di uno squalo o dall'ancora di una nave, e decine di migliaia di persone rimangono da un momento all'altro senza internet, anche a centinaia di chilometri di distanza dal punto in cui il cavo è stato danneggiato. Questo perché i cavi sottomarini corrono per migliaia di chilometri, creando un legame cruciale fra posti del mondo altrimenti lontanissimi. Non solo geograficamente.

Il cavo sottomarino in fibra ottica piú lungo del mondo misura 45 000 chilometri, 5000 in piú della circonferenza massima della Terra. Si chiama 2Africa e unisce Barcellona, in Spagna, a Bude, un placido paesino in Cornovaglia, nel Regno Unito, passando però dal Canale di Suez e quindi portando internet, nel suo tragitto, in Sudan, Etiopia, Arabia Saudita, Tanzania, Madagascar, Mozambico, Sudafrica, Angola, Guinea Conakry, Marocco e Portogallo, fra i tanti paesi in cui una delle sue diramazioni tocca terra.

2Africa passa anche per il Canale di Sicilia. Esattamente come molti altri cavi lunghi migliaia di chilometri: Sea-Me-We 4, che unisce Marsiglia a Singapore; Emc West-1, che inizia a Genova e termina a Haql, in Arabia Saudita. Ma anche cavi piú corti, come il Lic-Lin-Lamp, che collega Linosa e Lampedusa alla Sicilia con un percorso in linea retta di 240 chilometri. «Il Canale di Sicilia è una delle zone piú importanti in Europa per quanto riguarda il passaggio di cavi sottomarini», spiega Alberto Rizzi, analista per lo European Council on Foreign Relations.

Ovviamente c'entra la geografia: siamo in un punto di passaggio obbligato fra Mediterraneo occidentale e orientale, come ormai abbiamo ricordato parecchie volte. Ma è anche una questione di conformazione dei fondali. Meno un fondale è profondo, piú è facile posare e riparare i cavi nel caso si rompano. Al largo delle coste della Sicilia e del Nord Africa la profondità del fondale rimane inferiore ai 200 metri per diversi chilometri: altro che i fondali oceanici lontani chilometri dalla superficie, dove in caso di guasti i cavi devono essere riavvolti e portati in superficie, a costi altissimi.

Avere dei cavi a una profondità cosí bassa, però, comporta anche dei rischi. «Le due cause piú diffuse di rottura dei cavi sono i movimenti delle ancore delle navi e le reti da pesca», spiega Rizzi, mentre i morsi di pesci sono piú rari. Nel Canale di Sicilia possono capitare entrambe le cose: i pescatori praticano ancora la pesca a strascico, le cui reti raccolgono tutto quello che trovano sul fondale, cavi compresi, mentre le navi militari che pattugliano il Mediterraneo hanno ancore che arrivano fino a 250 metri di profondità, pericolosamente vicine ai cavi che per esempio passano al largo delle coste siciliane e tunisine. A pescatori e militari vengono fornite mappe dei fondali estremamente dettagliate per evitare che stazionino nei pressi di un cavo. A volte, semplicemente, capita di tranciarli per errore. Nel giugno del 2023 Lampedusa e Linosa rimasero per giorni senza connessione internet, né fissa né mobile, per via di un guasto al cavo Lic-Lin-Lamp. Fu un problema non da poco: la stagione turistica era appena entrata nel vivo e le migliaia di persone che si trovavano sulle due isole non potevano usare WhatsApp, prelevare soldi dagli sportelli bancomat, persino il Comune non riuscí per giorni a mandare e ricevere messaggi Pec. La causa del guasto non è mai stata confermata ufficialmente ma sull'isola si diffuse la voce mai smentita che la colpa era stata di un peschereccio.

Riparare un cavo del genere può richiedere giorni, settimane o addirittura mesi: dipende da quanto è raggiungibile il punto in cui è stato danneggiato, da dove si trovano in quel momento le navi delle pochissime società che nel mondo si occupano del mantenimento dei cavi sottomarini (tutte cinesi, o quasi). Nel febbraio del 2024 i ribelli Houthi, che dallo Yemen prendono di mira le navi occidentali e israeliane che attraversano lo Stretto di Bab el-Mandeb, colpirono e incendiarono una nave commerciale, la *Rubymar*, mentre stava trasportando 41 000 tonnellate di fertilizzante. L'equipaggio, spaventatissimo, abbandonò in fretta la nave. Poco prima però qualcuno aveva calato l'ancora, che tranciò almeno quattro cavi sottomarini sottostanti. Per ripararli furono necessari due mesi di lavoro.

Negli ultimi anni, nei convegni fra esperti di sicurezza è emersa anche la possibilità che cavi del genere possano essere tranciati volontariamente, magari da un paese ostile. Sarebbe un'operazione piú complicata di quanto sembra, nonostante il rivestimento esterno dei cavi sia realizzato in plastica: «A quella profondità non basta usare una sega, servono dei macchinari appositi», racconta Emanuele Rossi, analista che collabora con la Fondazione Med-Or. «In questo momento gli unici due paesi che in teoria avrebbero la tecnologia per tranciare cavi sottomarini sono la Russia e gli Stati Uniti», aggiunge Rossi. Entrambi dispiegano diverse navi militari nel Mediterraneo, che a volte passano anche nel Canale di Sicilia.

Finora però non sono mai state accertate operazioni del genere. Un po' per la loro difficoltà materiale; un po' perché danneggiare un'infrastruttura cosí sensibile rappresenterebbe una specie di atto di guerra, osserva Rossi. Ma anche perché i paesi attraversati dai cavi piú lunghi e importanti sono cosí tanti che danneggiandoli si rischierebbe di creare dei problemi anche a paesi alleati. Per questa ragione secondo alcuni esperti i cavi sottomarini sono la prova piú evidente del fatto che l'interdipendenza fra paesi anche molto lontani e diversi fra loro aiuta a prevenire i conflitti: se uno o piú paesi gestiscono insieme un'infrastruttura, insomma, è piú difficile che immaginino di farsi la guerra.

Il mondo però sta cambiando: alcuni paesi, come gli Stati Uniti, cercano sempre piú spesso di escludere stati non democratici e di fatto ostili come la Cina dai consorzi che posano e gestiscono i cavi sottomarini. I governi nazionali si sono ormai accorti delle potenzialità offerte dai cavi sottomarini e li usano come uno strumento per perseguire la propria politica estera: Tim, società in parte controllata dallo stato italiano, si tiene ben stretta Sparkle, la sua controllata che posa e mantiene un totale di 600 000 chilometri di cavi sottomarini in giro per il mondo. Le grandi società statunitensi di tecnologia come Meta, Google e Amazon si stanno costruendo i propri cavi, per favorire la diffusione di internet e quindi l'utilizzo dei loro servizi in zone del mondo dove ancora oggi la connessione è piú faticosa.

Almeno nel futuro prossimo, poi, difficilmente i cavi sottomarini in fibra ottica potranno essere sostituiti dalla tecnologia satellitare, simile a quella del progetto Starlink dell'azienda SpaceX: la quantità della trasmissione dati garantita dai cavi sottomarini è ancora decisamente superiore a quella che assicurano i satelliti. L'ha ammesso persino Elon Musk, di recente. I cavi piú nuovi possono garantire un trasferimento di dati superiore a cento terabyte al secondo: anche solo una connessione di un terabyte al secondo permette di inviare una decina di film in altissima definizione, appunto, in un secondo. Cavi da decine di terabyte «possono gestire milioni di persone che guardano in contemporanea dei video in streaming o si scambiano messaggi, senza che la connessione risulti rallentata», ha sintetizzato l'esperto di cybersicurezza Robin Chataut per il magazine online «The Conversation».

Nei prossimi anni avremo sempre piú bisogno di scambiarci rapidamente dati online, e per farlo dovremo fare affidamento sulla migliore infrastruttura al momento disponibile: cioè i cavi sottomarini. «Nel Canale di Sicilia e nelle zone immediatamente circostanti poseremo ancora piú cavi», conclude Rizzi. Nonostante i rischi per la sicurezza, i morsi degli squali e le ancore dei pescatori, «rimane senza dubbio la cosa piú comoda da fare».

Capitolo quarto

Andando a zonzo tra i vicoli in pietra biancastra della parte vecchia del cimitero di Lampedusa, qualsiasi frequentatore dell'isola, anche poco assiduo, può riconoscere buona parte dei cognomi incisi sulle lapidi. Martello è il cognome del penultimo sindaco di Lampedusa, che oggi gestisce due locali per turisti. Anche Mannino, il cognome dell'attuale sindaco, è ben rappresentato. Ci sono poi parecchi Bartolo, come Pietro Bartolo, noto medico dell'isola che nel 2019 fu eletto al Parlamento europeo. Nei posti piccoli succede spesso che i cognomi piú diffusi siano sempre gli stessi. A Lampedusa questa tendenza è ancora piú evidente, anche perché nessuna famiglia ci abita da piú di qualche generazione.

I primi coloni italiani arrivarono soltanto nel 1843, inviati da Ferdinando II Borbone, re delle Due Sicilie. Ferdinando II poco prima aveva comprato Lampedusa dalla nobile famiglia dei Tomasi: la stessa di Giuseppe Tomasi di Lampedusa, il celebre autore del *Gattopardo*. Sembra che nessun membro della sua famiglia ci abbia mai messo piede, e quindi furono ben contenti di disfarsene. L'interesse di Ferdinando II era piuttosto recente. Qualche anno prima l'Impero britannico si era fatto ingolosire dalla posizione potenzialmente strategica di Lampedusa, in mezzo al mare e relativamente vicina a Malta, che era diventata territorio britannico nel 1814. La marina britannica quindi inviò un funzionario a esplorare l'isola per capire se valesse la pena comprarla. Il funzionario in questione, Alexander Fernandez, scrisse un rapporto entusiasta, favoleggiando che Lampedusa potesse essere utilizzata come un'enorme fattoria per soddisfare il crescente bisogno di carne di Malta. Secondo Fernandez a Lampedusa si sarebbero potute allevare fino a 5000 mucche e fra le 6000 e le 7000 pecore, lasciando intendere che Lampedusa disponesse di ampie vallate e distese rigogliose. Le cose non stavano esattamente cosí: chissà dove era stato davvero, Alexander Fernandez. Ferdinando II, benché inizialmente affascinato dal rapporto del funzionario inglese, se ne rese conto quasi subito.

La monarchia borbonica aveva grandi progetti per Lampedusa: l'aveva comprata per colonizzarla e renderla l'estremo confine del regno, nonché un importante scalo nel Mediterraneo centrale. Nel 1843 Ferdinando II inviò a Lampedusa decine di contadini e allevatori insieme a molte altre persone dalle competenze piú disparate, elencate dal patologo vegetale Giuseppe Surico in un bel libro sulla storia dell'isola, intitolato semplicemente *Lampedusa: dall'agricoltura, alla pesca, al turismo*. Sull'isola arrivarono impiegati amministrativi, soldati, falegnami, sarti, marammeri – tecnici specializzati nella costruzione di chiese – oltre a bottai, fornai, fabbri, macellai, farmacisti, pescatori, giardinieri, salassatori. Fra di loro però non c'era nemmeno un agronomo. «Toccò al Comandante Bernardo Maria Sanvisente impostare i piani agricoli dei coloni. E si può immaginare con quali risultati, – scrive Surico. – Inevitabilmente i coloni si resero conto che a Lampedusa fare agricoltura era come una condanna ad una vita di stenti, di sacrifici, di miseria». Molti lasciarono l'isola subito dopo esserci arrivati, abbandonando l'ambizioso progetto coloniale di Ferdinando II.

Allora come oggi a Lampedusa è difficile far crescere qualcosa. Il clima è asciutto e ventilato, esattamente come a Pantelleria e Linosa: che però sono rigogliosissime. Questo perché entrambe hanno un'origine vulcanica, e quindi un terreno ricco e fertile. Lampedusa invece è una specie di rigonfiamento della placca sottomarina africana, sabbiosa come i fondali che la circondano. I Borboni esaurirono rapidamente l'unica risorsa naturale che c'era sull'isola, il legname di qualche sparuto alberello. Già nel 1853 un funzionario del Regno delle Due Sicilie incaricato di capire come procedesse la colonizzazione scrisse al re che i lampedusani avevano già distrutto «ciò che di bosco potea avere nome in quell'isola», per bruciare il legno e convertirlo in carbone. Gli alberi non sono piú ricresciuti e oggi a Lampedusa sono rarissimi, e cosí anche allevare degli animali è difficilissimo. Sull'isola, per dire, non c'è nessuno che fa il formaggio – ad eccezione di una ricotta locale, quasi contrabbandata –, ma neanche l'olio o il vino: una specie di primato in negativo, per un'isola mediterranea. Esiste una sola azienda agricola, la cooperativa Mpidusa. Con l'aiuto dell'Università di Palermo e un finanziamento della Open Society Foundations, la rete di Ong dell'imprenditore e filantropo George Soros, da qualche anno ha coltivato un piccolo terreno nella contrada Imbriacola, non lontano dall'hotspot dell'isola, cioè il centro di primissima accoglienza per i migranti che arrivano via mare. Ogni sabato, fra le 16 e le 20, Mpidusa vende ciò che coltiva in un banchetto in piazza Brignone, dietro la via principale dell'abitato.

L'enorme fatica nel far crescere qualsiasi cosa ha reso la presenza umana a Lampedusa del tutto episodica per gran parte della sua storia. Eppure l'isola ha avuto un periodo di estemporanea centralità prima di essere colonizzata, in un'epoca in cui tutto attorno il mondo stava attraversando cambiamenti rapidi ed epocali, e in cui l'isola diventò una sorta di porto franco in un mare altrimenti dominato dai vascelli dei pirati cristiani e musulmani.

Prima Damasco, poi il mondo.

Dopo le guerre puniche, le terre intorno al Canale di Sicilia godettero di quasi mille anni di unità politica e di una placida irrilevanza, lontane da ogni linea del fronte ma anche dai principali luoghi decisionali. Prima furono comprese nel territorio dell'Impero romano, e dopo la sua disgregazione in quello bizantino. La prima tessera dell'effetto domino che avrebbe cambiato tutto, da queste parti, cadde qualche centinaio di chilometri piú a est. Per secoli, nel mondo post-romano le uniche due vere potenze furono il già citato Impero bizantino e quello persiano, chiamato anche sasanide dal nome della dinastia che lo governò per piú di quattrocento anni, quella dei Sasanidi (Sasan era stato un leggendario sacerdote-guerriero di fede zoroastriana). Persiani e Bizantini si contesero a lungo il controllo dell'odierno Medio Oriente e della regione del Caucaso, combattendo a distanza di poche decine di anni guerre in cui sistematicamente venivano uccise migliaia di persone, rase al suolo intere città, e dissanguate le casse dei rispettivi imperi. Al termine di una lunga serie di battaglie, agli inizi del VII secolo d.C., la situazione sul campo era rimasta piú o meno la stessa rispetto alle prime guerre, combattute quasi tre secoli prima. In compenso le due potenze si erano molto indebolite a vicenda, tanto che in quei secoli emersero vari regni regionali che si espansero approfittando dell'ossessione reciproca di Bizantini e Persiani.

Quello che sarebbe diventato piú celebre e influente, anche nel resto del mondo, fu fondato nel 622 in una sperduta oasi nel deserto della penisola arabica, chiamata Medina. Negli anni precedenti un predicatore-guerriero di nome Muhammad aveva convinto le tribú nomadi che gravitavano attorno all'oasi a riunirsi in un'unica entità politica e adorare un unico Dio, di cui Muhammad si descriveva l'ultimo profeta di una lunga dinastia. Fra il 628 e il 630, grazie a una serie di campagne militari mirate e a un matrimonio diplomatico con la figlia di un avversario politico, Muhammad allargò i confini del suo stato fino alla città della Mecca, dove era nato e cresciuto, e alla ricca oasi di Ta'if. Oggi tutte e tre sono importanti città dell'Arabia Saudita. Nei decenni successivi, quello di Muhammad riuscí a diventare il piú potente regno che riuniva le persone che parlavano una lingua araba, si percepivano principalmente come arabe – grazie anche a un patrimonio comune di poesie popolari che si era formato nel corso dei secoli, spesso attorno al fuoco degli accampamenti militari di eserciti stranieri o di villaggi che facevano parte di altre entità politiche – e avevano finito per venerare lo stesso Dio, quello raccontato da Muhammad. Ancora oggi diversi studiosi occidentali si spiegano la rapidissima espansione del regno arabo-musulmano di Muhammad con una sorta di furore ideologico che lo rendeva l'unica comunità umana davvero coesa nei tempi sfilacciati e incerti che precedettero il Medioevo, in questa parte di mondo. Le ragioni reali del successo del regno di Muhammad sono verosimilmente piú prosaiche. Come racconta lo storico e islamista Robert G. Hoyland nel suo libro *In God's Path*, l'espansione del regno arabo-musulmano è una conseguenza del declino delle principali potenze dell'epoca – l'Impero bizantino, quello persiano e in misura minore quello cinese – piú che una causa.

Ai tempi, peraltro, la fede religiosa e l'appartenenza etnica venivano strumentalizzate da *tutti* gli imperi per giustificare l'accumulo di potere e ricchezze: siamo i prescelti da Dio, un popolo superiore, è naturale che ci spettino terre, soldi, fortezze, schiavi – diceva ai suoi ciascun sovrano degno di questo nome. E cosí anche Muhammad. «Dato che Dio aveva approvato l'acquisizione di bottini di guerra non c'è bisogno di capire se i soldati di Muhammad che abitavano in origine nell'Arabia occidentale combattessero piú per Dio o per guadagno personale: le due cose erano intrinsecamente legate».

L'espansione del regno arabo-musulmano di Muhammad guadagnò un'aura di inevitabilità già nei primissimi anni, vittoria dopo vittoria. Nel 634 d.C., due anni dopo la morte del suo fondatore, suo suocero Abd Allah ibn Abi Quhafa (detto Abu Bakr) ordinò all'esercito arabo-musulmano di assediare Damasco, che allora, come oggi, era la piú ricca e popolosa città della Siria. Damasco si arrese quasi senza combattere, negoziando un accordo di resa che all'epoca fu giudicato quasi ragionevole, se paragonato alle violenze e angherie subite negli anni da parte dei Persiani: nessun saccheggio, nessuna violenza contro gli abitanti della città, in cambio di 110 000 monete d'oro.

Una dinamica del genere avvenne anche qualche decennio piú tardi in Nord Africa, dove il governo locale dei Bizantini si sbriciolò poco dopo l'arrivo dell'esercito arabo-musulmano. Lo storico greco – nonché piú volte ministro nei governi conservatori – Andreas N. Stratos nota nel suo monumentale studio sull'Impero bizantino del VII secolo che diverse città del Nord Africa preferirono arrendersi agli arabi-musulmani, piuttosto che rimanere un secondo di piú sotto il dominio bizantino. A Cartagine per esempio, quando l'esercito arabo-musulmano arrivò fisicamente alle porte della città, i Cartaginesi non si misero a difenderla, ma «si ribellarono contro le autorità [bizantine] in carica, rifiutandosi di pagare nuove tasse», osserva Stratos. In generale, «nonostante gli abitanti della regione africana fossero stati saccheggiati piú volte dagli arabi-musulmani, non avevano alcuna intenzione di cooperare con i funzionari bizantini per mettere in piedi una buona organizzazione militare» a difesa delle città stesse. Cartagine e il resto della Tunisia furono conquistati nel 698. L'esercito arabo-musulmano ci mise qualche decennio in piú per espandersi verso nord. L'isola di Pantelleria venne invasa nel Settecento e definitivamente colonizzata nell'835, Malta nell'870, la Sicilia intera nel 902.

Sono stati scritti interi libri sui lasciti della dominazione arabo-musulmana in Sicilia: Palermo diventò una metropoli e uno scalo commerciale importantissimo, ma anche nella Sicilia interna i nuovi padroni fecero un enorme sforzo per sviluppare l'agricoltura e l'allevamento, premiato da un aumento della popolazione. Si è molto discusso nel tempo del valore delle innovazioni importate dagli arabi-musulmani, soprattutto nell'agricoltura: sappiamo sicuramente che sull'isola arrivarono la canna da zucchero, il cetriolo, la melanzana – di recente in un bagno pubblico di età islamica a Mazara del Vallo è stato trovato il piú antico seme di melanzana identificato in Europa –, ma non sappiamo esattamente *quanto* le tecniche arabo-musulmane siano state rivoluzionarie. Nel 1974 lo storico dell'economia Andrew Watson pubblicò un articolo intitolato *The Arab Agricultural Revolution and Its Diffusion, 700-1100* che individuava un'enorme innovazione agricola avvenuta nei territori mediterranei occupati dagli arabi-musulmani durante il picco del loro dominio, e quindi anche in Sicilia. L'articolo fu molto contestato e negli anni è stato fatto a pezzi parola per parola. Oggi in realtà diversi studiosi ritengono che l'intuizione di Watson fosse sostanzialmente corretta, ma sostenuta da dati che allora erano piuttosto traballanti. L'archeologa Alessandra Molinari, ordinaria di Archeologia medievale all'Università di Roma Tor Vergata e responsabile del progetto archeologico Sicily in Transition, in uno studio del 2021 ha scritto che «non c'è dubbio che avanzate conoscenze in fatto di agricoltura e sistemi di irrigazione furono introdotte in Sicilia durante l'epoca [di dominazione araba]. In assenza di dati provenienti da contesti precedenti, l'impatto e l'estensione di queste innovazioni rimane poco chiaro». Nel presentare questo studio, però, la stessa Molinari si è anche sbilanciata, e ha spiegato che in Sicilia, nonostante nell'Alto Medioevo ci fossero stati vari periodi di siccità, «la nuova agricoltura islamica, che deriva dall'esperienza in aree semi-desertiche, è riuscita a coltivare piante che hanno bisogno anche di tanta acqua grazie a terrazze irrigate, a pozzi da cui tirano su l'acqua coi vasi... tra l'altro molta dell'agricoltura tradizionale siciliana è fatta in quel modo». Per la nostra storia ci interessa sapere che sotto il dominio arabo in diversi territori siciliani, sia sulla costa che nelle aree interne, ci fu piú cibo a disposizione per tutti, e molte città diventarono fiorenti, piene di merci arrivate dal mare, e abitate da sempre piú persone. Tanto che iniziarono a farsi la guerra, alla ricerca di nuove terre e ricchezze, finendo però per indebolirsi a vicenda: un po' come era successo con le città greche appena prima dei tentativi di invasione dei Cartaginesi, piú di un millennio prima.

Nella concitazione delle battaglie interne fra le città siciliane, che pure nominalmente erano tutte riunite nell'Emirato di Sicilia, si infilarono i Normanni, che già da qualche decennio governavano un regno regionale fra Puglia e Calabria. Il loro sovrano Ruggero I fu chiamato in aiuto dall'emiro di Catania Ibn al-Thumna per sconfiggere suo cognato Ibn al-Hawwas, emiro di Agrigento. Ruggero I e il suo esercito attraversarono lo Stretto di Messina nel 1061 e non se ne andarono piú. Nel giro di trent'anni conquistarono tutte le piú importanti città dell'isola, una dopo l'altra: Messina, Paternò, Palermo, Trapani, Taormina, Catania, Siracusa, e infine Noto, nel 1091. Nel 1130 l'antipapa Anacleto II nominò il figlio di Ruggero, Ruggero II, re del neonato regno (cattolico) di Sicilia: sarebbe rimasto in piedi fino al 1816, quando i Borboni lo riunirono al resto del Sud Italia creando il Regno delle Due Sicilie. Il nuovo re Ruggero II aveva ambizioni un po' megalomani, che lo storico britannico David Abulafia definisce «mediterranee». «Si considerava il successore dei tiranni greci, – scrive Abulafia, – e sosteneva di non essere un usurpatore, ma il nuovo volto di un antico regno», quello romano e bizantino, che quindi comprendeva anche le principali città nordafricane che si affacciavano sul Canale di Sicilia.

Per guadagnarsi un'entratura in Nord Africa Ruggero II usò la stessa tattica del padre, cercando di mettere uno contro l'altro i sovrani locali delle attuali Tunisia e Libia. Nel 1146 Ruggero II conquistò Tripoli, in Libia. Nei due anni successivi toccò a Mahdia, che oggi è un'importante città portuale in Tunisia, ma anche a Susa, Sfax e Gabes. Ruggero II scelse di governare in maniera piuttosto *soft*: nominò giudici e funzionari islamici, garantí dei prestiti ai mercanti locali perché non finissero in bancarotta, e cercò di stabilizzare le rotte commerciali col resto del regno. Alla sua morte però, nel 1154, tutto si sfaldò. Gli arabi-musulmani riconquistarono il Nord Africa ma si tennero alla larga dalla Sicilia, che sarebbe rimasta in mano a regni cattolici fino all'ingresso nella Repubblica italiana.

La dominazione normanna fu l'ultima, in ordine di tempo, a radunare tutto il Canale di Sicilia sotto la stessa entità politica. Da allora una barriera invisibile, fatta di confini tracciati sulla carta e nella testa delle persone, separa il Nord e il Sud del Canale di Sicilia. Da una parte la costa meridionale della Sicilia, Malta, le isole sperdute in mezzo al mare (Pantelleria, Lampedusa, Linosa). Dall'altra, le coste nordafricane.

È una divisione umana e politica che in certi periodi è diventata una contrapposizione fortissima: fra Nord e Sud, Africa ed Europa, colonizzati e colonizzatori. Tutto, comunque, ha origine in quella frattura mai ricomposta fra mondo cristiano e mondo musulmano all'epoca delle guerre arabo-normanne: un conflitto che nei secoli successivi sarebbe degenerato, fino a sclerotizzarsi e sembrare apparentemente insanabile.

Erano gli anni delle guerre crociate, in cui le rispettive leadership religiose cristiane e musulmane consideravano il *diverso* come un infedele da sottomettere. Le principali potenze – soprattutto quelle a guida cristiana – sposarono questo identitarismo nazional-religioso per espandersi e arricchirsi. Il Mediterraneo orientale diventò una zona di guerra, a terra e in mare. Nei secoli successivi il Mediterraneo centrale, e piú nello specifico la zona che ci interessa maggiormente, cioè il Canale di Sicilia, sarebbe diventato un altro luogo di scontro, non meno violento e causa di sofferenze, anche se decisamente meno raccontato.

Schiavi, corsari e fantasmi.

Alla fine delle crociate il mondo arabo-musulmano mediterraneo era infine coagulato nell'Impero ottomano, la cui nascita si fa risalire per convenzione al 1299. Il mondo cristiano, pur costantemente dilaniato da sanguinose guerre interne, si percepiva comunque come altro e irrimediabilmente diverso da quello arabo-musulmano. Nemmeno la scoperta delle Americhe e la nuova proiezione globale delle principali potenze del Mediterraneo cambiarono la situazione, ormai irrigidita da secoli. Se possibile, la peggiorarono. Fra il Quattrocento e il Seicento il Mediterraneo si riempí di navi commerciali, come conseguenza dell'espansione internazionale dei commerci marittimi. Molti equipaggi scelsero però di dedicarsi all'attività piú redditizia di allora, almeno per mare, che soddisfaceva una domanda apparentemente insaziabile e in grande espansione: il commercio di schiavi.

Per almeno tre secoli navi cristiane e arabo-musulmane, quasi sempre col beneplacito dei rispettivi governi, navigarono per il Mediterraneo attaccando paesi costieri e navi commerciali e civili alla ricerca di persone da ridurre in schiavitú. Le piú fortunate, una minoranza, venivano liberate in cambio di un riscatto. Le altre finivano per essere vendute nei mercati di schiavi piú attivi del Mediterraneo. Nel mondo cristiano erano famosi quelli di Malta, Marsiglia, Malaga, Livorno. Ancora oggi, proprio nei pressi del porto di Livorno, in piazza Micheli, c'è il monumento dei *Quattro mori*, completato nel 1626. Le statue di quattro schiavi musulmani, seminudi e letteralmente incatenati a una statua in marmo di Ferdinando I de' Medici, ricordavano a tutti che la ricchezza della città era dovuta specialmente al commercio di schiavi. Nel mondo musulmano invece si vendevano schiavi sulle banchine di Tripoli, Algeri – dove, fra gli altri, a un certo punto fu venduto anche Miguel de Cervantes, l'autore del *Don Chisciotte* – e Tunisi. Non esistono stime precise su quante persone siano state vendute come schiave nel Mediterraneo dalla fine del Medioevo fino quasi ai giorni nostri, ma soltanto qualche solida supposizione.

Nel 2003 lo storico dell'età moderna mediterranea Robert C. Davis stimò che, fra Cinquecento e Settecento, in tutto il Mediterraneo fino a un milione circa di europei erano stati catturati e venduti come schiavi dai pirati arabo-musulmani. Abbiamo ancora meno dati sulle persone arabo-musulmane rapite dai pirati cristiani, ma sembra che il dato fosse quantomeno pari a quello degli europei rapiti e resi schiavi. Negli ultimi anni, poi, sono circolate stime vertiginosamente piú alte. In vari interventi, fra cui il libro *Schiavi. Una storia mediterranea (XVI-XIX secolo)*, Salvatore Bono, uno degli studiosi italiani di Mediterraneo piú rispettati degli ultimi anni, scrive che gli schiavi africani vissuti in Europa fra Cinquecento e Settecento sono stati circa due milioni e mezzo, mentre gli schiavi europei nel Nord Africa piú o meno 850 000. A questi numeri vanno aggiunti i milioni di schiavi dell'Africa subsahariana che vivevano nei territori dell'Impero ottomano.

«A seguito della cattura si diventava una altrui proprietà, privi di libertà e di ogni autonomia di azione e di movimento», ha scritto Bono in un articolo del 2018 sulla rivista «Mediterranea – ricerche storiche». A passarsela peggio, in particolare, erano gli schiavi di proprietà statale, «destinati ai banchi dei rematori» nelle navi di mezzo Mediterraneo, e quindi «ad una costrizione fisica di prevalente immobilità». Gli schiavi venduti ai privati invece diventavano servitori, camerieri, contadini, balie. Nel quadro piú famoso del pittore veneziano Lorenzo Lotto, *Santa Lucia davanti al giudice Pascasio* (1532), una ragazza che sembra provenire dall'Africa subsahariana prova a fermare un bambino bianco, di cui era quasi sicuramente la balia, mentre il bambino corre verso il centro del quadro. Quasi un secolo dopo, il noto pittore fiammingo Antoon

Van Dyck dipinse l'aristocratica genovese Elena Grimaldi Cattaneo – antenata della nota famiglia di armatori genovesi, quelli della Grimaldi Lines – intenta in una passeggiata, mentre uno schiavo nero la ripara dal sole con un ingombrante ombrello rosso.

Non è un caso che parecchi mercati di schiavi fossero affacciati sul Canale di Sicilia: Malta, Tripoli, Tunisi, dove la piazzetta coperta in cui gli umani in vendita venivano esposti sopra un bancale di legno oggi è stata assorbita dal mercato della Medina, diventando un distretto di orafi e gioiellieri. All'epoca il Canale di Sicilia era una specie di piccolo triangolo delle Bermuda: un passaggio obbligato per attraversare il Mediterraneo da est a ovest (o viceversa), stretto abbastanza da poter essere pattugliato da decine di vascelli di pirati, che poi vendevano le loro prede nei principali porti della zona.

Nel loro libro *I cristiani di Allah*, uscito nel 1991, gli storici francesi Lucile e Bartolomé Bennassar calcolano che un quinto degli europei rapiti e resi schiavi tra la fine del Cinquecento e il Seicento nel Mediterraneo fu catturato proprio nel Canale di Sicilia, sebbene questa zona copra soltanto un decimo dell'intero bacino. «Dicono i marinai nel dialetto di Tunisi: chi salpa per Capo Bon, faccia preparare un riscatto ai propri cari», scriveva intorno al 1590 l'intellettuale marocchino Abu-l-Hasan al-Tamgruti.

Alcuni dei pirati piú famosi di quell'epoca erano attivi proprio nel Canale di Sicilia. All'inizio del Cinquecento Oruç Reis, italianizzato in «Aruj Barbarossa», e suo fratello Khayr al-Din Barbarossa, due pirati ottomani di origini greche, spadroneggiarono per anni su e giú per il Mediterraneo centrale. Khayr al-Din in particolare visse fino al 1546 alternando operazioni di pirateria a prestigiosi incarichi ufficiali: nel 1533, per esempio, fu nominato ammiraglio della flotta ottomana dall'allora re Solimano il Magnifico. La carica non era incompatibile con le scorribande, anzi. Chi abitava le coste italiane, ma non solo, «viveva nel terrore di vedere comparire le sue vele», ha ricordato in una recente conferenza il celebre medievista Alessandro Barbero. Nella sua carriera piratesca, Khayr al-Din ha assaltato e saccheggiato, fra le altre, Crotone, Algeri, Messina, Tunisi (che nel 1534 riconquistò per conto dell'Impero ottomano). Ma la sua preda preferita fu di gran lunga Reggio Calabria, che attaccò piú volte nell'arco di quasi quarant'anni di carriera piratesca. Leggenda vuole che durante l'ultimo assalto Khayr al-Din Barbarossa rapí la figlia diciottenne del governatore aragonese della città, Flavia Gaetani: da allora si dice che il fantasma di Gaetani ogni tanto si affacci dalle finestre del castello dove abitava per godersi il panorama della sua città natale, in cui da viva non tornò mai piú.

Anche Giovan Dionigi Galeni, piú noto col nome di Uccialí, si costruí la sua reputazione corsara nel Canale di Sicilia. Nato in Calabria, probabilmente a Isola di Capo Rizzuto, fu catturato da ragazzo da pirati ottomani e costretto a convertirsi all'Islam e prendere il nome Uluç Ali (da cui Uccialí). Negli anni diventò rapidamente uno dei piú brillanti comandanti-pirati della marina ottomana: fu pascià di Tripoli, poi governatore di Algeri. Durante la leggendaria battaglia di Lepanto del 1571 fu l'unico sopravvissuto fra i comandanti ottomani. Ancora oggi a Istanbul, nel quartiere costiero di Tophane c'è una grande moschea intitolata a Uccialí, dove è sepolto il suo corpo. A Le Castella, una frazione di Isola di Capo Rizzuto, c'è invece una piazza Uccialí con al centro un busto in bronzo del pirata. Il suo sguardo è rivolto verso il mare.

Ma il Canale di Sicilia è stato attraversato da migliaia di altri pirati a cui non associamo né un volto né un nome, che qui avevano un punto di riferimento speciale. Un'isola che non era di nessuno e quindi era di tutti: Lampedusa.

Una strana forma di ecumenismo.

Per tutta l'età moderna i sovrani cristiani del Sud Italia avevano considerato Lampedusa come parte del proprio regno, senza però fare nessuno sforzo per colonizzarla o controllarla per davvero.

Nel 1436 Lampedusa e Linosa furono concesse come feudo dall'allora re Alfonso V di Aragona al nobile Giovanni De Caro, signore di Palma di Montechiaro, un paesino in provincia di Agrigento. Attraverso tortuose successioni il titolo finí poi per appartenere alla famiglia dei Tomasi, una delle piú note e ricche della Sicilia. Nel 1667 l'allora sovrano spagnolo Carlo II – detto *el Hechizado*, lo stregato: morí senza eredi dopo aver sofferto decine di malanni fisici – si inventò il titolo di principe di Lampedusa e lo assegnò ufficialmente ai Tomasi. I quali però non si azzardarono mai a mettere piede sull'isola: troppo lontana dalla costa e disabitata ormai da secoli (gli ultimi ad avere una sporadica presenza erano stati gli arabi-musulmani). Questa condizione cosí particolare di isola disabitata e inospitale, terra di nessuno ma al contempo vicina a diversi porti e mercati di schiavi, la rese un rifugio ambitissimo per pirati: sia cristiani sia musulmani.

Non è chiarissimo come e quando Lampedusa sia diventata un porto franco per pirati di ogni fede e provenienza, ma questa sua condizione è testimoniata da decine di fonti e dalla presenza – a metà fra la leggenda e la storia vera –

di un santuario dedicato alla Madonna venerato sia dai cristiani sia dai musulmani, costruito non si sa da chi, in una grotta nel Nordovest dell'isola.

Di una grotta-santuario parlano diversi viaggiatori e cronisti, oltre a varie leggende tramandate dagli isolani, anche se nessuno l'ha mai davvero individuata: si dice che fu distrutta prima dai lavori di costruzione di una chiesetta da parte di un gruppo di coloni arrivati da Malta, nei primi anni dell'Ottocento; poi da un bombardamento degli Alleati nella primavera del 1943, quando Lampedusa e Pantelleria furono attaccate e poi occupate in preparazione dello sbarco in Sicilia. Diversi studiosi ritengono possibile che un santuario sia effettivamente esistito – e del resto è stato descritto da persone di provenienza diversissima, a distanza di secoli –, e soprattutto che la dedica alla Madonna avesse senso, per un posto del genere. La storica statunitense Amy G. Remensnyder, forse la piú grande esperta della frequentazione di pirati a Lampedusa, sostiene che per i navigatori di tutto il Medioevo e anche dell'età moderna il mare era soprattutto un luogo pericoloso, in cui ogni singolo viaggio poteva essere l'ultimo. Di conseguenza, «per proteggere se stessi e le proprie navi in questo contesto pieno di pericoli, – scrive Remensnyder, – i cristiani si rivolgevano spontaneamente alla santa celebre da secoli come a un'inesauribile fonte di pietà, conforto, speranza e aiuto: Maria, la Madonna». Secondo alcune interpretazioni, a rafforzare un legame fra la Madonna cristiana e i viaggi per mare contribuí una totale assonanza fra il nome Maria e la parola latina che si usava per descrivere i mari al plurale, *mària*. Remensnyder scrive che una specie di culto di Maria come protettrice dei marinai era forse diffuso anche fra i navigatori musulmani, visto che la figura di Maria è celebrata anche dall'Islam in quanto madre di un profeta, cioè

Gesú Cristo. «Data la forte solidarietà trans-confessionale fra gli equipaggi, i marinai musulmani che lavoravano su navi europee potrebbero essere stati inclini a partecipare alle preghiere dei loro colleghi a una donna venerata anche dall'Islam», scrive Remensnyder nel suo saggio del 2018 *Mary, Star of the Multi-Confessional Mediterranean*.

Esistono moltissime prove della diffusione del culto della Madonna tra chi frequentava il Mediterraneo dell'età moderna. Piú o meno dal XIV secolo in poi, quando cioè i viaggi per mare si moltiplicarono a dismisura prima nel Mediterraneo e poi altrove, centinaia di navi furono chiamate Maria in segno di buon auspicio. La piú famosa di queste rimane probabilmente la *Santa Maria*, la caravella piú grande della spedizione di Cristoforo Colombo verso le Americhe. In quel periodo vennero costruite chiese e cappelle dedicate alla Madonna in varie città frequentate perlopiú da marinai: a Barcellona, nei pressi del porto, esiste ancora la chiesa di Santa Maria del Mar, a Cagliari il santuario di Nostra Signora di Bonaria. Anche una delle chiese piú affascinanti del promontorio greco di Malvasia, nel Sud del Peloponneso, è dedicata alla Madonna. Il frate Jacopo da Verona, autore di un racconto di viaggio compiuto nel 1335 dal Veneto fino a Gerusalemme, racconta poi che a Cipro «tutti i mercanti e pellegrini arrivati per mare» una volta sbarcati si precipitavano alla chiesetta di Santa Maria della Cava, situata in una grotta, per ringraziare la Madonna di averli protetti durante il viaggio appena concluso. Qualche tempo dopo la chiesa di Santa Maria della Cava a Cipro fu convertita in una moschea, ma oggi non ci mette piede nessuno. Si trova infatti a Famagosta, nella parte di Cipro controllata dalla Turchia; piú precisamente nel quartiere fantasma di Varosha, pieno di hotel e locali sulla spiaggia ormai abbandonati e quindi decisamente spettrali. Varosha fu evacuato durante la guerra civile del 1974 e mai piú ripopolato, per ragioni di sicurezza.

Anche il santuario di Lampedusa è stato riconvertito, in un certo senso: prima dai maltesi e poi dai lampedusani, che piú o meno nella stessa posizione in cui si racconta si trovasse hanno costruito la moderna chiesetta della Madonna di Porto Salvo.

La chiesetta si trova in uno dei luoghi piú quieti di Lampedusa. Appena fuori dall'abitato dell'isola, a cinque minuti di macchina dal trambusto dei ristoranti e negozi di souvenir di via Roma, in una valle riparata dal vento e dallo sciabordio delle onde, si lascia l'auto in una curva ghiaiosa della strada e si entra in un vialetto ben curato. La chiesetta in sé non stonerebbe in certe isole greche particolarmente sperdute: ha una facciata bianchissima i cui bordi e finti colonnati sono stati affrescati di un azzurro pastello. All'interno, invece, assomiglia di piú a una chiesa protestante che a una cattolica o ortodossa: le sue pareti sono quasi del tutto spoglie, ad eccezione dei piccoli quadri che segnalano le stazioni della via crucis. Per farsi un'idea di come dovesse apparire il santuario, bisogna uscire dalla chiesetta e svoltare a sinistra. Su un piccolo piazzale alberato si affacciano diverse grotte e cavità naturali. Una volta si trovavano in fondo al mare, e accorgersene è piuttosto facile: le loro pareti sono coperte di fossili e piccoli ghirigori, tane scavate da chissà quali molluschi. Per sbriciolarle basta sfregare con un dito. L'intero banco è fatto di roccia calcarea, facile da scolpire e sagomare anche con attrezzi rudimentali. E infatti sono state abitate a lungo, anche se non è chiarissimo da chi: sul soffitto si intravedono nicchie per travi e lumini, mentre sulle pareti si aprono cavità ovali che sembrano giacigli, facili da immaginare ricoperte di paglia.

Le leggende tramandate dai lampedusani parlano della presenza sull'isola di vari eremiti, sulla base di racconti anche molto antichi. Un pannello accanto a una grotta scrive per esempio che proprio qui Ludovico Ariosto ambienta la scena del battesimo dell'eroe cristiano Ruggiero, nel XLI canto dell'*Orlando furioso*. I versi centrali del canto parlano di un'isola abitata soltanto da un «fraticello», un eremita cristiano. «Il vecchio», come lo chiama Ariosto, si era ricavato una cella scavandola nella roccia nei pressi di un bosco che «scende sin all'onde, | di lauri e di ginepri e di mortella, | e di palme fruttifere e feconde». Accanto alla cella e al bosco, prosegue Ariosto, «riga sempre una liquida fonte, | che mormorando cade giú dal monte». Fra una grotta e l'altra, qui, esiste effettivamente una cisterna naturale, rinforzata probabilmente dai Romani, che forse anticamente alimentava un rigagnolo che scendeva fino al mare. Sembra una storia troppo bella per essere vera, e infatti è falsa. L'autore del pannello si è confuso: a essere ambientato a Lampedusa non è il battesimo di Ruggiero, ma un combattimento fra tre guerrieri cristiani (Orlando, Oliviero, Brandimarte) e tre musulmani, Gradasso, Sobrino e Agramante, raccontato pochi versi piú tardi. Ruggiero viene battezzato dall'eremita in quello che Ariosto definisce «un nudo scoglio». In compenso, il posto rimane notevole. «Siamo a novembre, l'ultima volta ha piovuto ad aprile: eppure la cisterna è ancora piena d'acqua», osserva sporgendo la testa dentro la cisterna Fabio Giovanetti, curatore dell'Archivio storico Lampedusa, che ha una piccola e graziosa sede in via Roma. Ancora nel 1739 l'ammiraglio britannico John Montagu IV conte di Sandwich sbarcò a Lampedusa per fare rifornimento e trovò un unico abitante: un sacerdote francese che «viveva solitario in una grotta artisticamente intagliata nella roccia, lontano dagli interessi degli uomini che sembrava evitare, coltivando con le sue mani un piccolo orto», come scrisse all'epoca.

Non è difficile immaginare come qualcuno possa aver scelto di ritirarsi qui; c'è un po' d'acqua, il mare non si sente ma si raggiunge a piedi in qualche minuto, la terra è stranamente scura e fertile, al contrario di gran parte dell'isola, e ancora oggi si intravede qualche ulivo selvatico. Fra le rocce invece cresce una specie endemica dai fiori gialli, il *Chiliadenus lopadusanus*, l'incensaria di Lampedusa. Se si passano fra le dita le sue minuscole foglie si sprigiona un profumo che sembra un condensato delle principali piante aromatiche mediterranee: menta, salvia, rosmarino. Giovanetti racconta che i vecchi lampedusani lo usavano sia per insaporire il pesce sia per cicatrizzare le ferite della pelle.

Ai tempi dei pirati mediterranei il santuario doveva apparire in maniera non troppo diversa rispetto a come si presentano oggi le grotte vicino alla Madonna di Porto Salvo. Al posto di nicchie e cavità spoglie, però, c'era probabilmente un sacco di roba, e un gran traffico di persone. Alcuni visitatori raccontano di un altare sormontato da un ritratto di Maria, forse una specie di icona, e poco distante la tomba di un «marabutto», cioè un uomo considerato «santo» dall'Islam, spesso un ex profeta o predicatore (nessuna relazione con la parola italiana «farabutto», che però curiosamente sembra avere un'origine piratesca: in neerlandese *vrijbuiter* significa appunto «predone» o «pirata»). La prima testimonianza di una grotta sacra risale a un cronista francese del Trecento, Jean de Joinville. Alla fine del Seicento un frate gesuita che viveva a Tripoli scrisse che la grotta-santuario era ormai un luogo frequentatissimo, dove venivano lasciate offerte di ogni genere: bottiglie di vino e olio, biscotti, fette di melone e pezzi di ricotta salata. Ma lungo alcune corde erano appese anche giacche, calzini, cappelli, oltre ad attrezzi di ogni tipo. Quasi tutti i resoconti che ci parlano del santuario raccontano che chiunque poteva prendere ciò che gli serviva, a patto di lasciare un'offerta in denaro equivalente al valore di quello che avrebbe portato via: su chi non lasciava nessuna offerta si sarebbe abbattuta una specie di maledizione, e non sarebbe riuscito a ripartire da Lampedusa.

C'era una sola categoria di persone che a quanto pare poteva prendere ciò che voleva dal santuario senza pagare: gli schiavi. Sembra che i pirati che frequentavano Lampedusa ritenessero che la protezione e la benevolenza della Madonna (e del marabutto) si estendessero anche alle persone che capitavano sull'isola dopo essere state rapite e rese schiave. Anche per loro quindi Lampedusa era un porto franco, un luogo in cui non valevano le leggi della terraferma, e in cui perciò a uno schiavo era anche data la possibilità di liberarsi, se ci fosse riuscito. A Lampedusa gli schiavi potevano arrivare in molti modi diversi: dopo un naufragio, una fuga dai propri padroni, un ammutinamento, o un viaggio solitario dopo essere scappati da un mercato sulla terraferma. I racconti di questo periodo ambientati a Lampedusa sono pieni di testimonianze di schiavi che hanno compiuto un primo passo verso la libertà proprio sull'isola.

Il 4 luglio 1551 il capitano genovese Antonio Doria – che era stato collaboratore del piú famoso Andrea – stava guidando una piccola flotta verso la Tunisia per conto di Carlo V d'Asburgo, quando nei pressi dell'isola il mare peggiorò improvvisamente. «Una grandissima, ed inaspettata fortuna di mare, venne a spongere l'armata di notte verso Lampedusa, e la gittò da quella parte dell'isola, ove gli scogli son piú acuti, e la spiaggia piú sassosa, – ricordò qualche anno piú tardi il frate e storico Tommaso Fazello.

– Otto Galere, percotendo negli scogli si ruppero, e vi morirono piú di mille uomini, di diversi ordini e condizioni». I sopravvissuti riuscirono a raggiungere la riva a Cala Pisana: forse la piú bella spiaggia di Lampedusa dopo quella dell'Isola dei Conigli. È situata nella zona est, proprio accanto al cimitero, ed è molto frequentata dai lampedusani nei rari periodi senza turisti. Una volta arrivati a terra, gli schiavi, quasi sicuramente musulmani, si dileguarono nell'entroterra e si nascosero fra i boschi e i cespugli che ancora coprivano l'isola, prima che i maltesi e i siciliani li tagliassero tutti: i genovesi li cercarono per un po', poi si stufarono e se ne andarono. Ancora oggi dietro alla spiaggia di Cala Pisana c'è uno dei rarissimi giardini privati di Lampedusa coperti da alberi, dentro al bed and breakfast Paola e Melo. Ma la storia piú nota e avvincente sulla condizione di porto franco di Lampedusa riguarda un certo Andrea Anfossi, o Anfosso (ci sono arrivate versioni con entrambi i cognomi).

Storia e non leggenda.

La vicenda di Anfossi/Anfosso, in qualunque modo sia andata, ebbe peraltro risvolti concretissimi a centinaia di chilometri di distanza. Piú precisamente nell'entroterra ligure attiguo al confine con la Francia, dove ancora oggi, alla fine di una strada larga pochi metri e senza guardrail, sbuca una chiesetta dalla facciata ocra e rosa intitolata a Nostra Signora di Lampedusa.

La storia di Andrea Anfossi/Anfosso inizia proprio in Liguria, dove secondo una leggenda locale tramandata per secoli un pastore con questo nome fu rapito dai pirati arabo-musulmani a metà del Cinquecento durante uno dei loro saccheggi dei paesini della costa intorno a Ventimiglia. Un'altra tradizione vuole Anfossi/Anfosso impegnato a combattere i già citati pirati arabo-musulmani nel Mediterraneo centrale. Le varie versioni del racconto a questo punto diventano uniformi: dopo la cattura si racconta che Anfossi/Anfosso passò quarant'anni da prigioniero dei pirati che l'avevano rapito. Un giorno la nave a cui era incatenato ormai da decenni si fermò a Lampedusa per rifornirsi di acqua e legna. Anfossi/Anfosso si allontanò nel bosco in cerca di legna, sempre secondo la leggenda, e ritrovandosi da solo decise di scappare, nascondendosi fra gli alberi. Dopo aver camminato senza meta in giro per l'isola, Anfossi/Anfosso arrivò fino alla grotta-santuario sacra sia per i pirati cristiani sia per quelli musulmani, con l'icona della Madonna e il marabutto. Nella penombra della grotta, secondo la leggenda, una visione divina gli suggerí di staccare l'icona dalla parete della grotta e usarla come vela per tornare a casa, sano e salvo, in Liguria. La storia ha un lieto fine: Anfossi/Anfosso staccò l'icona dalla parete della roccia, si buttò in mare aggrappato a un tronco e in qualche modo, miracolosamente, navigò per un migliaio di chilometri fino alle coste di Arma di Taggia, non lontano da Sanremo. Il suo ritorno inatteso fu molto festeggiato dagli abitanti del paesino dell'immediato entroterra da cui era stato rapito, Castellaro. Per celebrare adeguatamente Anfossi/Anfosso si decise di costruire un santuario per ospitare l'icona che l'aveva protetto durante il viaggio di ritorno. La chiesetta in questione fu inaugurata nel 1619. Ancora oggi due lapidi in marmo appese all'ingresso ricordano la leggenda di Anfossi/Anfosso scegliendo di raccontare la versione piú decorosa, quella secondo cui l'uomo era stato rapito durante una battaglia contro i malvagi pirati arabo-musulmani.

Intervistata da «Repubblica» nel 2020, la guida turistica locale Marco Macchi ha sostenuto che secondo alcune analisi il quadro della Madonna ospitato nella chiesetta di Nostra Signora di Lampedusa è stato davvero dipinto in Sicilia verso la metà del Cinquecento. Sempre a «Repubblica» il presidente della Pro Loco locale Giuseppe Anfosso, ehm, ha ricordato che nel 2002, in occasione del quattrocentesimo anniversario del (mitico) ritorno di Anfossi/Anfosso, il quadro fu portato a Roma e benedetto dall'allora papa Giovanni Paolo II.

In un interessante libro intitolato *Nostra Signora di Lampedusa*, il giornalista Ivan Arnaldi, che ha abitato per un certo periodo a Castellaro, ricostruisce come la storia di Anfossi/Anfosso sia «quasi del tutto incredibile», come del resto moltissime storie paesane a metà strada fra la spacconeria di una persona con una creatività molto sviluppata e il mito a sfondo religioso. È vero però che a un certo punto, nei resoconti della grotta a Lampedusa, si smette di parlare di un quadro o di un'icona della Madonna e si inizia a parlare di una statua: il primo a farlo fu un frate cappuccino, Francesco Maria Pagnozzi, che nel 1655 raccontò di una «statua di alabastro col bambino in braccio», «dagli stessi turchi onorata e riverita». Da qui a sostenere che il quadro visibile ancora oggi a Castellaro fosse davvero quello venerato nella grotta a Lampedusa mezzo millennio fa, ce ne passa. Tanto piú che in controluce Arnaldi osserva precise ragioni politiche per cui tra la fine del Cinquecento e l'inizio del Seicento la Chiesa cattolica avesse un certo interesse a promuovere un culto della Madonna da queste parti.

In tutta Italia e quindi anche in Liguria la Chiesa cattolica aveva appena avviato il suo processo di controriforma, promosso per contrastare la diffusione del protestantesimo. Per riguadagnare consensi fra gli abitanti poco istruiti delle regioni interne italiane, la Chiesa puntò moltissimo sul culto della Madonna, forse la piú popolare tra le figure sacre del mondo cristiano, allora come oggi, per via del suo carattere materno e rassicurante, in un'epoca di enormi sconvolgimenti. In quegli anni quindi in varie regioni italiane – compresa la Liguria – furono costruite centinaia di edicole, cappelle, chiesette e cattedrali intitolate alla Madonna. Soltanto nei 40 chilometri della valle del fiume Argentina, dal monte Saccarello ad Arma di Taggia, ne furono costruite nove, compresa quella di Castellaro, con nomi come Madonna dell'Acquasanta, Madonna della Neve, Madonna dell'Annunziata, e cosí via. «Ogni occasione era buona, ogni pretesto sfruttato per impiantare santuari, mariani e taumaturgici», scrive Arnaldi. Per la Chiesa cattolica furono «un dispositivo di riconquista del territorio rurale»: in una regione peraltro non troppo distante da quelle dove si stava diffondendo la dottrina valdese, considerata una pericolosa eresia.

È notevole che a quattrocento anni di distanza il quadro piú prezioso della chiesetta di Nostra Signora di Lampedusa sia stato benedetto proprio da Giovanni Paolo II, che aveva una visione muscolare della Chiesa cattolica assai simile a quella della controriforma. In Liguria diverse strutture religiose vennero costruite occupando terreni pubblici. Allo stesso modo molte altre terre pubbliche vennero occupate dai mercanti genovesi, spinti a diventare proprietari terrieri dalla crisi dei commerci del Mediterraneo, innescata a sua volta dalla scoperta delle Americhe. La Chiesa e gli abitanti piú ricchi, insomma, si spartirono le terre che fino a quel momento erano state di tutti, in un periodo che gli storici hanno definito di «rifeudalizzazione»: e nel farlo la prima cercò di legittimarsi attraverso un culto popolare e quasi paesano come quello della Madonna.

Lo slancio di quel tentativo ha lasciato una traccia indelebile. A distanza di quattro secoli dalla sua fondazione, la chiesetta di Castellaro assomiglia piú a un ordinario santuario mariano, come se ne trovano a decine in Italia e in Europa, che a un monumento costruito per ricordare un viaggio per mare a lieto fine, contro ogni aspettativa.

Il santuario di Nostra Signora di Lampedusa si trova in un anfratto dell'immediato entroterra di Taggia, un paese noto soprattutto per la varietà delle olive taggiasche, appunto, dolci e gonfie di olio. Per arrivarci si attraversano strade collinari talmente sonnolente che anche i gatti si spostano senza fretta, al passaggio delle rare automobili. La strada finisce nel parcheggio della chiesetta. Alla sinistra dell'ingresso, accanto a un TI AMO TATI scritto con una bomboletta di spray nero, c'è una piccola statua di metallo della Madonna dedicata «ai bambini e alle bambine pellegrine». È l'unico, criptico riferimento alle persone in viaggio, a cui in teoria sarebbe dedicato il santuario. Una volta entrati, un foglio stropicciato scritto a mano, appeso con quattro puntine a una bacheca, ricorda che la messa si celebra ogni domenica alle 9,30. Nella navata principale ci sono due file da quattro panche di legno laccato. A destra è appesa una foto della benedizione da parte di Giovanni Paolo II del famoso quadro della Madonna che sarebbe servito ad Anfossi/Anfosso a tornare sano e salvo da queste parti, attraversando mezzo Mediterraneo. Lo reggono a quattro mani una bambina e un bambino: davanti a loro c'è il papa, con la testa già reclinata dalla malattia, fotografato mentre alza la mano e la ruota leggermente, per impartire la sua benedizione. Il quadro della Madonna, l'originale, quello che sarebbe rimasto per secoli nella grotta venerata dai pirati a Lampedusa, si può vedere da vicino, anzi i visitatori sono incoraggiati a farlo. È fissato a 4 metri di altezza sulla parete dietro l'altare, ma lo si può raggiungere salendo su una comoda scala di ferro. Ai piedi della scala, appeso a uno spago, c'è un opuscolo intitolato *Storia (e non leggenda) di Andrea Anfossi*. Si salgono i gradini e si arriva col naso a pochi centimetri dal quadro, protetto da una teca di vetro e due lucchetti di marca Corbin. Il quadro in sé è scolorito e piuttosto piccolo: sarà alto forse un metro. Serve un grande sforzo di immaginazione per figurarselo come una vela che sospinge una barca per centinaia di chilometri. E infatti nell'affresco che copre parte del soffitto e illustra la storia di Anfossi/Anfosso, il protagonista – una specie di anziano culturista dalla barba ben curata – lo regge con la mano sinistra, a mo' di talismano.

Scendendo le scale si entra in una cappelletta dove sono appesi disegni e quadretti ex voto, che ringraziano la Madonna per alcuni eventi particolarmente lieti: due ragazzine colpite da una frana e rimaste miracolosamente illese; un quadro che raffigura un incidente stradale da cui l'autore è uscito sano e salvo. Un'intera parete è coperta da fiocchi che celebrano le nascite di Matteo, Simone, Carlo Alberto. Nessun pellegrino, nessuno che sia arrivato sano e salvo alla fine di una traversata per mare, né oggi né ieri. Eppure nel foglio che ricorda l'orario delle messe settimanali qualcuno ha aggiunto a penna rossa che il 30 novembre si celebrerà il gemellaggio fra la parrocchia di Lampedusa e quella di Castellaro. Chissà esattamente chi e cosa si festeggia, dato che – di nuovo – nessun elemento all'interno dell'edificio parla della protezione offerta dalla Madonna, per chi ci crede, ai naufraghi, ai pellegrini, a chi viaggia per mare. Sembra quasi, oggi come allora, che quel mitico viaggio per mezzo Mediterraneo abbia fornito una scusa come un'altra per celebrare una divinità generica, non connotata, che si ringrazia per la nascita di un figlio o per una frana che ti sfiora soltanto. Una volta all'ora la chiesetta manifesta un garbato segnale di insofferenza: le campane del campanile, sul retro, suonano con quattro minuti di ritardo.

Quattro Gatt.

Anche a Lampedusa avvenne una specie di «rifeudalizzazione»: finita l'epoca dei pirati, l'Ottocento fu il secolo dei vari tentativi di colonizzazione agraria, fino a quella definitiva. Il 25 giugno 1800 il principe Giulio Maria Tomasi cedette l'isola a uso perpetuo al commerciante maltese Salvatore Gatt, in cambio di un affitto annuo di 110 onze siciliane (circa 20 000 euro di oggi, secondo lo storico di Lampedusa Giuseppe Surico). Gatt non perse tempo e insieme alla sua famiglia allargata e ad alcuni operai si trasferí subito sull'isola. «Importò animali di ogni sorta, costruí un mulino, iniziò a coltivare la terra, – ha ricordato qualche tempo fa Albert Ganado, storico presidente della Malta Historical Society, in un articolo sul "Times of Malta". – Restaurò persino un vecchio castello e lo riforní con tutto quello che era necessario per renderlo funzionale, incluse le armi, e per protezione fece sventolare la bandiera dell'Impero britannico». A Gatt però andò male: la terra a Lampedusa non è per nulla fertile, ormai lo sappiamo – la vita sull'isola era dura e in pochi anni scemò pure l'interesse dell'Impero britannico, emerso dopo la conquista della vicina Malta. Nel novembre del 1813, peraltro, proprio l'Impero britannico ordinò a un suo equipaggio che era arrivato a Malta con vari malati di febbre gialla di passare un periodo di quarantena a Lampedusa.

All'arrivo della nave infetta, tre quarti dei circa duecento abitanti che aveva l'isola ne ebbero abbastanza: fecero il percorso inverso e tornarono definitivamente a Malta. Una ventina d'anni dopo il botanico Giovanni Gussone visitò l'isola e ne parlò cosí in una relazione alla Società nazionale di scienze, lettere e arti di Napoli. Gussone racconta che i maltesi rimasti «tengono 5 o 6 vacche, altrettanti bovi per arare, 2 animali da soma, circa 200 pecore, un centinaio di capre, e pochi majali. Permutano con qualche barca maltese o barbaresca che vi approda il formaggio, la lana, il grano, e le fave con generi dei quali mancano». Per Gussone questa misera vita era la prova che Lampedusa non poteva essere coltivata e colonizzata in massa. «Le terre veramente coltivabili di Lampedusa di grande estensione non sono [...] e di gran lunga si ingannerebbe colui che approdando in Lampedusa credesse di trovarla ricoperta di aranci, di fichi, di alberi di alto fusto, ecc., come alcuni la descrivono».

Sfiduciato da anni durissimi, nel 1821 Gatt fece causa alla famiglia Tomasi accusandoli di averlo truffato. Il tribunale di Palermo però diede ragione ai Tomasi, e impose a Gatt di pagare l'intero affitto dell'isola – che aveva smesso di versare nel 1809 – piú gli interessi. Dopo una lunga controversia legale, i Tomasi rientrarono in possesso dell'isola e nel 1839 la vendettero a Ferdinando II che, incurante del fallimentare tentativo maltese, nel 1843 spedí sull'isola Sanvisente e i suoi coloni. La famiglia Gatt emigrò in Tunisia, per la precisione a Sfax, la città costiera da cui oggi partono quasi tutte le imbarcazioni di migranti dirette proprio a Lampedusa.

Nel frattempo la vita era cambiata anche a Malta. Nel 1798 si era concluso il dominio lungo quasi tre secoli dell'Ordine ospedaliero di San Giovanni, i famigerati Cavalieri di

Malta, che avevano ottenuto l'isola insieme alla città libica di Tripoli da Carlo V. Sotto i Cavalieri di Malta l'isola era stata una solida base di pirati cristiani, che imperversarono sia in Medio Oriente sia in Nord Africa alla ricerca di schiavi e bottini. Nel 1565 la flotta ottomana assediò l'isola per quattro mesi, nel tentativo di assoggettarla e sottrarre un'importante base nel Mediterraneo centrale. L'assedio fallí, e Malta rimase sotto il controllo dei Cavalieri fino al 1798, quando venne brevemente occupata dall'esercito francese di Napoleone, diretto in Egitto. Durante l'estemporaneo dominio francese Napoleone abolí i titoli feudali, liberò gli schiavi e diede la cittadinanza francese a tutti i maltesi. Pochi mesi dopo però l'Impero britannico, che ormai contava sulla flotta piú potente del Mediterraneo, impose un blocco navale all'isola per cacciare i francesi, che in effetti a un certo punto mollarono la presa. Nel 1800 Malta diventò quindi un protettorato dell'Impero britannico – preludio alla futura occupazione – che per prima cosa mise fine alla dipendenza dell'isola dalla pirateria.

A inizio Ottocento insomma, nel Canale di Sicilia, era rimasta un'unica zona dove la pirateria era ancora frequentata e anzi incoraggiata: le coste libiche e tunisine.

GHEPARDI E TREQUARTISTI

Piú o meno ogni due settimane, a Lampedusa, una ventina di persone si sveglia alle 5 di mattina, guida fino all'aeroporto, sale a bordo di un aereo, poi di un pullman, si cambia, fa una corsa, una doccia al volo, poi riprende il pullman, l'aereo, la macchina o lo scooter parcheggiato in aeroporto, e prima di sera è di nuovo a casa. Tutto questo, senza ricevere alcun compenso. Sono i giocatori dell'Academy Lampedusa Calcio, l'unica squadra di calcio dell'isola, nonché la sola società a offrire la possibilità di fare uno sport di squadra e uscire regolarmente dall'isola per disputare un campionato.

Oggi il Lampedusa gioca nel girone B della Seconda Categoria siciliana, l'ottavo e penultimo livello dei campionati italiani di calcio a 11. Se il calcio italiano fosse una piramide, in cima ci sarebbe la Serie A, mentre alla base i 143 gironi di Terza Categoria. Le squadre di dilettanti vengono raggruppate in gironi sempre uguali, su base regionale o provinciale, in modo che le trasferte non costino troppo. In teoria il Lampedusa dovrebbe giocare nel girone A, quello della provincia di Agrigento: in realtà viene sempre assegnato al girone B, cioè quello di Palermo, perché ad Agrigento non c'è un aeroporto e le trasferte sarebbero di fatto impossibili. Anche cosí, sono assai complicate da organizzare. A Lampedusa, nei weekend di autunno, inverno e primavera – quando i voli sono drasticamente piú limitati rispetto all'estate – partono per Palermo tre voli al giorno: alle 7, alle 13 e alle 16,30. Da qualche anno sono gestiti dalla Danish Air Transport (Dat), una piccola compagnia aerea danese che nel 2018 si è aggiudicata l'appalto per via di un'estesa esperienza nel collegare la terraferma con i fiordi nordici. Gli orari dei voli Dat però si incastrano male con quelli delle partite di Seconda Categoria, che si giocano di domenica e iniziano fra le 14,30 e le 15,30, in base alla stagione. Per il Lampedusa però la Lega nazionale dilettanti fa un'eccezione: quando va in trasferta gioca sempre alle 10,30, in modo che la squadra possa prendere l'aereo delle 7 e poi quello di ritorno delle 14,35, il penultimo della giornata. Perché non quello delle 20? «Perché se non parte abbiamo grossi problemi con la gente che l'indomani deve andare a scuola e al lavoro», spiega seduto a cavalcioni su un tavolo dello spogliatoio dell'unico campo sportivo dell'isola Massimo Tuccio, gestore di un noto bar nonché vicepresidente e allenatore del Lampedusa. È lui che ogni due settimane organizza le trasferte nei minimi dettagli, quasi al minuto, per evitare problemi ai giocatori ma anche alla società: ogni trasferta giornaliera costa circa tremila euro, e se per qualche ragione l'aereo delle 20 non partisse – perché c'è troppo vento, o perché è previsto un temporale – l'intera squadra sarebbe costretta a dormire a Palermo, bruciando il proprio risicatissimo bilancio. Per questo Tuccio è inflessibile sugli orari. Quando il campo è particolarmente lontano, ai suoi giocatori non permette nemmeno di farsi una doccia a fine partita: e in casi del genere, sul piccolo biplano da cinquanta posti che li riporta a Lampedusa, si sente.

L'orario delle partite non è l'unico sforzo di adattamento che è stato necessario perché sull'isola si potesse giocare a calcio in maniera organizzata. Lampedusa è un'enorme roccia calcarea emersa dal mare centinaia di migliaia di anni fa, e coltivare qualcosa è praticamente impossibile: per questa ragione il campo su cui il Lampedusa si allena e gioca le partite ufficiali è coltivato a *Paspalum*, un'erba graminacea poco diffusa in Europa che ha il vantaggio di poter essere irrigata anche con l'acqua di mare. Solo grazie al *Paspalum* il campo di Lampedusa, che si trova nella zona del Porto Nuovo, a poche centinaia di metri dal molo dove arrivano le imbarcazioni di migranti, riesce a rimanere in buone condizioni, a gennaio come ad agosto. «Qui le cose sono diverse, e dobbiamo adeguarci», dice Tuccio.

Per molto tempo, a causa di tutte queste limitazioni a Lampedusa semplicemente non si è giocato a calcio. La prima squadra di sempre se la inventò un professore di educazione fisica dell'isola, che nel 1985 la iscrisse a un campionato federale. Allora il campo era semplicemente una spianata alla periferia dell'abitato principale dell'isola. «Si giocava in mezzo alle pietre», ricorda Tuccio, che fece parte per anni di quella squadra come difensore centrale. Come capita ancora oggi a moltissime società che giocano nelle categorie piú basse della piramide, ogni stagione il Lampedusa doveva trovare i soldi per pagare le magliette, le borracce, i biglietti aerei per le trasferte. Non sempre ci si riusciva. Nel suo numero di luglio 2005, l'unico giornale cartaceo dell'isola, «Punta Sottile» – ora scomparso –, titolava minacciosamente *La fine del calcio a Lampedusa*, in un articolo che dava conto delle difficoltà economiche della squadra, che è stata rifondata piú volte, l'ultima delle quali nel 2019, quando è stata di fatto assorbita dalla scuola calcio che Tuccio aveva fondato nel 2006. I colori sociali sono il blu e il giallo, e sullo stemma compare un ghepardo, per assonanza col *Gattopardo* della persona piú illustre associata all'isola, lo scrittore Giuseppe Tomasi di Lampedusa.

Dalla rifondazione a oggi Tuccio ha lavorato molto per riorganizzare la società, e renderla piú professionale. Il campo e gli spogliatoi sono stati ristrutturati con un piccolo finanziamento della Lega Serie B. Le magliette e i borsoni ricordano quelli di squadre piú in alto nella sopraccitata piramide. Nell'estate del 2024 la preparazione estiva è stata affidata per la prima volta a un professionista esterno. Piú in generale l'organigramma è ormai ben definito: oggi la prima squadra ha uno staff dedicato di sei persone – ci sono anche un preparatore atletico e un fisioterapista – che organizzano e gestiscono tre allenamenti a settimana, alle 19. Tutti i giocatori hanno un altro lavoro, e prima di quell'ora non potrebbero allenarsi.

Poi c'è la scuola calcio, di cui Tuccio è particolarmente orgoglioso. «Abbiamo un centinaio di ragazzi fra primi calci, pulcini, esordienti, giovanissimi e allievi», spiega elencando le varie categorie del calcio giovanile. Quasi tutti i maschi di Lampedusa passano dalla scuola calcio, prima o poi: anche perché le strutture dell'isola non offrono molto altro. Non ci sono piscine o palestre particolarmente attrezzate – il Comune sogna da anni di costruire un enorme campo polisportivo, per ora senza successo –, e per i bambini l'alternativa è una scuola di taekwondo, mentre alle bambine viene offerto soltanto un corso di danza (al momento non ci sono piani per mettere insieme una squadra femminile dell'Academy Lampedusa Calcio). Le squadre giovanili del Lampedusa non partecipano a tornei fuori dall'isola, perché la società non ha abbastanza fondi per coprire i costi delle trasferte: al massimo, quando si può, Tuccio le iscrive a tornei di qualche giorno, con spese totalmente a carico delle famiglie. Il Lampedusa però non ha la squadra juniores, quella a cui si accede dai quindici ai diciotto anni: un po' per scelta, per dare modo ai ragazzi piú piccoli di confrontarsi da subito con un campionato piú impegnativo, un po' per assenza di alternative. A differenza delle squadre contro cui gioca, infatti, il Lampedusa non può fare mercato. «Ho tanti colleghi in Sicilia che dopo l'infortunio di un centrocampista vanno subito al paese vicino e lo prendono. Ma noi dove andiamo?», si chiede retoricamente Tuccio. Il Lampedusa non ha nessun paese vicino e non paga alcuno stipendio ai propri giocatori: ogni anno deve quindi sperare che sull'isola nasca un futuro terzino di spinta, o che ci arrivi da adulto perché lavora in una delle varie forze armate presenti sull'isola. Tuccio, per esempio, spera che a breve l'aeronautica ritrasferisca a Lampedusa un ragazzo che faceva il portiere e che manca sull'isola da tre anni. Nel Lampedusa non giocano regolarmente dei migranti: la stragrande maggioranza di quelli che arrivano via mare rimane per qualche giorno chiusa nell'hotspot, e poi viene trasferita in Sicilia. Esiste un'unica eccezione.

Joseph Bouallegui, tunisino, era arrivato a Lampedusa una prima volta nel 2017. «Sono uscito in barca con mio cugino che voleva farmi un regalo per il giorno del mio compleanno. Volevo vedere mio fratello che viveva in Francia, – ha raccontato qualche tempo fa all'Ansa, – e mio cugino mi ha detto: "Ti porto a Lampedusa, è vicina". Ho accettato perché pensavo di restare soltanto 6 mesi e poi tornare a casa». A Lampedusa Bouallegui ha incontrato una donna che poi è diventata sua moglie, e con cui si è stabilito definitivamente sull'isola dopo un periodo in Francia. Dopo aver capito che l'isola sarebbe diventata la sua casa, Bouallegui chiese di poter giocare con il Lampedusa, e tutti si accorsero che con la Seconda Categoria non c'entrava nulla. Fino al 2013 infatti Bouallegui giocava per le giovanili del Club Sportif Sfaxien, una delle squadre piú forti del paese, stabilmente nella Serie A tunisina. Tuccio descrive Bouallegui come un calciatore a metà fra un trequartista e un centravanti, di parecchie categorie superiore ai suoi compagni. Nella stagione 2022-23 Bouallegui ha segnato undici gol ed è stato determinante per la promozione in Seconda Categoria. Poi si è un po' perso, «per via di problemi familiari», racconta Tuccio: nella stagione successiva i gol sono scesi a tre, mentre nel girone d'andata del campionato 2024-25 si sono azzerati. Il secondo straniero della squadra è Amadin Julius, centravanti – «hai presente Lukaku?», chiede Tuccio – nonché dipendente della Croce Rossa di stanza sull'isola. Da qualche mese però è infortunato, e la sua assenza è stata particolarmente critica per il Lampedusa, che ha concluso il girone di andata della stagione 2024-25 all'ottavo posto su 11, con 10 punti in 10 partite, 12 gol fatti e 19 subiti. Il capocannoniere della squadra è il suo trequartista, il numero 10 Vincenzo Lo Verde: 35 anni, un piede discreto e una certa abilità nel muoversi senza palla. Lo Verde ha segnato 3 gol. Dietro di lui, il vuoto.

Lo si è visto anche durante una recente partita giocata in casa, in una domenica autunnale, contro l'Isola delle Femmine. Ad assistere alla partita c'erano un'ottantina di persone in tutto: la maggior parte in piedi, con le mani sulla recinzione che delimita il campo, all'ombra di alcuni provvidenziali alberi appena dietro le panchine, sul lato lungo del campo. Altri parcheggiano l'auto o lo scooter sul lato piú vicino alla strada comunale, e guardano la partita seduti nell'abitacolo. Il campo del Lampedusa non ha ancora una tribuna: a Tuccio il Comune la promette da anni, ma non sa dire quando arriverà davvero. Il Lampedusa gioca con una specie di 4-2-3-1 estremamente pragmatico, con cui cerca di arrivare il prima possibile ai 3-1, cioè soprattutto il suo centravanti – il numero 20, un signore brizzolato con un bel gioco di sponda – e l'ala destra, il numero 15 Antonio Paterna, 18 anni e una gamba «frizzante», come la definirebbero oggi gli allenatori di Serie A (a proposito: Tuccio dice di ispirarsi a Thiago Motta e a Davide Nicola, di cui ammira soprattutto «la tenacia»). Durante la partita Paterna si è mosso moltissimo, ogni volta che puntava l'esterno sinistro dell'Isola delle Femmine – che giocava con un 3-5-2 standard – gli metteva paura. Non è bastato: quel giorno il Lampedusa ha perso 2-0. La giornata successiva ha battuto 3-2 lo Sciara, ottenendo la prima vittoria in campionato. Il resto della stagione sarà un po' interlocutorio: la zona promozione è troppo lontana da raggiungere. Al contempo non c'è un vero rischio di retrocedere: lo Sciara e il Club Finale sono ben piú scarsi e decisamente indietro in classifica. Per l'anno prossimo bisognerà sperare in un carabiniere che in una vita precedente sia stato un talentuoso centravanti degli Allievi della Fiorentina, o qualcuno di simile.

L'ESTATE DEI MISSILI

Ancora qualche anno fa a Lampedusa gli abitanti piú anziani confrontavano gli agi e il benessere portati dal flusso di turismo con un periodo immediatamente precedente, quando sull'isola «c'era la guerra». Le loro osservazioni però non si riferivano alla Seconda guerra mondiale, quando l'isola fu bombardata per qualche giorno nel giugno del 1943 nell'ambito delle operazioni preliminari allo sbarco in Sicilia degli Alleati, e poi del tutto risparmiata. Per molti lampedusani «la guerra» arrivò a Lampedusa a metà degli anni Ottanta, quando l'isola – semisconosciuta a gran parte degli italiani e soprattutto degli europei – si ritrovò improvvisamente al centro di una storia molto piú grande di lei.

«Buonasera, edizione straordinaria del Tg1 per una notizia molto grave, – annunciava un giovane Enrico Mentana nel tardo pomeriggio del 15 aprile 1986. – Vi leggo l'agenzia Ansa che è arrivata pochi minuti fa: secondo quanto si è appreso a Roma, una motovedetta libica ha sparato dalla distanza di 4 miglia alcuni colpi contro installazioni di telecomunicazioni attualmente in uso degli americani che si trovano nell'isola di Lampedusa». Alle sue spalle, una cartina sfocata ma dai colori forti evidenziava la poca distanza fra l'isola e la capitale della Libia, Tripoli. Cos'era successo? La prima versione ufficiale degli eventi fu diffusa alle 19,15 con un comunicato stampa del presidente del Consiglio Bettino Craxi, che sintetizzava un discorso tenuto in fretta e furia, poco prima, al Senato: «l'ipotesi piú probabile», si legge nel comunicato, era quella di «un'offesa di un mezzo missilistico portata da lunga distanza», per fortuna senza conseguenze sugli abitanti dell'isola. Qualcuno, forse le forze armate libiche, aveva lanciato dei missili su Lampedusa. Il giorno dopo tutti i quotidiani cartacei aprirono le proprie prime pagine con questa notizia, arricchita da ulteriori particolari. La sera del 15 aprile gli Stati Uniti avevano comunicato al governo italiano che l'esercito libico aveva lanciato su Lampedusa due missili balistici di fabbricazione sovietica di tipo Scud B, da 5,9 tonnellate e una gittata di circa 300 chilometri. I due missili erano «caduti per fortuna in mare senza fare danni», scrisse il giornalista Roberto Martinelli in prima pagina sulla «Stampa» il 16 aprile. Sempre secondo il governo italiano, l'obiettivo era l'enorme base Nato sull'isola di Lampedusa, chiamata Loran e piena zeppa di soldati statunitensi. Se i missili avessero colpito la base, sarebbe stato il primo attacco subíto da una struttura della Nato nella sua storia.

Il lancio dei missili fu immediatamente rivendicato dai libici. Ai tempi la Libia era guidata dal leader autoritario Muammar Gheddafi, che era arrivato al potere nel 1969 con un colpo di stato. Dopo anni passati a promuovere una linea politica di non allineamento né alla Nato né all'Urss e a finanziare e sostenere in vari modi diversi gruppi radicali in giro per il mondo, Gheddafi aveva ormai attirato le attenzioni e l'ostilità dell'amministrazione statunitense repubblicana di Ronald Reagan. Il 5 aprile 1986, dopo continue tensioni e scaramucce, una bomba esplose in una discoteca di Berlino Ovest notoriamente frequentata da soldati statunitensi, uccidendo due di loro. L'attentato venne immediatamente attribuito al regime libico e il 15 aprile, per ritorsione, gli Stati Uniti bombardarono Tripoli e Bengasi, le due piú importanti e popolose città libiche. Negli attacchi morirono un centinaio di libici, di cui la metà civili. Gheddafi raccontò che nell'attacco fu uccisa anche una sua figlia piccola, una certa Hana. Per anni si dubitò persino della sua esistenza, finché nel 2011 un'inchiesta dell'«Irish Times» dimostrò che Hana esisteva davvero, ma che non era morta nel 1986, e anzi lavorava come medica a Tripoli.

Dopo l'attacco il governo italiano minacciò quello libico, con cui pure aveva consolidati rapporti: se ci attaccate di nuovo, reagiremo. Per scoraggiare un'ulteriore escalation, a Lampedusa furono inviate in fretta e furia moltissime unità italiane. Già nel pomeriggio del 15 aprile, subito dopo il lancio dei missili, 6 aerei militari italiani – di cui 4 intercettori e 2 cacciabombardieri – iniziarono a pattugliare il Canale di Sicilia. L'esercito inviò una squadra di paracadutisti della brigata Folgore – e fino al 2014 ebbe almeno un'unità fissa sull'isola – mentre i carabinieri fecero lo stesso con i propri paracadutisti della brigata Tuscania. Il 16 aprile arrivarono anche una trentina di giornalisti, partiti col primo volo civile disponibile dall'aeroporto di Trapani. Per tutta la durata del tragitto il volo fu scortato da quattro caccia F-104. Poco dopo il suo atterraggio, la pista dell'aeroporto di Lampedusa fu utilizzata da un altro volo, il primo a lasciare l'isola dopo l'attacco. A bordo c'era una scolaresca di cinquanta ragazze e ragazzi di Grosseto, finita nel posto sbagliato al momento sbagliato.

Appena atterrati, i trenta giornalisti si trovarono davanti un'isola sull'orlo di una crisi di nervi. In un'intervista a «Repubblica» il futuro sindaco Dino De Rubeis ricordò: «Lavoravo in un ufficio vicino al porto, erano da poco passate le 17 ed in paese era scoppiato il panico. Tutti fuggivano, ed anch'io quando appresi che su Lampedusa erano arrivati i missili sono fuggito trovando rifugio nelle gallerie». Dal pomeriggio dell'attacco, scrisse il giornalista Guido Rampoldi sulla «Stampa» del 17 aprile, «la gente di Lampedusa vive tra le case insicure e i rifugi antiaerei scavati nella roccia durante l'ultima guerra, cunicoli ingombri di materassi allineati su teloni di plastica, candele, carrozzine, bottiglie, culle, per nulla rassicurata dai 50 paracadutisti in assetto di guerra che presidiano l'aeroporto, dai caccia che da ieri scortano i voli civili, dalle garanzie che arrivano dalla capitale». I rifugi antiaerei sono quelli ricavati qualche decennio prima dai massi di roccia calcarea della contrada Imbriacola, una collinetta a nord del centro abitato che oggi è nota soprattutto per ospitare l'hotspot in cui vengono accolti i migranti che arrivano via mare. «Nel buio di un rifugio, – scrive Rampoldi, – una galleria alta due metri e mezzo e larga altrettanto, che procede a zig-zag nella roccia per 300 metri, bambini e adulti si accalcano attorno ad una lampada da campo e protestano: "quel cornuto di Gheddafi può colpirci in ogni minuto"; "se manda cento uomini, ci prende tutti in ostaggio; ci devono proteggere", "ci diano armi, meglio casa e lavoro in continente", "mio figlio ha otto anni e continua a ripetere: Non voglio morire per la guerra"».

I lampedusani sapevano bene di vivere in un luogo al confine del mondo occidentale di allora, probabilmente indifendibile in caso di guerra. Nel 1982 era persino uscito un romanzo del giornalista e scrittore Gigi Speroni, storico autore di Enzo Tortora a *Portobello*, che raccontava di una fantomatica invasione di terra dei libici a Lampedusa, intitolato *Operazione Castigo*. Nel romanzo di Speroni un gruppo di lampedusani capeggiato dal misterioso imprenditore locale Capitan Zito occupa il paese mentre tutti gli abitanti stanno partecipando alla processione per la Madonna di Porto Salvo. Quando gli abitanti rientrano, trovano Capitan Zito circondato e protetto da miliziani libici armati di mitra, mentre proclama la nascita della Repubblica popolare di Lampedusa.

È probabile che nel retro della testa dei lampedusani ci fossero anche questi timori, uniti alla paura di un nuovo bombardamento. I giornalisti sbarcati sull'isola registrarono reazioni a dir poco nevrasteniche. «Sono per la pace, né dal lato americano né dal lato russo. Vogliamo la pace, che ci lascino in pace», disse all'«Unità» una certa Rosa Marino, descritta semplicemente come «casalinga». «Chiederemo alla corte dell'Aja risarcimenti sia dal signor Reagan, sia dal signor Gheddafi», annunciò sempre all'«Unità» l'allora sindaco Giovanni Fragapane, di professione maestro, comunista come tutti e venti i consiglieri comunali. «Ormai è ferma l'industria della pesca, sia i natanti, sia le 40 fabbrichette di scatole di pesce azzurro. Ed è fermo il turismo», si lamentò Fragapane. E ancora, un albergatore: «In estate, da luglio ad agosto, ormai da vent'anni facciamo il pienone con 30 000 turisti. Ora c'è gente che mi ha telefonato per ritirare la caparra già versata».

Le previsioni apocalittiche dei lampedusani non si materializzarono. La Libia di Gheddafi non sparò piú nemmeno con la fionda in direzione dell'isola; gran parte dei soldati italiani arrivati in tutta fretta se ne andarono e lasciarono il posto ai turisti, che aumentarono progressivamente proprio come accadde negli anni successivi al gravissimo naufragio del 3 ottobre 2013, quando al largo di Lampedusa morirono almeno 368 migranti. In entrambi i casi le immagini dell'isola trasmesse dai telegiornali, benché cariche di angoscia, funzionarono meglio di qualsiasi campagna pubblicitaria. «Quell'anno registrammo un boom turistico», ha ammesso di recente a LiveSicilia l'ex sindaco Totò Martello in un'intervista sugli attacchi del 1986.

Alla lunga i lampedusani si disfecero persino del contingente di militari statunitensi di stanza nella base Loran, mai davvero sopportata (nei giorni successivi all'attacco in paese girò la voce che dopo il lancio dei missili avessero abbandonato l'isola in fretta e furia, per non finire sotto il fuoco libico). Oggi nell'ex base militare Loran, nell'estrema punta ovest dell'isola, c'è soltanto un radar totalmente automatizzato del tipo An/Fps-8. Da lontano assomiglia a una gigantesca pallina da golf, immobile e silenziosa. Chi si avvicina troppo se ne accorge subito: nei pressi del radar, i telefoni smettono di prendere.

Dopo un'estate di paura il ricordo dei due missili fu completamente rimosso, tanto che a un certo punto, tempo dopo, ci si chiese se fossero mai esistiti. «Dubbi su quella vicenda ci sono sempre stati. Non abbiamo mai trovato prove evidenti dell'attacco: nemmeno una scheggia», disse nel 2005 all'«Espresso» il generale Mario Arpino, che nel 1986 faceva parte dello Stato Maggiore dell'Aeronautica militare italiana. Qualcuno disse che i missili erano affondati al largo dell'Isola dei Conigli, la spiaggia piú famosa di Lampedusa, a sudovest, altri indicarono una zona molto piú lontana dalla riva. Negli anni successivi si diffuse la voce di rottami misteriosi trovati dai pescatori e subito sequestrati dall'intelligence italiana. Soltanto voci, appunto, su cui non ci sono mai stati riscontri.

Ancora nel 2018, in una puntata della trasmissione *Atlantide* il giornalista Andrea Purgatori ha dato conto di una teoria secondo la quale «quei missili non siano mai partiti, e la doppia esplosione sia stata invece provocata dal *bang* di due caccia supersonici americani. Una furbata per spaventare l'Italia, che aveva tentennato di fronte all'attacco [sulla Libia] deciso da Reagan». Esiste poi un'ulteriore ipotesi secondo cui i missili sarebbero effettivamente stati lanciati verso la base Nato di Lampedusa, ma come passaggio finale di una fitta conversazione riservata fra il governo italiano e quello libico. In un convegno tenuto a Roma nel 2008, l'ex ambasciatore libico in Italia Abdel Rahman Shalgam raccontò che, prima del bombardamento statunitense contro Tripoli e Bengasi, il governo italiano guidato allora da Bettino Craxi aveva avvisato Gheddafi in modo che potesse trovare riparo prima dell'arrivo dei bombardieri statunitensi. Sembrò appoggiare questa tesi anche Giulio Andreotti, che di quel governo era ministro degli Esteri. Nel 2008 Andreotti partecipò allo stesso convegno di Shalgam e si disse piuttosto sicuro del fatto che «dall'Italia partí un avvertimento per la Libia». Secondo questa ipotesi, i due missili su Lampedusa sarebbero stati o una messa in scena organizzata dagli stessi governi di Italia e Libia, per far finta che i rapporti fra i due paesi fossero decisamente peggiori di come erano in realtà, oppure una mossa studiata da Gheddafi per colpire la Nato e gli Stati Uniti risparmiando di fatto l'Italia e gli italiani, dato che l'abitato di Lampedusa si trova dalla parte opposta dell'isola rispetto alla base Loran. Craxi, Andreotti e Gheddafi non raccontarono mai in pubblico tutto ciò che sapevano su questa strana storia.

Capitolo quinto

«Quando arrivammo al porto c'era tutto un formicolio di persone, chi con la valigia, chi con sacchetti stracolmi di indumenti, bimbi che piangevano, molto probabilmente avevano dormito poco e male, – scrisse E. nel suo diario. – Certamente molti di noi vedevano il mare per la prima volta». La traversata, aggiunse E., durò diversi giorni, a bordo di un'imbarcazione stracarica di persone: «La mamma e I. soffrivano il mal di mare e molto spesso erano costretti a rimanere in coperta per non stare male». All'arrivo, raccontò invece N., «ci misero in fila e ad ogni capofamiglia diedero una sporta piena di viveri». Laggiú «c'erano ad aspettarci cento camion, me li ricordo bene, pronti a portarci a destinazione. Su ogni camion erano stipate due famiglie. [...] Siamo stati i primi a partire; ricordo che la mamma disse: "Vuoi vedere che siamo i primi a partire e saremo gli ultimi ad arrivare?" Infatti cosí è stato: ricordo i suoi pianti». G., che vide sbarcare questa enorme «colonna» di persone, la descrisse cosí: «donne incinte, bambini lattanti, ragazzi; tutti hanno qualche necessità e a tutto occorre pensare e provvedere».

Testimonianze del genere potrebbero descrivere l'arrivo di centinaia di migranti sul molo di Lampedusa, in una di quelle giornate estive – piuttosto frequenti, negli ultimi anni – in cui all'orizzonte compaiono diverse imbarcazioni usa e getta partite dalle coste del Nord Africa. Questi scritti, raccolti dallo storico Nicola Labanca nel suo libro *Posti al sole*, raccontano invece di un movimento interno al Canale di Sicilia ma nella direzione esattamente opposta: dalle coste italiane a quelle della Libia, negli anni in cui il regime fascista spedí migliaia di famiglie contadine nell'entroterra libico per cercare di colonizzarlo.

L'obiettivo, nemmeno cosí implicito, era la sostituzione etnica: anche questa, da una prospettiva ribaltata rispetto ai termini in cui viene discussa oggi. A quei tempi significava mettere in minoranza le persone di etnia araba e berbera che abitavano la Libia prima della conquista italiana, avviata nel 1911. «Se i mezzi non ci faranno difetto, fra un quarto di secolo almeno 300 000 italiani dovranno vivere, lavorare, prosperare in Libia; e saranno piú che sufficienti per controbilanciare la popolazione indigena», prefigurò nel 1927 l'allora ministro delle Colonie, Luigi Federzoni, in un discorso al Parlamento italiano.

Il tentativo del regime fu del tutto fallimentare. E come spesso accadde per le operazioni fasciste di ampia scala, la distanza fra le aspettative dei gerarchi e la messa in pratica fu enorme, con conseguenze a volte tragiche, altre ridicole, spesso sia tragiche sia ridicole.

La Libia fu occupata con una violenza spaventosa, a fronte dell'immagine degli italiani come colonizzatori *benevoli* promossa dalla propaganda fascista: nelle lunghe campagne di conquista delle città e dell'entroterra libico furono uccise e deportate migliaia di persone. Nei terreni bonificati a costo di investimenti enormi non si riuscí a far crescere quasi nulla. Dei circa 112 000 italiani che abitavano in Libia nel picco dell'occupazione, fra il 1938 e il 1939 – la stima è del ricercatore Luigi Scoppola Iacopini –, piú della metà tornarono mestamente in Italia entro il 1947, mentre quasi tutti gli altri lo fecero negli anni appena successivi, controvoglia, increduli di dover abbandonare la propria casa dopo essersi illusi per anni di poterci vivere da padroni, come del resto aveva garantito loro il regime. Anche dopo la fine della Seconda guerra mondiale, la caduta del fascismo e l'occupazione della Libia da parte degli inglesi, i coloni italiani ci misero un po' a capire che la loro condizione era cambiata in maniera irreversibile. «La prima impressione che abbiamo riportato arrivando a Tripoli, – scrissero nel novembre del 1946 alcuni funzionari del ministero degli Esteri del neonato governo democratico italiano in missione in Libia, – è stata che la cittadinanza fosse rimasta ferma alle idee politiche del '43, prima della caduta del fascismo, e che non si fosse accorta di quel che in Italia era avvenuto successivamente. Un indizio chiaro di questa mentalità l'abbiamo trovato nel fatto che parecchie persone ci salutavano romanamente e si stupivano della nostra meraviglia. [...] La mancanza di giornali politici, la scarsezza e frammentarietà delle notizie radio, il fatto che molta parte della popolazione della Tripolitania è di importazione piuttosto recente, e quindi giovane e imbevuta di idee fasciste, e soprattutto ignorante di idee politiche, hanno reso difficile a moltissimi di comprendere quel che è avvenuto in Italia». La storia di come ci arrivarono, laggiú, migliaia di italiani inizia quasi un secolo prima.

Una prima volta per la bandiera degli Stati Uniti.

Durante quella che in Occidente chiamiamo età moderna l'Impero ottomano mantenne il controllo di gran parte del Nord Africa, ad eccezione dell'odierno Marocco, fino agli stravolgimenti che avvennero in quella parte di mondo fra Ottocento e Novecento. Nell'estremo Ovest, il paese che oggi chiamiamo Algeria fu occupato dagli Ottomani grazie alla conquista di Algeri da parte del celebre pirata Khayr al-Din Barbarossa, nel 1516. Da quell'anno in poi, per circa tre secoli, il territorio algerino fu governato da uno stato piratesco semi-indipendente, sottomesso all'Impero ottomano. Spostandoci verso est, a capo dell'odierna Tunisia gli Ottomani installarono prima un *pasha*, cioè un alto funzionario dell'impero – parola che sembra un calco dal persiano *padišah*, «re» –, e poi un *bey*, un termine turco che potremmo tradurre con «governatore». Alcuni linguisti sostengono che *bey* sia imparentato con un gruppo di parole che si ritrovano in lingue indoeuropee – quindi appartenenti a una famiglia diversa dal turco – parlate nell'Asia centrale e in Medio Oriente. In sanscrito, cioè l'antico indiano, *Bhága* significava «padrone». In proto-iranico sembra esistesse una parola, **bagáh*, per indicare un dio. In greco antico la stessa radice diede probabilmente esito alla forma verbale *ephagon*, «ho divorato», lontana parente del verbo italiano «fagocitare». Il padrone, il dio, quello a cui non manca mai il cibo: siamo piú o meno nella stessa area semantica. Anche nell'odierna Libia a lungo ci fu un *bey* con un grandissimo margine di autonomia, tanto che dal 1711 al 1835 il titolo rimase all'interno di un'unica famiglia, i Karamanli (nessun rapporto apparente con i Karamanlidi, i turchi di fede cristiano-ortodossa che fra il 1923 e il 1924 furono espulsi dalla Turchia e finirono per rifugiarsi in Grecia). Pure in Libia e in Tunisia i *bey* rimpolpavano le casse statali soprattutto con la pirateria.

Anche solo l'etimologia di queste cariche ci fa capire che per secoli Algeria, Libia e Tunisia conservarono una certa autonomia dall'autorità centrale ottomana, anche nella politica estera. Fra il 1795 e il 1797, per esempio, le tre province firmarono autonomamente una serie di trattati di non belligeranza con i neonati Stati Uniti, il cui governo era estremamente preoccupato per la sorte delle proprie navi commerciali nel Mediterraneo. Dopo l'indipendenza dall'Impero britannico, infatti, le navi statunitensi avevano perso la possibilità di essere difese e scortate dalle navi della marina britannica. Il primo presidente statunitense, George Washington, fu quindi costretto a nominare un commissario straordinario per negoziare dei trattati con Algeria, Libia e Tunisia, che collettivamente nei paesi occidentali venivano chiamate «stati barbareschi». Gli accordi presi furono una specie di *pizzo* istituzionalizzato: gli Stati Uniti si impegnarono a versare ogni anno una certa somma di denaro, piuttosto consistente, in modo che i vascelli pirata dei tre stati lasciassero in pace le navi commerciali statunitensi. Gli accordi ressero per qualche anno, finché nel 1801 la Tripolitania ottomana, cioè l'odierna Libia, chiese un aumento della somma pattuita. L'amministrazione dell'allora presidente Thomas Jefferson rifiutò la richiesta, e di conseguenza il 10 maggio 1801 il *bey* libico Yusuf Karamanli dichiarò guerra agli Stati Uniti, facendo abbattere il palo che reggeva la bandiera a stelle (in quel momento ne aveva quindici) e strisce nel consolato statunitense di Tripoli. La guerra durò quattro anni e fu vinta dagli Stati Uniti. Dopo un primo tentativo di assediare Tripoli, fallito nonostante il cospicuo aiuto fornito alla flotta statunitense da re Ferdinando IV di Napoli, nel 1805 un esercito mercenario guidato dagli statunitensi attaccò e occupò la città di Derna, nella Libia orientale. Era la prima volta che la bandiera statunitense veniva piantata su un territorio conquistato lontano dal continente americano.

Il *bey* Yusuf Karamanli si arrese e accettò le condizioni imposte dagli Stati Uniti.

La Tripolitania ottomana non si riprese piú da quella guerra: nei decenni successivi le varie flotte occidentali – ormai dei veri apparati di guerra galleggianti – eliminarono quasi del tutto la pirateria nel Mediterraneo; nel 1832 Karamanli abdicò e l'autorità centrale dell'Impero ottomano ne approfittò per riprendere il controllo diretto dell'intero territorio. In quel momento la sorte della Libia si sganciò da quella degli altri stati nordafricani. Persa l'autonomia e soprattutto la possibilità di arricchirsi con la pirateria, divenne un dominio periferico: del resto, prima che si scoprissero i giacimenti di petrolio e gas naturale, piú di un secolo dopo, la Libia rimaneva un paese prevalentemente desertico, con un terreno sabbioso e perlopiú inadatto all'agricoltura, e un unico porto di una certa rilevanza, quello di Tripoli. Con la ripresa del movimento coloniale i paesi europei piú ricchi si precipitarono a invadere e occupare gli altri paesi nordafricani – Marocco, Algeria, Egitto, Tunisia, occupata dai francesi nel 1881 dopo qualche mezzo tentativo italiano –, trascurando del tutto la Libia. La quale però, secondo l'opinione diffusa nella classe dirigente europea di allora, non poteva rimanere in mano a una potenza che i paesi occidentali percepivano come straniera, cioè l'Impero ottomano. «Ma perché vi ostinate a pensare a Tunisi, dove la vostra concorrenza può turbare un giorno o l'altro i nostri buoni rapporti, perché non volgereste piuttosto gli occhi su Tripoli, nel qual luogo non avreste a lottare con noi né con altri?», chiese il 24 luglio 1880 l'allora primo ministro francese, Charles de Freycinet, all'ambasciatore italiano a Parigi, Enrico Cialdini. Di lí a poco, gli italiani lo fecero per davvero.

«A Tripoli».

Fin dall'origine, gli interessi coloniali dell'Italia in Libia furono alimentati da una certa nostalgia identitaria nei confronti dell'Impero romano, piú nello specifico del periodo in cui occupava gran parte dell'Europa, del Medio Oriente e del Nord Africa. È un'operazione culturale che nel corso della storia riemerge ormai ciclicamente: i fascisti e il generale Vannacci non si sono inventati nulla, insomma.

Nel numero di gennaio del 1880 del mensile italiano «L'Esploratore», l'avventuriero tedesco Friedrich Gerhard Rohlfs, allora famosissimo in tutta Europa, ipotizzò in una lettera aperta che «fra breve volgere di anni la Tripolitania sarà *nuovamente* italiana. Dicendo *nuovamente* stimo essere completamente nel vero, giacché i successori dei Romani e degli Itali devono considerarsi i figli attuali della penisola appenninica. [...] E per me è incomprensibile che l'Italia non abbia fatto maggiormente valere i suoi diritti sopra Tripoli». Proprio per via di questa lettera, il mese successivo l'editore dell'«Esploratore», Manfredo Camperio, visitò la Libia e rincarò la dose, in una risposta a Rohlfs: «Se la Tripolitania fosse nelle mani di un governo forte e intelligente, vedrebbe centuplicato il suo commercio», scrisse. L'idea di prendersi la Libia, in un periodo in cui tutti i principali stati europei si stavano allargando con la forza in Africa, iniziò a guadagnare forza anche nell'opinione pubblica. La parola «Tripoli» fu pronunciata per la prima volta nel Parlamento italiano il 6 aprile 1881, nell'ambito di un dibattito sull'espansionismo coloniale europeo. Cinque giorni dopo, l'11 aprile, la «Gazzetta Piemontese», il giornale antenato della «Stampa», pubblicò un editoriale non firmato intitolato semplicemente *A Tripoli* in alto a sinistra della sua prima pagina, nel posto in cui ancora oggi vengono ospitati gli articoli di opinione a cui la direzione vuole dare maggiore rilevanza (poco piú sotto compare la settima puntata di un romanzo intitolato *Giú dalla rupe*, attribuito a una misteriosa *Mrs Wendy Wood*). Nel suo editoriale la «Gazzetta» si impegnava di fatto a promuovere una campagna di opinione per convincere i suoi lettori che occupare la Libia fosse davvero un'ottima idea. Fra le ragioni a sostegno della sua tesi, l'editoriale citava inevitabilmente l'antica dominazione romana di tutto il Nord Africa, oltre alla necessità di bilanciare l'occupazione da parte della Francia della Tunisia, da cui l'esercito francese avrebbe potuto avviare un'ipotetica invasione dell'Italia, come – ovviamente! – già successo in passato proprio nel Canale di Sicilia. «Quello che poterono fare i Cartaginesi ed i Vandali con semplici navi a remi, perché nol potrebbero fare i Francesi con quella potente flotta di cui vanno cosí superbi?», si chiedeva retoricamente l'editoriale. Per di piú, aggiungeva la «Gazzetta», «mentre dietro Tunisi e Algeri non c'è che il deserto, dietro Tripoli ci sono molte oasi e tutte le grandi strade delle carovane che vanno all'Africa centrale». L'editoriale si concludeva cosí: «Sia dunque Tripoli l'obbiettivo futuro della politica mediterranea italiana. Gli Italiani studino questa proposta: vedranno tosto che è patriottica, che è buona».

Va detto che l'idea di occupare la Libia piaceva a tutti, sia a destra sia a sinistra: del resto i principali paesi europei si stavano muovendo in quella orrenda e sanguinosa direzione. Nel 1884 fu un governo di sinistra, il sesto governato da Agostino Depretis, a mettere insieme un primo progetto di invasione da far scattare nel caso la Francia, oltre alla Tunisia, avesse occupato pure il Marocco. Non se ne fece niente, anche perché la Francia occupò il territorio marocchino soltanto nel 1911. E cosí nei mesi successivi i governi italiani accantonarono l'ipotesi di invadere la Libia per concentrarsi sull'altra operazione coloniale, che riguardava le odierne Eritrea, Etiopia e Somalia. Il progetto libico riprese slancio soltanto dopo la vittoria dell'esercito etiope guidato da Menelik II contro quello italiano nella città di Adua, il 1° marzo 1896.

Nei primi anni del Novecento i vari governi italiani che si susseguirono – furono nove soltanto fra il 1900 e il 1906 – prepararono il terreno a una futura invasione della Libia con metodi che oggi definiremmo di *soft power*. Nel 1901 per esempio il governo di sinistra di Giuseppe Zanardelli cercò di aprire a Bengasi, nella Libia orientale, un ufficio delle Poste italiane. Il governatore della città se la prese molto e non autorizzò il progetto. Allora il ministro degli Esteri Giulio Prinetti fece piombare tre navi militari italiane al largo di Bengasi, ben visibili dal lungomare della città. L'ufficio postale italiano fu quindi aperto senza proteste né violenze. Sei anni dopo fu il Banco di Roma ad aprire una sua succursale a Tripoli: e negli anni successivi finanziò diversi progetti imprenditoriali nell'allora Tripolitania ottomana. Fra le altre cose il Banco prestò i soldi necessari per consentire a imprenditori italiani di costruire a Tripoli un enorme mulino da farina, alcuni oleifici nella periferia della stessa città, una fabbrica del ghiaccio, e alcune piccole aziende che lavoravano le spugne marine e le piume di struzzo. A un certo punto il Banco fondò anche un settimanale in lingua italiana, «L'Eco di Tripoli». L'autorità centrale dell'Impero ottomano era ormai troppo debole per farci qualcosa, e a ogni nuova ingerenza italiana si limitava ad avanzare proteste formali. Il governo italiano non agí soltanto a colpi di mutui e inaugurazioni di uffici postali. Qualche anno piú tardi Giovanni Giolitti ammise che fra il 1906 e il 1909, anni in cui fu presidente del Consiglio per la terza volta nella sua carriera, fece entrare in Libia quelli che definí «certi miei agenti», cioè dei funzionari dell'intelligence che avevano il compito di fomentare i libici contro la dominazione ottomana.

Negli stessi anni, nel dibattito pubblico italiano proseguiva poi un «crescendo senza fine» di voci a favore dell'invasione, ricorda lo storico storico – si potrà dire? – Angelo Del Boca nel suo monumentale *Gli italiani in Libia*. Nel 1911 l'intellettuale genovese Giovanni Corvetto compose persino una canzone patriottica, *A Tripoli*, dal titolo sinistramente identico a quello dell'editoriale della «Gazzetta Piemontese» del 1881. Fu un successo immediato, nella versione cantata dalla trentaduenne Gea della Garisenda (poi associata per il resto della sua carriera a questa canzone).

Sai dove s'annida – piú florido il suol
Sai dove sorrida – piú magico il sol
Sul mar che ci lega – coll'Africa d'or
La stella d'Italia – ci addita un tesor.
Tripoli,
bel suol d'amore,
ti giunga dolce
questa mia canzon.

Alla fine l'invasione avvenne davvero. Approfittando di una condizione estemporanea – un momento di tensione tra Francia e Germania che avrebbe potuto spingere una delle due a espandersi in Nord Africa – e spiegando di voler proteggere gli italiani che vivevano in Libia, il governo guidato nuovamente da Giolitti impose un vaghissimo ultimatum. Era chiaramente solo un pretesto, tanto che l'amministrazione ottomana accettò le richieste italiane contenute nell'ultimatum. Giolitti però rifiutò ulteriori trattative. La sera del 29 settembre 1911 l'agenzia stampa Stefani, l'antenata dell'Ansa, diffuse questo comunicato del governo italiano: «Non avendo il Governo ottomano accolte le domande contenute nell'*ultimatum* italiano, l'Italia e la Turchia sono da oggi, 29 settembre 1911, alle ore 14,30, in istato di guerra».

Le prime stragi.

Alle 15,30 del 3 ottobre le prime navi italiane sbarcarono sulle coste di Tripoli e occuparono la città, che nel frattempo era stata abbandonata dall'esercito ottomano. Nei giorni successivi l'esercito italiano entrò con modalità simili in altre due grandi città libiche, Tobruk e Derna. In quelle settimane il governo italiano fece arrivare in Libia 34 000 fra soldati e ufficiali aggiuntivi, convinto che le forze ottomane si sarebbero riorganizzate e avrebbero provato a riprendere Tripoli. Aveva ragione.

La mattina del 23 ottobre migliaia di libici di etnia araba e berbera reclutati da leader locali attaccarono in massa la città di Tripoli, insieme ad alcune unità dell'esercito ottomano. Nei giorni precedenti l'esercito italiano aveva organizzato una lunghissima linea di difesa intorno alla città, a forma di L. Quasi ovunque la linea passava per zone desertiche o poco abitate: nella sua parte finale, lungo il tratto orizzontale della L, tagliava in due un'oasi chiamata Sciara Sciat. Nel libro *A un passo dalla forca* Del Boca la descrive come «un autentico labirinto di sentieri incavati e muretti d'argilla, per di piú disseminato di ostacoli come palme, ulivi, folti cespugli, case, tombe, pozzi». Il primo attacco del contingente arabo, berbero e ottomano su Sciara Sciat fu respinto; poi però i soldati italiani furono attaccati anche dalle retrovie, dagli abitanti dell'oasi: uomini, donne, anziani, bambini, ragazze e ragazzi. In un tentativo disperato di rientrare a Tripoli l'esercito italiano venne massacrato. Uno dei pochi superstiti, il bersagliere Felice Piccioli, descrisse cosí la scena che si presentava ai suoi occhi subito dopo la battaglia: «I nostri morti di Sciara Sciat giacciono insepolti ovunque: molti sono inchiodati alle piante di datteri come Gesú Cristo. A molti hanno cucito gli occhi con lo spago; molti sono stati messi sotto terra fino al collo, si vede solo la testa; moltissimi hanno avuto le parti genitali tagliate». In tutto, soltanto a Sciara Sciat, furono uccisi 482 soldati e 21 ufficiali.

L'esercito italiano si vendicò immediatamente, con una crudeltà e una scala paragonabili a quelle con cui i nazisti avrebbero reagito all'attentato di via Rasella, a Roma, verso la fine della Seconda guerra mondiale. Per le strade di Tripoli i soldati italiani iniziarono una «caccia all'arabo», come la definiscono oggi gli storici: molto semplicemente, la sera del 23 ottobre 1911 venne uccisa qualunque persona di etnia araba avesse avuto la sfortuna di incontrare per strada dei soldati italiani. Non abbiamo idea di quante persone furono uccise o torturate, in quelle ore. Alla fine del raid i corpi di quattordici persone furono impiccati e lasciati marcire al sole nella centralissima piazza del Pane di Tripoli, come oscuro monito per chiunque avesse provato a ribellarsi. Il 24 ottobre Giolitti stesso con un telegramma al comando italiano a Tripoli ordinò di deportare in Italia i responsabili della difesa della città. Gli ufficiali italiani scesero di nuovo nelle strade di Tripoli e arrestarono quasi quattromila persone: alcuni avevano addosso un'arma, altri passavano semplicemente di lí per caso. Anni dopo, l'apposita Commissione dei prigionieri al ministero per la Guerra, in un rapporto ufficiale ammise che in quei giorni vennero imbarcati in Italia «un miscuglio di mendicanti, di ricchi proprietari, di lavoratori, di fruttivendoli, di mercanti, di contadini e di anziani, e di donne e bambini e ragazzi».

Lo storico libico Habib Wada'ah el-Hasnawi nel suo studio *Effetti psico-sociali delle operazioni di deportazione dei libici nelle isole italiane sugli esiliati e i loro parenti in epoca coloniale (1911-1943)*, scrisse che «le navi che trasportavano le prime ondate di prigionieri ondeggiavano pericolosamente nel mar Mediterraneo, tanto erano piene». «Chi guidava le navi, – aggiunse, – sembrava non interessarsi al destino di quei disperati, tenuti prigionieri su navi gelide e scomode, senza sapere che i luoghi nei quali erano diretti sarebbero stati ancora piú terribili, ancora piú freddi ed umidi, e certamente inadatti a ospitare esseri umani». I deportati libici furono spediti in alcune piccole isole del Sud Italia, in una sorta di confino prefascista: a Ustica, Ponza, Favignana, alle Tremiti. Fra i deportati c'era anche il poeta Fadil Hasin Ash-Shalmani, che descrisse cosí la sua prigionia: «Il treno correva e continuava a urlare | come fa un cavaliere durante una razzia | continuava ad aumentare la distanza fra me e i miei cari». Ancora: «Siamo in piccole celle, pressati | senza la luce del sole | chiuse le porte di ferro serrate. | E ovunque io guardi, non vedo che italiani» (alcune rarissime immagini di queste persone si intravedono nel cortometraggio *Terra dei Padri*, del regista Francesco Di Gioia). Secondo un rapporto del gennaio 1913, quindi meno di un anno e mezzo dopo, seicento dei deportati erano già morti di stenti. La fine che fecero tutti gli altri rimane ancora in parte un mistero.

In Libia, invece, nei mesi e negli anni successivi migliaia di persone di etnia araba e berbera si unirono a forme organizzate di resistenza, che non si interruppero neppure con la pace firmata dall'Italia e dall'Impero ottomano il 18 ottobre 1912. Gli accordi riconoscevano all'Italia la sovranità civile e militare sulla Libia, e all'amministrazione ottomana quella giuridica e religiosa. Un pezzo consistente della società civile libica non accettò mai il dominio italiano e portò avanti una ribellione organizzata e sistematica. Il gruppo piú potente fu quello dei cosiddetti «Senussi»: un ordine religioso della dottrina musulmana «sufi», che combatteva per una Libia indipendente e multiconfessionale. I Senussi erano attivi soprattutto nelle aree interne della Libia, e specialmente nella cosiddetta Cirenaica, cioè la Libia orientale, e nel Fezzan, il territorio desertico vicino all'odierno confine col Niger. Centinaia di ribelli furono fucilati o impiccati dall'esercito italiano, senza che la resistenza ne risultasse indebolita. Nel 1919 l'Italia, sfibrata dagli sforzi nella Prima guerra mondiale e da anni di guerriglia in cui peraltro perse il controllo di vari pezzi della Libia, concesse uno statuto con cui veniva garantita ai libici una forma di cittadinanza italiana, si istituiva un parlamento locale e veniva riconosciuta la pari legittimità delle lingue italiana e araba. Fu persino istituito un Consiglio di governo composto in maggioranza da persone di etnia araba: fra di loro fu designato anche Mohamed Fekini, ex funzionario dell'Impero ottomano poi diventato un leggendario capo della resistenza libica. Tutti questi riconoscimenti rimasero soltanto sulla carta. Furono definitivamente spazzati via nel 1922, quando il Partito fascista ottenne il controllo del governo italiano.

La «riconquista».

Da giovane, durante la sua militanza socialista, Benito Mussolini era stato contrarissimo all'invasione della Libia. Per aver partecipato a una manifestazione anti-invasione particolarmente turbolenta fu persino condannato a un anno di carcere. Una volta arrivato al potere, però, le sue idee erano ormai completamente cambiate. Nel novembre del 1922, pochi giorni dopo la marcia su Roma, incontrò il generale e governatore della Tripolitania, Giuseppe Volpi. Ricordando quella conversazione, anni dopo, Volpi scrisse che «il suo pensiero era chiaro. Occorreva anzitutto "riconquistare" la Libia». In realtà gli storici ritengono che nei suoi primi anni da presidente del Consiglio Mussolini non avesse ancora un'idea chiara di cosa fare delle colonie, Libia compresa. Il regime peraltro impiegò quasi un decennio per riottenere il controllo dell'intero territorio libico, anni durante i quali continuò a dare la caccia ai partigiani arabi e berberi. Nella Libia orientale in particolare era attivo un leggendario capo della resistenza senussa, Omar al-Mukhtar, arrestato e condannato a morte con un processo sommario soltanto nel 1931. In quegli anni moltissimi suoi seguaci, cosí come altri partigiani libici, vennero catturati e spediti in durissimi campi di detenzione: un angolo buio della storia italiana, poco conosciuto e studiato al di fuori dell'accademia. Lo scrittore Antonio Scurati l'ha ricordato cosí in un recente articolo sul «Corriere della Sera»: «Nei primi anni Trenta, nelle 15 istituzioni concentrazionarie della colonia libica, vennero deportate piú di 100 000 persone. Alcune di queste morirono prima di raggiungere i campi, sfinite dalle estenuanti marce che potevano superare le centinaia di chilometri, ma la maggior parte, circa 50 000, morí proprio a opera del sistema detentivo, uccisa dall'inedia, dal tifo petecchiale, dalla dissenteria, dalla malaria, dallo scorbuto e varie setticemie, per non parlare delle sevizie quotidiane e le esecuzioni esemplari».

Furono anni tremendi, in cui qualsiasi libica o libico fosse sospettato di far parte della resistenza o di aiutare i partigiani veniva torturato o condannato a morte in modo sommario in tribunali militari speciali, in maniera che il resto delle persone comprendesse il messaggio: esattamente come sarebbe successo qualche anno piú tardi con la resistenza italiana. Il compito di annientare quella libica fu affidato a Rodolfo Graziani, un generale fascista che oggi possiamo definire a tutti gli effetti un criminale di guerra. Per quello che fece sia in Etiopia – nel 1937 ad Addis Abeba ordinò un'operazione di ritorsione contro i civili in cui furono uccise migliaia di persone – sia in Libia, dove fu attivo fra il 1924 e il 1934.

Un esempio fra molti. Nel gennaio del 1931 l'esercito italiano guidato da Graziani riuscí a occupare la provincia di Cufra, nella Libia interna, nota per ospitare moltissimi partigiani. All'occupazione seguirono tre giorni di violenze compiute dai soldati italiani «col tacito assenso dei superiori», come scrive Patrizia Manno nell'archivio online «Crimini di guerra». Manno aggiunge che a Cufra i soldati italiani furono responsabili di «atrocità e torture impressionanti: a donne incinte squartato il ventre e i feti infilzati, giovani indigene violentate e sodomizzate (ad alcune infisse candele di sego in vagina e nel retto), teste e testicoli mozzati e portati in giro come trofei; torture anche su bambini (3 immersi in calderoni di acqua bollente) e vecchi (ad alcuni estirpati unghie e occhi)». Alla fine dei tre giorni il bilancio finale delle violenze fu questo, sempre secondo le stime di Manno: 17 capi della resistenza impiccati, 35 uomini evirati e morti dissanguati, 50 donne stuprate, 50 persone fucilate, altre 40 uccise con accette, sciabole e baionette.

La resistenza libica fu infine decimata. Graziani tornò con grandi onori in Italia e fu inviato in Etiopia. Nel 2012 ad Affile, in provincia di Roma, è stato inaugurato un sacrario dedicato proprio a Graziani, nato in un paesino poco distante. È costato 127 000 euro, pagati dalla Regione Lazio e dal Comune di Affile. All'inaugurazione era presente anche Francesco Lollobrigida, attuale ministro dell'Agricoltura nonché importante dirigente di Fratelli d'Italia, all'epoca assessore regionale. «Per noi della Valle Aniene l'affetto per il generale Rodolfo Graziani è stato sempre un punto di riferimento», disse Lollobrigida durante la cerimonia.

La Libia fascista.

Gli anni della cosiddetta «riconquista» servirono di fatto a Mussolini e alla dirigenza fascista a capire cosa fare della Libia: e come in ogni passaggio storico rilevante il regime scelse una strada indifendibile, passando gli anni successivi a difenderla testardamente.

Verso la fine degli anni Venti, la crisi economica internazionale che condusse al crollo della Borsa statunitense nel 1929 ebbe conseguenze anche sulla fragile economia italiana. Nel 1933 si contavano ormai un milione di persone disoccupate a fronte di una popolazione totale di circa 41 milioni. Fra i disoccupati almeno 300 000 erano braccianti e contadini: l'Italia di allora era un paese a carattere prevalentemente agricolo, perlopiú ingessato in concessioni padronali e latifondiste. Il regime pensò allora di risolvere due problemi in uno – la disoccupazione e la fame di nuove terre, soprattutto al Sud – modificando la politica della vecchia Italia liberale nei confronti delle colonie, e in particolare della Libia. «Dalla colonizzazione di carattere economico, gestita dalle aziende private e con una partecipazione dello Stato che si riduceva a compiti di controllo generale, si sarebbe passati ad una colonizzazione con precipui scopi di carattere demografico [...] al fine di creare le condizioni per una piú massiccia immigrazione», nota lo storico Federico Cresti nel suo libro *Oasi di italianità*. In sostanza: dalla fine degli anni Venti l'obiettivo del fascismo fu quello di trasformare la Libia in una colonia dove far emigrare migliaia di contadini italiani poveri e senza grandi prospettive.

In realtà non era un obiettivo cosí originale. Già negli anni precedenti all'invasione, politici e intellettuali avevano vagheggiato una colonizzazione di massa che risolvesse come per magia i problemi strutturali dello stato italiano. Nel 1911, per esempio, lo scrittore nazionalista Enrico Corradini auspicò che un'occupazione stabile della Libia potesse «risolvere la questione del Mezzogiorno». Altri parlarono di centinaia di migliaia o addirittura di milioni di italiani che nel giro di qualche decennio avrebbero bonificato e coltivato gran parte del territorio libico. Il 26 novembre del 1911, pochi mesi prima di morire, Giovanni Pascoli tenne un discorso ultranazionalista nel teatro del paese toscano dove abitava, Barga, in cui definiva la Libia «una vasta regione che già per opera dei nostri progenitori fu abbondevole d'acque e di messi, e verdeggiante d'alberi e giardini [...]. Là i lavoratori saranno [...] agricoltori sul terreno della Patria; [...] costruiranno case, faranno porti». Gli abitanti di etnia araba, berbera ed ebrea (circa 20 000, agli inizi degli anni Trenta) non furono affatto calcolati in questi progetti, se non come un insieme indistinto di persone da assoggettare e italianizzare. Nel 1912, del resto, il poeta futurista Filippo Tommaso Marinetti teorizzò che la «caccia all'arabo» dopo Sciara Sciat e le deportazioni di migliaia di libici in Italia fossero state una ritorsione troppo *contenuta*, figlie di un certo «stupido umanitarismo coloniale». La Libia, insomma, andava popolata in massa da italiani e italiane, senza farsi troppi scrupoli. C'era un solo, enorme problema, noto da tempo.

Oggi come allora il territorio libico era quasi del tutto desertico, quindi impossibile da coltivare e soprattutto da colonizzare con una massa di contadini e braccianti. Lo storico Angelo Del Boca ha calcolato che ai tempi dell'invasione italiana fosse «incolto e improduttivo» al 95 per cento. L'ultimo censimento realizzato dall'Impero ottomano nel 1911 aveva individuato 523 176 abitanti nella Libia occidentale e 198 345 in quella orientale (la cosiddetta Cirenaica), concentrati – non a caso – sulla costa e nelle rare oasi interne. Di espropriare terreni privati non se ne parlava, per timore di violenze e ribellioni. Il regime italiano decise di nazionalizzare tutti i terreni incolti, nella speranza di bonificarli e metterli a frutto, letteralmente, nel giro di qualche anno. Era un progetto fallito in partenza.

Già dal 1912 parecchi dirigenti e politici italiani sapevano bene che la Libia *non poteva* essere colonizzata in massa. Diverse relazioni compilate appena prima o subito dopo l'invasione si mostrarono prudenti oppure perlopiú pessimiste. Fra il 1912 e il 1913 il governo italiano inviò a Tripoli tre commissioni tecniche per valutare la fattibilità di una colonizzazione agricola: la prima la escluse del tutto per la regione di Tripoli, che pure era di gran lunga la piú abitata; la seconda propose invece di favorire comunità piccole e miste; la terza concluse che sarebbe stato «prematuro» «l'affermare, come il negare, che la terra ed il clima della Tripolitania si prestino al prosperare della piccola proprietà coltivatrice». Altro che «florido il suol» della canzonetta nazionalista *A Tripoli*.

Piú avanti il quadro si fece ancora piú chiaro. Nel 1928, dopo anni di studio e di ricerca sul campo, l'agronomo Emanuele De Cillis, che sarebbe diventato preside della facoltà di Agraria dell'Università di Napoli, concluse che in Libia avrebbero potuto trovare «lavoro e ragione di vita» circa 60 000 italiani, ma nel giro di quarantacinque anni, cioè entro il 1973. Il regime non lo ascoltò, e tirò dritto.

Per preparare l'opinione pubblica italiana al progetto di colonizzazione di massa partí un'enorme campagna di propaganda. Gli scrittori e intellettuali fascisti scrissero pagine e pagine per raccontare quanto fosse ricca ed esotica la Libia, una sorta di paradiso terrestre a cui il regime consentiva magnanimamente di accedere. «La vita è tutta nella gioia di quest'ora perfetta, – scrisse l'architetto Carlo Enrico Rava nel suo libro *Ai margini del Sahara*, uscito nel 1936 e ambientato proprio in Libia. – Stendermi sulla sabbia fulva, calda, e lasciare che una brezza leggera, movendo appena i rami delle palme, mi disegni sul corpo una mutevole trama, continuamente ripresa, di luci incrociate». I toni della propaganda fascista in quegli anni sfioravano quelli della promozione turistica, anche perché in effetti, prima della colonizzazione vera e propria, furono organizzate gite e crociere per far conoscere la Libia – o meglio, una sua immagine aderente alla propaganda fascista – a centinaia di italiani, soprattutto a dirigenti e funzionari del Partito fascista. La rivista ufficiale del Touring club italiano, «Le Vie d'Italia», pubblicò per anni articoli e resoconti di quei viaggi che esaltavano il carattere esotico della Libia, abbondando con gli stereotipi che in realtà circolano ancora oggi sul fascino del deserto, il profumo dei fiori delle oasi, i vestiti colorati dei locali, e cosí via. L'Istituto Luce, invece, produsse in gran quantità documentari che mostravano le rovine romane della Libia, sottintendendo che il dominio italiano avrebbe riportato l'intero paese al suo antico splendore.

Dopo questa prima fase gli ordini dall'alto cambiarono, e l'indicazione che arrivò dal regime a giornali e riviste fu quella di magnificare gli sforzi di modernizzazione, in vista di un imminente trasferimento in massa di coloni. Il passaggio lo si intravede già in un articolo delle «Vie d'Italia» dell'agosto del 1936 intitolato *L'autostrada del deserto libico*. Proprio su questo articolo, che riguardava pur sempre una gita turistica di un gruppo di italiani, la storica Simona Berhe nota che «il viaggio perdeva quel tratto romantico e un po' avventuroso, ma poco agevole, del sentiero carovaniero, a favore della velocità e sicurezza del percorso stradale». Nell'articolo infatti si sottolineava che in Libia «si viaggia in un grande autopullman sahariano che soddisfa le esigenze del piú raffinato turista: poltrone comodissime, che si convertono all'occorrenza in letti, tavoli e tavolinetti, dispensa ben fornita, cameriere, apparecchio radio ricevente e trasmittente con radiotelefonista a disposizione dei turisti, due serbatoi d'acqua, ghiacciaia, servizio di toeletta e uno speciale sistema di immissione di aria fresca che consente una difesa dagli eventuali assalti del *ghibli*», cioè il nome con cui nella Libia precoloniale era noto lo scirocco.

L'anno successivo, sulla rivista «Libia», uscí un articolo intitolato *La crociera dei milanesi a Tripoli* in cui l'autore raccontava la gita di 1400 dopolavoristi milanesi nei dintorni della città, spiegando ormai esplicitamente che lo scopo del viaggio immaginato dal Partito fascista non era quello di «guardare alla colonia come ad una terra in cui non v'è che avventura e disagio», ma invece «una terra ormai civilissima, dove l'asprezza del lavoro è mitigata dall'abbondanza delle comodità e delle provvidenze». I tempi erano ormai maturi, almeno nella testa dei dirigenti fascisti, per un enorme trasferimento di italiani e italiane in territorio libico.

Storia di un povero panettiere.

Per una prima colonizzazione sperimentale fu scelto un appezzamento chiamato Bir Terrina, 48 chilometri a sud-ovest di Tripoli, principalmente perché si trovava sopra un'estesa falda acquifera. In totale l'appezzamento misurava 14 chilometri quadrati, in cui si dovevano costruire 146 poderi. Per via di complicate ragioni burocratiche l'intero progetto fu curato dall'Infps, il predecessore dell'Inps, che iniziò a bonificare i terreni e ci costruí sopra delle case in muratura. Una relazione tecnica estremamente ottimista stilata all'inizio dei lavori, nel 1936, ipotizzava che a Bir Terrina si sarebbero potuti coltivare soprattutto ulivi, ma anche mandorli, alberi da frutta, viti, grano, tabacco. Si discusse a lungo di quali persone convenisse trasferire a Bir Terrina. Alcuni proposero di coinvolgere soprattutto contadini pugliesi e siciliani, abituati a lavorare in assenza di acqua o quasi. Altri ancora avevano opinioni straordinariamente nette su alcune categorie di italiani. L'allora presidente dell'Infps Bruno Biagi, fascista della prima ora nonché cugino del celebre giornalista Enzo Biagi, era dell'idea che non bisognasse scegliere i bolognesi della provincia: «Se si volesse prenderli da Budrio e gli altri paesetti vicini, quella gente non diverrà mai proprietaria, perché abituati a lavorare per poche ore, e smesso di lavoro andare al cinematografo o in bicicletta a far l'amore con le ragazze della campagna». Nonostante le perplessità di Biagi, per abitare e coltivare i poderi di Bir Terrina alla fine furono scelti soprattutto contadini emiliani e romagnoli. All'inizio del 1938 risultavano costruite 91 case coloniche, di cui 73 abitate: 38 famiglie provenivano dall'Emilia-Romagna, in particolare dalle province di Forlí, Bologna, Modena e

Ferrara, altre 23 da Treviso, 6 da Lecce, 5 da Avellino, una da Cosenza.

A Bir Terrina le cose andarono peggio del previsto. Per velocizzare i tempi, il regime scelse famiglie che avevano poca o nessuna esperienza nel gestire un terreno: gli uomini erano in gran parte operai o braccianti, ma capitò persino il caso di un panettiere, che evidentemente non poteva avere nessuna idea su come coltivare un terreno. A questi evidenti problemi di selezione si aggiunsero valutazioni di sociologia spicciola. Dopo la primissima fase di colonizzazione a Bir Terrina, il vicepresidente dell'Infps, Tullio Cianetti, concluse che «i romagnoli hanno un carattere o molto fiero o molto vile; in tutti e due i casi vanno trattati con molta cautela e per questo fatto si possono considerare pessimi per la colonizzazione». Diverse famiglie arrivate fra il 1936 e il 1937 se ne andarono o furono rimpatriate a forza. Mussolini stesso, informato sugli sviluppi della sperimentazione, si stupí dei pochi casi di successo a Bir Terrina. Eppure il regime tirò dritto. Il governatore della Libia Italo Balbo, tra i piú famosi dirigenti del fascismo, decise unilateralmente che entro la fine del 1938 sarebbero stati trasferiti in Libia 20 000 italiani, circa 3000 famiglie.

«C'era perfino il gabinetto».

In vista di un trasferimento cosí massiccio furono affinati i criteri con cui venivano scelte le famiglie di coloni. «Ciascuna famiglia doveva essere composta da almeno tre unità lavorative, compresa la moglie, – scrive Cresti dentro a *Oasi di italianità*, – e possibilmente da altre unità lavorative di riserva, cioè vicine per età a diventare lavorative: dovevano essere preferite le famiglie numerose. I capifamiglia e i figli maschi maggiorenni dovevano essere iscritti al Partito nazionale fascista, e i minorenni alle rispettive organizzazioni giovanili. [...] Nessun componente della famiglia doveva avere precedenti penali. [...] I coloni dovevano avere esperienza e specializzazione soprattutto nel settore dell'olivicoltura e dell'agrumicoltura». Per il solo 1938 arrivarono 4500 richieste da parte di altrettante famiglie: ne furono selezionate 1778, mentre 112 furono lasciate in lista d'attesa. Le 400 famiglie assegnate ai poderi costruiti dall'Infps – dati in concessione, in vista di un eventuale riscatto negli anni – avevano una media di 8,7 componenti; 1466 erano uomini e ragazzi di età superiore ai 15 anni, le donne e le ragazze 761 (tutti gli altri erano bambini e bambine). Una persona su 4 era analfabeta. 229 famiglie provenivano dal Veneto, nota Cresti; le altre da Puglia, Sicilia, Emilia-Romagna, Lombardia e Calabria. La selezione fu comunque fatta in fretta e furia: nel giro di qualche settimana i futuri coloni fecero domanda, vennero scelti e si imbarcarono per la Libia, lasciandosi dietro tutta la propria vita.

Gran parte dei cosiddetti «Ventimila» arrivò in Libia a bordo di navi civili e militari partite dai principali porti italiani nell'autunno del 1938. Ester Morselli, che partí da Genova quando aveva otto anni, tempo dopo scrisse nel suo diario che, sulla sua nave, a ogni famiglia veniva assegnata una cuccetta, con piatti e posate contati per ciascun passeggero: «La nostra nave si chiamava *Liguria*, non era una nave molto ospitale, aveva molti anni sulle spalle ed era molto lenta, a presupporre dal tempo che abbiamo impiegato: dieci giorni per arrivare a Tripoli. [...] La cosa molto bella era il vitto assicurato senza dover fare debiti, – raccontò Morselli, che da bambina, probabilmente, si godette la traversata piú di altri. – Durante questo interminabile viaggio avevamo fatto tante nuove amicizie, sembravamo un'unica famiglia. Fra queste nuove conoscenze, vi era la famiglia Forghieri composta dai genitori e quattro figli, uno di questi, Arturo, aveva con sé la fisarmonica, quando la suonava, si trovava attorno tanti ballerini, fra i quali anche i miei fratelli e sorelle che sapevano ballare il liscio, era sempre un divertimento, durò tutto il viaggio». A un'altra donna che arrivò in Libia da bambina insieme ai Ventimila, Nella Stramazzo, andò ancora meglio: a Venezia si imbarcò su una nave con una sala da ballo completamente affrescata e un salone da ricevimento, «cose che non avevo mai visto».

Il documentario dell'Istituto Luce che illustra lo sbarco dei Ventimila, proiettato nei cinema italiani ai primi di novembre, mostra una fila di navi strapiene di passeggeri che sventolano fazzoletti. «Stipati sulle coperte, sui ponti, dovunque si possa vedere il meraviglioso panorama, non si stancano di manifestare il loro entusiasmo e la loro gioia con i canti della rivoluzione e vibranti invocazioni al Duce», racconta la voce fuori campo, del tutto identica a quella di *Fascisti su Marte*. L'operatore dell'Istituto Luce procede a inquadrare migliaia di persone che scendono dalle navi con sacchi, sacchetti e sacconi. «L'organizzazione meticolosissima ha provveduto a creare le condizioni indispensabili affinché le complesse operazioni di sbarco potessero effettuarsi senza ingorghi pericolosi e con la massima regolarità», osserva la voce. Appena scesi, i nuovi coloni vengono accolti dagli italiani arrivati negli anni e nei mesi precedenti, insieme a una piccola orchestra. Fra le banchine e le vie circostanti del porto di Tripoli sciamano migliaia di persone. Nei quattro minuti e ventuno secondi del video si vedono soltanto persone bianche.

«Piú che un'emigrazione, pareva una crociera per gente povera, – raccontò qualche anno piú tardi l'agronomo

Adriano Andreotti, che assistette dal vivo allo sbarco dei Ventimila. – Ancora prima che le navi attraccassero erano tutti in coperta assiepati ed agitavano le mani, i fazzoletti, i cappelli: salutavano in veneto ed in abruzzese, in ferrarese e in marchigiano: compare... paisà... camerataaa... Era, per loro che avevano bisogno di ritrovar subito degli amici, come se ci fossimo conosciuti fin da bambini. [...] Scendevano in fretta, come gente già stufa dell'ozio e del mare, con un bagaglio paesano che qualcuno posava subito a terra per contare i figlioli, e se nel trambusto il conto tornava, si avviavano, allegri come reclute, verso gli autocarri in attesa sul piazzale del porto».

Una volta sbarcati, i nuovi coloni venivano trasferiti nei villaggi costruiti appositamente per loro, attraverso strade asfaltate dal regime. La piú importante, la via «Balbia», partiva dal confine tunisino e arrivava fino a quello egiziano, per una lunghezza totale di 1822 chilometri. All'arrivo dei Ventimila soltanto alcuni villaggi erano pronti: diversi altri non erano ancora stati completati, ed erano pieni di ponteggi e impalcature. I villaggi costruiti furono qualche decina, sia nella Libia occidentale che in quella orientale. In gran parte erano intitolati a gerarchi fascisti, ufficiali dell'esercito e figure che il regime percepiva come grandi italiani: Garibaldi, Marconi, Mameli, D'Annunzio, ma anche Baracca – come il piú celebre aviatore italiano durante la Prima guerra mondiale – o Breviglieri, il cognome di uno dei primi picchiatori fascisti attivi a Ferrara.

I villaggi erano stati progettati da noti e rispettati architetti vicini al regime come Florestano Di Fausto, Umberto Di Segni, Alfredo Longarini e Giovanni Pellegrini, e costruiti quasi in serie. Ciascuno aveva una piazza centrale – banalmente, uno spazio vuoto piastrellato – su cui si affacciavano gli edifici piú importanti: la chiesa, la casa del fascio, il municipio, il mercato, la scuola, l'ospedale. Erano tutti intonacati di bianco, alti al massimo due o tre piani e con forme e linee essenziali, come voleva l'architettura fascista di allora. Nel suo articolo *L'architettura dei villaggi agricoli per metropolitani nella Quarta sponda (1934-1940)* la storica dell'architettura Maria Rossana Caniglia ha raccolto alcune lievi originalità immaginate dai singoli architetti. Bir Terrina, che prese il nome di villaggio Michele Bianchi – ex giornalista dell'«Avanti!» nonché amico di Mussolini, morto di tubercolosi nel 1930 –, fu «l'unico centro rurale dove la chiesa, la casa del fascio e il municipio occupavano tre sedi diverse collocate ognuna su un lato della piazza, a differenza di tutti gli altri dove solitamente un unico edificio ospitava la rappresentanza politica/comunale». Bir Terrina, forse, era stata costruita quando il regime teneva ancora alle apparenze: nel 1938 però erano completamente sparite, e insomma si potevano stipare il municipio e la casa del fascio nella stessa identica sede. Nel villaggio Guglielmo Oberdan, invece, c'erano due piazzette anziché una. In quelli intitolati Berta, Breviglieri e Oliveti l'unica strada del centro conduceva sulla soglia della chiesa, che quindi veniva rappresentata simbolicamente come l'edificio piú importante.

I poderi erano sparpagliati attorno agli edifici pubblici, a volte anche a chilometri di distanza. «Le case erano tutte bianche, a un solo piano, coi tetti pari, – racconta Ester Morselli. – Erano nuove, proprio fatte apposta per noi coloni. Ci sembrava una reggia, non avevamo mai abitato in una casa tutta per noi e perdipiú nuova, eravamo fuori di noi dalla gioia [...]. Tutte le stanze erano ammobiliate, la cucina al centro col tavolo, due panche, la credenza con le provviste: pasta olio zucchero e tanti altri generi che occorrono per poter mettere a tavola una famiglia. C'erano persino i fiammiferi, cosa da non credere. Le camere da letto erano tre coi rispettivi letti e comò, il bagno alla turca, il forno per cuocere il pane. Alcuni metri dietro l'abitazione, c'era la stalla e gli attrezzi per la campagna». Un'altra giovane colona, M. G. S., raccontò anni dopo: «C'era tutto quello che serviva, perfino i piatti e le posate, i letti con i materassi, la farina, il riso, l'olio e i fiammiferi..., piú di quanto [mia madre] avesse mai sognato di avere in Italia. Avevamo tre camere e una cucina. Fuori, oltre il cortile, c'era un secondo edificio con la stalla, il pollaio, il porcile e il magazzino. E c'era perfino il gabinetto».

Dopo l'eccitazione iniziale, molte famiglie scoprirono presto che nell'entroterra libico la vita era piú dura e isolata di quanto immaginassero. «Eravamo tutti impauriti in questo posto cosí estraneo, – racconta Nella Stramazzo. – Le case erano lontane una dall'altra anche trecento metri. Non parliamo poi del paese che distava cinque chilometri. Io non ricordo di essere mai andata una volta: ci andava papà con i miei fratelli piú grandi». A qualcuno andò meglio di altri. Ester Morselli abitava accanto a una fontana d'acqua, e da lei «tutto quello che si metteva cresceva in fretta, come funghi». Le interazioni con i libici erano rare e non esattamente incoraggiate dal regime: Morselli racconta che il padre ogni tanto veniva invitato a bere del tè da alcuni nomadi che abitavano poco distante, mentre alcune donne «arabe» passavano per vendere loro delle uova. In settimana si lavorava per domesticare una terra perlopiú arida, la domenica si andava a messa. Lo scrittore per l'infanzia Aldo Zelli, molto noto negli anni Ottanta, da bambino era stato uno dei Ventimila. Anni dopo raccontò che la sua famiglia era stata mandata in un villaggio in costruzione in cui non c'era ancora la chiesa, a Zawiya, una cittadina a ovest di Tripoli dove oggi partono molte imbarcazioni di migranti dirette in Italia. Zelli scrisse che una volta al mese il regime inviava un frate francescano da Tripoli affinché celebrasse la messa in una sala del commissariato, o nel porticato della stazione dei carabinieri. «Il momento piú piacevole era l'uscita della Messa, – scrisse Zelli: – strette di mano, saluti, sorrisi, scambio di notizie e di complimenti. I bambini erano pochi, pochissimi anzi». Appena adolescenti, venivano coinvolti nel lavoro al podere e smettevano di essere considerati come tali.

Dai diari dei coloni non emerge grande consapevolezza del fatto che stessero abitando e coltivando una terra che non gli apparteneva, e che era stata presa con la forza. Alcuni erano anzi talmente imbevuti di propaganda da ritenere positivo che l'Italia si fosse presa quello che le spettava, dalla loro prospettiva, e che «gli arabi», come venivano chiamati i libici, non erano in grado di sfruttare adeguatamente. Alcuni storici come Nicola Labanca sottolineano i pochi strumenti culturali a disposizione dei coloni per capire cosa stesse succedendo intorno a loro: erano pur sempre contadini, manovali, operai semianalfabeti a cui il regime ormai da sedici anni faceva il lavaggio del cervello. «Il combattere gli avversari di razza viene visto un po' come repressione della volontà indigena di resistere alla nuova "civiltà" bianca», scrive Labanca in *Posti al sole*.

Fra i pochi casi documentati di violenze etniche emerge una storia peculiare di persecuzione contro gli ebrei libici, che quindi il regime aveva una doppia ragione per voler perseguitare. Nel 1935 il governatore Balbo ordinò che i commercianti ebrei dovessero restare aperti anche di sabato, cioè il giorno che gli ebrei osservanti dedicano al riposo. Nessuno di loro decise di aderire all'ordine di Balbo, che se la prese moltissimo. La domenica successiva Balbo fece arrestare tutti gli ebrei che avevano tenuto abbassate le serrande del proprio negozio, e decise che una decina di loro fossero frustati in pubblico. Come andò a finire l'ha raccontato Arthur Journo, un commerciante ebreo di nazionalità francese nato nella Libia italiana i cui diari sono stati pubblicati nel 2003 dalla casa editrice Le Lettere. «Si trattò di un macabro scenario, – scrive Journo, – delle automobili con altoparlanti giravano incessantemente per la città, pubblicizzando questa orribile azione nei confronti di dieci commercianti ebrei che avevano osato disubbidire a un ordine del governo italiano. [...] I dieci ebrei che vennero scelti erano libici e, quindi, nessuno poté proteggerli». La fustigazione avvenne di pomeriggio in una piazza accanto al ghetto ebraico. «Il piazzale era gremito di gente fino all'inverosimile, – racconta Journo. – In mezzo alla piazza alcuni genieri dell'esercito avevano eretto un palco abbastanza alto proprio per dare la possibilità a tutto il popolino di godere dello spettacolo. Dopo una lunga attesa arrivò il cellulare con i dieci uomini ammanettati. Furono fatti salire sul palco con la forza. [...] Non so dire quante frustate ogni condannato ricevette, tenni gli occhi chiusi e sentivo solo i lamenti ed i battiti delle mani della gente che gridava piena di odio». Le leggi razziali sarebbero state approvate soltanto qualche anno piú tardi.

Il tentativo fascista di riempire la Libia di coloni italiani finí come era iniziato, in maniera improvvisa e senza grandi avvisaglie. Il 10 giugno 1940 l'Italia entrò nella Seconda guerra mondiale a fianco della Germania nazista, e il Nord Africa diventò immediatamente uno dei fronti piú attivi. All'inizio della guerra Mussolini, Balbo, Graziani e tutti i principali dirigenti fascisti erano convinti che l'alleanza con la Germania avrebbe permesso all'Italia non di vincere, ma di stravincere, e quindi di ampliare i propri domini coloniali. Mussolini, per esempio, sognava di conquistare l'Egitto e di sfilare per le vie del Cairo da vincitore: piú o meno come era successo a Ottaviano Augusto quando assediò e conquistò l'allora capitale del regno d'Egitto, Alessandria, nel 30 a.C. Il 18 giugno 1940 il regime si sentiva cosí sicuro delle sue possibilità che Balbo fece lanciare in territorio egiziano centinaia di volantini con un breve testo scritto da lui stesso: «Inglesi, egiziani e arabi del deserto occidentale, schiavi del governo criminale di Londra, gettate le armi perché chi resisterà non avrà tregua». Dieci giorni dopo lo stesso Balbo morí in un incidente aereo sopra Tobruk, nella Libia orientale: mentre stava tornando dalla linea del fronte, l'artiglieria italiana scambiò il suo aereo personale per un bombardiere inglese. Il suo fu il primo aereo abbattuto dall'Italia sul fronte nordafricano.

Un finale inevitabile.

Il comando dell'esercito italiano in Libia fu assunto da Graziani, che fece soltanto disastri. Dopo una brevissima e fallimentare offensiva italiana, l'esercito inglese marciò dall'Egitto verso il territorio libico, prendendo in sequenza Tobruk (il 21 gennaio 1941), Derna, Cirene, Bengasi. Già a febbraio l'intera Libia orientale era interamente occupata dagli inglesi, meglio armati e meglio comandati rispetto all'esercito fascista.

I villaggi dei coloni italiani compresi fra Tobruk e Bengasi furono presi di mira e distrutti. Scrive Del Boca nel suo già ricordato *Gli italiani in Libia*: «i pozzi vengono fatti saltare o interrati; gli impianti elettrici degli aeromotori abbattuti; il macchinario agricolo guastato o incendiato;

gli infissi delle case divelti; le condutture dell'acqua, salvate dai massicci prelievi di Graziani, rovinate. Passate le truppe, sui campi già verdi di grano giungono i nomadi arabi a pascolarvi le mandrie. Hanno atteso dieci anni per prendersi questa rivincita e ora tornano da padroni sulle terre che sono loro da tempo immemorabile. Ai coloni italiani che protestano per il grano che va perduto, rispondono: "questa è terra nostra. Dovete andarvene!"». Gli ultimi coloni italiani furono evacuati dalla Libia orientale fra novembre e dicembre del 1942, prima della definitiva occupazione inglese. Molti furono riportati in Italia, alcuni rimasero a Tripoli, nella speranza di tornare nei propri poderi una volta finita la guerra. Nel suo *Diario di un combattente nell'Africa settentrionale*, il capitano Oderisio Piscicelli Taeggi racconta amaramente l'ingresso della sua unità in uno dei villaggi costruiti dal regime appena pochi anni prima: «Ci fermiamo a prendere acqua. La casa è stata abbandonata di recente e in fretta. L'aratro è a metà solco, un cavallo sparuto nitrisce fuggendo nella boscaglia. Ma la porta è spalancata. Attraverso la soglia masserizie scompigliate, sacchi di legumi secchi svuotati a metà, una damigiana rovesciata che versa olio. Gli arabi sono già passati».

Nel frattempo, nella Libia occidentale, quella di Tripoli, il regime cercava di proiettare una specie di normalità. Il 9 maggio 1942 il governatore della Libia, Ettore Bastico, consegnò l'atto di proprietà dei poderi ai primi cinquantasei coloni che riuscirono a riscattarli, con una cerimonia ufficiale nel villaggio Oliveti. Nei mesi successivi il regime consegnò circa trecento atti simili; a breve, sarebbero diventati carta straccia.

Il 20 gennaio 1943 le truppe tedesche e italiane lasciarono Tripoli e si rifugiarono in Tunisia. «Tripoli è completamente vuota di militari, – annotò la sera del 21 gennaio il sottotenente Paolo Gazzana Priaroggia, come si legge in una delle tante lettere raccolte nel libro di Giulio Bedeschi *Fronte d'Africa: c'ero anch'io*. – La città è già abbandonata. Spettacolo dominante, le scorribande di arabi che saccheggiano gli edifici civili e militari, e le fumate nerastre, altissime, dei magazzini in fiamme». Gli storici notano che in quei giorni, in realtà, i libici se la presero soltanto con gli edifici del governo coloniale e dell'esercito italiano, come peraltro era loro diritto. Non ci furono rivolte, violenze o molestie contro i civili, saccheggi. A fine gennaio si insediò a Tripoli e di conseguenza in tutto il paese la British Military Administration (Bma), l'amministrazione di guerra inglese. Tutti gli istituti italiani furono progressivamente smantellati: banche, assicurazioni, società commerciali. I villaggi coloniali ancora in attività nella Libia occidentale furono mantenuti aperti, ma senza investimenti strutturali i contadini si dedicarono soltanto a coltivare ortaggi e trascurarono le colture piú impegnative come vigne e oliveti, che avevano un bisogno costante di risorse e attenzioni. Quando i funzionari dell'Italia democratica riuscirono a visitare i poderi coloniali della Libia nell'immediato dopoguerra, annotarono che fra il 1945 e il 1946 soltanto un quarto delle famiglie di coloni aveva dei bilanci in attivo, quasi solo chi viveva in zone dove c'era acqua a sufficienza: tutti gli altri ci stavano rimettendo dei soldi. Le condizioni strutturali di grande difficoltà iniziavano a presentare il conto: in Italia tutti presero atto che, a meno di investimenti giganteschi e probabilmente sproporzionati, in Libia non era possibile avviare una colonizzazione agricola su ampia scala, almeno a quell'epoca.

Il 10 febbraio 1947 a Parigi fu firmato ufficialmente il trattato di pace che concluse la Seconda guerra mondiale, dopo mesi di negoziati. L'Italia democratica rinunciò a ogni pretesa sulle proprie colonie africane, Libia compresa. Quasi quattro anni dopo, l'Assemblea generale delle Nazioni Unite approvò la risoluzione 388/V, che obbligava l'Italia a cedere le proprietà e i terreni di cui ancora disponeva in territorio libico al neonato stato indipendente di Libia. Fu fatta un'eccezione per i coloni che avevano riscattato i propri terreni e intendevano restare nelle loro casupole. All'articolo 10, comma 2 paragrafo e) della legge 843 del 1957, di ratifica ed esecuzione dell'accordo tra Libia e Italia derivante dalla risoluzione, si precisa che «i comprensori di Qasr Garabulli (Castelvedere), Al-Guseca (Marconi), Tarhuna, Al-Krarim (Gioda) e Sidi Essed (Tazzoli) verranno altresí restituiti allo Stato Libico, che rispetterà i diritti derivanti dai disciplinari di concessione nei confronti di quei coltivatori che decidessero di rimanere nei loro poderi». La vita degli ex coloni si fece sempre piú difficile. Nel 1964 rimanevano in Libia soltanto 120 famiglie italiane tra quelle arrivate durante il tentativo fascista di colonizzazione di massa.

Cinque anni dopo, il 1° settembre 1969, il colonnello Muammar Gheddafi prese il potere con un colpo di stato, facendo leva su una retorica a metà fra il nazionalismo, il sentimento anti-italiano e una qualche eco di socialismo. Meno di un anno dopo, il 21 luglio 1970, Gheddafi firmò un decreto di confisca totale delle proprietà italiane. «Ci portarono via tutto, – ha raccontato nel 2020 a "Repubblica" Giovanna Ortu, presidente dell'Associazione italiani rimpatriati dalla Libia (Airl), – i conti in banca, le case, le aziende agricole, le automobili, perfino le macchine da cucire... furono giorni terribili, in lotta con la burocrazia libica perfino per avere i famigerati "certificati di nullatenenza" necessari per poter essere autorizzati a partire». Il 7 ottobre Gheddafi emanò il decreto finale che ordinava l'espulsione dalla Libia di tutti gli italiani entro il 15 ottobre 1970.

In quelle settimane i circa 20 000 italiani rimasti fra commercianti, imprenditori ed ex coloni furono rimpatriati a bordo di alcuni voli e di nove navi della marina mercantile, che fecero un viaggio in direzione opposta a quello compiuto dai Ventimila nell'autunno del 1938. Le navi sbarcarono a Napoli, e i «profughi» – cosí vennero definiti dai giornali – furono distribuiti in centri di accoglienza in Campania, Puglia e Lombardia. I quotidiani italiani raccontarono estesamente quella storia, che però quasi mai si prese le prime pagine: del resto il 1970 per l'Italia fu un anno estremamente concitato, in cui vennero introdotti per legge il divorzio e lo statuto dei lavoratori, e durante il quale ci furono pesantissime alluvioni a Genova e violente rivolte a Reggio Calabria, durate settimane. C'erano cose piú importanti a cui badare, insomma. Gli italiani espulsi dalla Libia, peraltro, erano considerati un fastidioso lascito del regime fascista, a cui venivano associati nemmeno troppo implicitamente: erano pur sempre i figli e le figlie di quelle persone che avevano creduto alle promesse del regime sulle vite prosperose che avrebbero trovato in Libia, a coltivare terreni sottratti con la violenza ad altre persone. Gli unici a difendere pubblicamente gli ex coloni furono i militanti del Movimento sociale italiano, che accolsero le navi partite dalla Libia indossando la camicia nera e sventolando piccole e tristi bandiere italiane.

SCEICCO DEL DESERTO

All'Eurovision Song Contest del 1975, la cui finale si tenne la sera del 22 marzo nel palazzetto della fiera internazionale di Stoccolma, fra i diciannove artisti in gara c'era anche un cantante maltese piuttosto famoso sull'isola, allora come oggi. Si chiama Nazzareno Alessandro Micallef Garrett, ed è ancora in attività col nome d'arte di Renato Micallef. All'Eurovision del 1975 Micallef salí sul palco con una giacca azzurra luccicante dotata di frange sulle maniche, come usava allora, e pantaloni a zampa di elefante color crema. Cantò *Singing This Song*, un pezzo con una base pop-rock del tutto innocuo in cui suggeriva a una persona che si sente giú di morale di dimenticarsi tutto, «a prescindere da quali siano i tuoi problemi | unisciti a me, sorridiamo e cantiamo». Micallef raccolse 32 punti e finí dodicesimo, mentre al primo posto arrivò una dimenticabile band dei Paesi Bassi con *Ding-a-dong*. Qualche anno dopo Micallef si ritrovò a cantare vari pezzi assai lontani, per testi e atmosfere, da quello che aveva portato sul palco dell'Eurovision. Nel 1982 per esempio registrò *Sceicco del deserto*, una canzone che celebrava con toni enfatici Omar al-Mukhtar, leggendario capo della resistenza libica contro l'esercito fascista italiano. Il riferimento è molto evidente: il titolo è una crasi fra i due soprannomi con cui era noto al-Mukhtar, impiccato dall'esercito italiano il 16 settembre 1931, cioè «Sceicco dei martiri» e «Leone del deserto», rispettivamente per via del suo carisma e della sua abilità nel muoversi nella Libia interna, fra oasi e strade polverose. Nel pezzo Micallef descrive al-Mukhtar come un uomo «sentenziato senza colpa conosciuta», il cui nome «è inciso sulle pietre sudate e nei cuori liberati». Il testo, enfatico ed evocativo, stride con l'arrangiamento quasi frivolo, ricco di sintetizzatori che simulano un'orchestra d'archi, tintinnanti passaggi di pianoforte del tutto simili a quelli resi popolari dagli Abba proprio in quegli anni. Negli anni, oltre a *Sceicco del deserto*, Micallef prestò la voce ad altri pezzi in italiano dai titoli come *Piena democrazia*, *La rivoluzione*, e altri in inglese come *Africa for the Africans*. Il pezzo in assoluto piú esplicito è però *Libro Verde*: una lunga e goffa celebrazione, che si apre con uno stranissimo giro di tastiera, dell'omonimo testo diffuso nel 1975 dal dittatore libico Muammar Gheddafi, che contiene i punti principali della sua visione politica. «I grandi ai posteri lasciarono | libri opere d'arte e d'onore | cosí le menti si costruiscono | portando coscienza e con amore | Il Libro Verde è molto profondo | pace al lavor distribuzione | tanto altre idee piú al sottile | e la Libia mostra direzione», canta Micallef nei primi versi.

Libro Verde, *Sceicco del deserto* e *La rivoluzione* sono esattamente quello che sembrano: canzoni di propaganda, scritte e finanziate dal governo libico per promuovere le idee e la visione del suo leader istrionico e autoritario Muammar Gheddafi, che fra il 1975 e il 1982 pagò alcuni dei piú noti artisti pop di Malta per pubblicare dei dischi collettivi nella speranza che i loro pezzi sfondassero nel mercato anglofono e italofono. Oltre a Micallef furono coinvolti altri artisti importanti del pop maltese: sono nomi che a noi forse non dicono niente, ma provate a chiedere a un'amica o un amico maltese se conoscono Bayzo,

Mary Rose Mallia o Joe Cutajar, e vi risponderanno sicuramente di sí.

Succede piuttosto di frequente che un autocrate cerchi di promuovere la sua immagine attraverso la musica, o che dischi di propaganda vengano realizzati da artisti famosi – c'è persino una teoria del complotto secondo la quale *Wind of Change* degli Scorpions fu scritta dalla Cia per accelerare la caduta dell'Unione Sovietica, esplorata in un bel podcast del giornalista Patrick Radden Keefe. Ma un'operazione del genere, in cui vengono coinvolti artisti *di un altro paese*, già famosi e apprezzati, per registrare canzoni ultracontemporanee, non sembra avere termini di paragone. «Soltanto a Gheddafi poteva venire in mente un'idea del genere», nota Rune Agerhus, attivista e ricercatore esperto di Medio Oriente e Nord Africa, nonché impallinato di musica anni Settanta e Ottanta e quindi grande esperto sul tema.

Agerhus si è imbattuto in questa storia quasi per caso. Stava ascoltando della musica su YouTube e a un certo punto l'algoritmo gli ha proposto una canzone maltese con un testo in italiano che inneggiava inequivocabilmente a Gheddafi. «Sembrava una storia troppo bella per essere vera», racconta Agerhus oggi: un artista maltese che canta in italiano un pezzo di propaganda libica. Nei mesi seguenti Agerhus setacciò internet alla ricerca dei dischi in vinile che contenessero pezzi del genere, e riuscí ad acquistarne diversi che confermarono la sua ipotesi, senza nemmeno un'indagine troppo approfondita. Sul retro di *Jamahirija*, un disco uscito nel 1982 e intitolato esattamente come la forma di governo a metà fra socialismo e nazionalismo autoritario teorizzata da Gheddafi, c'è scritto infatti PRODUCED BY OVERSEAS BROADCASTING OF THE SPLAJ AND THE INFORMATION SECTION LIBYAN PEOPLE'S BUREAU, MALTA. «Splaj» era l'acronimo di Socialist People's Libyan Arab Jamahiriya, «Jamahiriya araba libica popolare socialista», il nome con cui Gheddafi ribattezzò la Libia nel 1977. L'«ufficio del popolo libico» a Malta era, banalmente, l'ambasciata libica: questi dischi in sostanza erano pagati dal governo libico e dall'ambasciata. Le spese di produzione, fra l'altro, dovevano essere ingenti, dato che il suono e gli arrangiamenti erano di livello molto alto. Diversi dischi del resto furono registrati, prodotti e mixati in Italia: nel caso di *Jamahirija* ai SEA MUSICA Studios di via Pietro Mascagni 49 a Catania, che ancora oggi sono in attività. Anche i musicisti che registrarono le tracce erano italiani, turnisti della SEA MUSICA: il chitarrista Franco Anfuso, i batteristi Alessandro Sapienza e Silvano D'Agosta, il sassofonista Alfredo Lombardo. Gli arrangiamenti furono curati invece dal produttore maltese Raymond Agius, che in un'intervista data anni dopo a un giornalista maltese e riportata dal magazine musicale britannico «Far Out» spiegò cosa aveva spinto cantanti, musicisti e produttori a partecipare al progetto: «Per anni avevamo sognato di registrare il nostro materiale in uno studio professionale: fu ovviamente un'opportunità che non potevamo lasciarci sfuggire». Piú prosaicamente, «è possibile che siano stati pagati un bel po' di soldi», spiega Agerhus.

Per Gheddafi, la fine degli anni Settanta fu probabilmente il periodo di maggiore popolarità, dentro e fuori dalla Libia. La crisi petrolifera del 1973 aveva fatto schizzare verso l'alto il prezzo del petrolio al barile, e la Libia – la cui economia anche allora si reggeva quasi esclusivamente sui combustibili fossili – si ritrovò ad avere un sacco di soldi: Gheddafi li usò in parte per costruire ospedali, strade e altre infrastrutture civili. All'estero molti paesi non allineati né all'Occidente né al blocco sovietico iniziarono a considerarlo un punto di riferimento, e Gheddafi cercò di sfruttare questa popolarità internazionale per promuovere la sua visione del mondo e legittimarsi come un leader «mediterraneo»: un termine che per lui descriveva soprattutto una terza via fra capitalismo liberale e socialismo. Nel 1975 Gheddafi condensò il suo pensiero nel *Libro Verde*, un lungo manifesto politico dentro al quale mischiava appunto elementi di socialismo e democrazia diretta con altri piú marcatamente nazionalisti, completati da una spruzzata di islamismo. Negli anni seguenti il suo status fu certificato da vari incontri internazionali di altissimo livello: Gheddafi fu ricevuto e trattato da pari, fra gli altri, dal presidente dell'Urss Leonid Brežnev e dal generale jugoslavo Josip Tito. Negli anni Ottanta, poi, qualcosa si spezzò. Il prezzo del petrolio si riassestò, riducendo il margine di spesa del governo, e Gheddafi adottò posizioni sempre piú spregiudicate in politica estera, appoggiando piú o meno apertamente gruppi radicali in giro per il mondo, dalle Pantere Nere statunitensi ai sandinisti del Nicaragua. Alle 20,59 del 27 giugno 1980 il volo di linea IH870 della compagnia italiana Itavia, partito da Bologna e diretto a Palermo, si schiantò nel mar Tirreno, vicino all'isola di Ustica. Morirono tutte le 81 persone che si trovavano a bordo: ancora oggi qualcuno sospetta un coinvolgimento della Libia, non è chiaro a che titolo. Nel 1982 la nuova amministrazione statunitense di Ronald Reagan, stufa dell'attivismo di Gheddafi, decise di adottare un approccio piú duro nei confronti del suo regime e approvò un embargo del petrolio libico.

Forse fu anche per migliorare la sua immagine all'estero che Gheddafi si imbarcò nella bislacca impresa di far produrre dischi di propaganda ad artisti di Malta, un'isola che dista appena 350 chilometri da Tripoli e su cui poteva comunque proiettare una certa egemonia, date le sue dimensioni limitatissime. A oggi Agerhus ha censito tredici dischi finanziati dalla Libia e realizzati da artisti maltesi fra il 1979 e il 1985. Il primo fu *Jamahiriya*, uscito nel gennaio del 1979, seguito nel luglio del 1982 dal suo quasi omonimo *Jamahirija*, fino ad arrivare a *Fight To Victory* dell'aprile del 1985. I primi sette furono pubblicati da un'etichetta fittizia chiamata The Voice of Friendship and Solidarity, mentre gli ultimi sei da una certa New Dawn Production Company. In tutti e tredici si nota una certa continuità musicale – anche se gli ultimi dischi virano progressivamente verso il funk –, e invece pochissima coerenza estetica: la copertina di *Rahiba Thawriyah*, del 1982, è un incrocio tra un fumetto e un affresco medievale, mentre *Jamahiriya* sembra anticipare certe copertine del supergruppo britannico degli Asia, con un immaginario quasi fantascientifico.

A un certo punto la produzione di dischi si affiancò all'apertura di una vera e propria stazione radio in territorio maltese, cofinanziata dal regime libico. La radio si chiamava Voice of the Mediterranean – probabile riferimento sarcastico a Voice of America, la radio-tv gestita ancora oggi dal governo degli Stati Uniti – e veniva trasmessa da uno studio radiofonico appena fuori da La Valletta. La sua fondazione fu stabilita nel dettaglio da un trattato internazionale composto da dieci articoli e un'appendice firmato il 10 agosto 1984 da un membro del dipartimento degli Affari esteri dello stato libico, Ibrahim El Bishari, e dall'allora ministro degli Esteri maltese Alex Sceberras Trigona, del Partito laburista (di centrosinistra e ai tempi molto solidale con i cosiddetti paesi non allineati). Il trattato è ancora disponibile negli archivi del ministero degli Esteri maltese: prescrive che il direttore della radio venga nominato dal governo maltese mentre il vicedirettore da quello libico, e contiene diverse altre indicazioni. Alcune sono piuttosto astratte: l'articolo 2 comma c) impone ai conduttori e alle conduttrici della radio di «promuovere il ruolo naturale del Mediterraneo come un lago di pace nonché un luogo di contatti fra i popoli europei, africani e asiatici». Altre erano ben piú concrete: come l'indicazione che Libia e Malta si dividessero le spese esattamente a metà, dopo un iniziale contributo del governo della Valletta di 250 000 lire maltesi (circa 1,5 milioni di euro attuali). Oppure gli orari a cui dovevano essere trasmessi contenuti in lingua araba, sulle onde medie: fra le 6 e le 8, fra le 12 e le 14 e le 23,30 e le 00,30. La radio Voice of the Mediterranean chiuse nel 2003 dopo quasi vent'anni di attività: il governo di Gheddafi aveva smesso di mettere la propria parte dal 1997, e sembra che negli ultimi anni la radio fosse diventata una specie di *front business* per attività di riciclaggio. Nel 2006 l'allora parlamentare laburista Leo Brincat scrisse sul «Times of Malta» che nella sua lunga carriera politica non aveva mai assistito a un rapporto cosí «incriminatorio» quanto quello stilato dalla procura generale maltese sulle operazioni di Voice of the Mediterranean. Nelle parole di Brincat, «la pianificazione, i negoziati, le procedure di approvvigionamento, [...] l'inventario, i pagamenti, la contabilità, il monitoraggio sui conti interni, l'assunzione e il licenziamento del personale sono stati gestiti in modo talmente approssimativo da far sorgere il dubbio che siano stati il risultato di pura incompetenza, oppure piú semplicemente di una truffa».

La produzione dei dischi si era invece interrotta nel 1985, quando la posizione della Libia stava diventando sempre piú complicata. Il 5 aprile 1986, nel contesto di continue tensioni e scaramucce fra Libia e Stati Uniti, quattro persone fecero esplodere una bomba in una discoteca di Berlino Ovest notoriamente frequentata da soldati statunitensi. Nell'esplosione ne morirono due, Kenneth T. Ford e James E. Goins (quest'ultimo dopo settimane di agonia), oltre a una ragazza turca, Nermin Hannay. L'attentato venne immediatamente attribuito all'intelligence libica, e il 15 aprile per ritorsione gli Stati Uniti bombardarono Tripoli e Bengasi, come già accennato: negli attacchi morirono alcune decine di libici. Gheddafi rispose ai bombardamenti statunitensi lanciando due missili su Lampedusa, quelli di cui abbiamo parlato qualche pagina piú indietro. Quei missili di fatto misero fine alla popolarità di Gheddafi nei paesi occidentali affacciati sul Mediterraneo.

Diversi artisti coinvolti nella produzione dei dischi finanziati dalla Libia proseguirono la loro carriera senza alcuna ripercussione, come se niente fosse: Bayzo, nome d'arte di Tony Camilleri, coinvolto dal primo disco libico fino almeno al 1982, è diventato negli anni uno dei cantanti maltesi piú apprezzati sull'isola. Al momento della sua morte nel 2018, il Partito laburista diffuse un triste comunicato stampa per lamentare «una grave perdita per la musica e la cultura maltese». Mary Rose Mallia ha pubblicato dischi fino al 2018 e ha circa 500 ascoltatori mensili su Spotify. Anche Renato Micallef canta ancora, e ogni tanto compare sulla tv maltese.

La memoria di quei dischi però è quasi del tutto scomparsa. Il progetto di propaganda di Gheddafi è evidentemente fallito, e le rare copie in vendita online attirano le attenzioni di pochissimi collezionisti. Fra loro però c'è Rune Agerhus, che sta comprando tutti quelli su cui riesce a mettere le mani, e ha iniziato a digitalizzarne alcuni. Il suo obiettivo è quello di renderli disponibili in una specie di Spotify non allineato, gratuito e senza alcun tipo di algoritmo.

L'ISOLA CHE NON C'ERA

Alle 21,30 del 28 giugno 1831 il comandante della marina britannica C. H. Swinburne, futuro padre del noto poeta e drammaturgo di età vittoriana Algernon Swinburne, stava costeggiando il Sud della Sicilia a bordo del veliero *Rapid*, quando all'improvviso si ritrovò a barcollare sul ponte principale della nave. Dopo essersi ricomposto, scese nel suo alloggio e prese nota del fatto che evidentemente doveva avere avvertito gli effetti di un terremoto sottomarino. Quattro giorni dopo, il 2 luglio, alcuni pescatori originari di Sciacca raccontarono di avere osservato una specie di rimescolamento delle acque a pochi chilometri dal piccolo porto del paese. Nei giorni successivi, a terra e in mare, accaddero altre cose piuttosto strane. A Sciacca centinaia di nasi percepirono zaffate simili a quelle prodotte dalle uova marce: con tutta probabilità erano esalazioni di zolfo. Le spiagge della città si coprirono di pietre pomici. Al largo della costa vennero a galla centinaia di pesci, eviscerati e con le carni quasi bollite. Si sentivano rumori simili a quelli dei tuoni: poi però non pioveva mai. Da Sciacca a un certo punto si poteva osservare una sottile colonna di fumo allungarsi verso l'alto, in lontananza. Il primo che comprese cosa stava succedendo fu il capitano Giovanni Corrao, che comandava il brigantino *Teresina* della flotta del Regno delle Due Sicilie. Il 10 luglio Corrao passò al largo di Sciacca e raccontò di aver visto «una quantità di acqua che si innalzava sopra la superficie del mare, frammischiata col fumo». Quei fenomeni, concluse Corrao, non potevano che segnalare la nascita di un vulcano.

Il Canale di Sicilia è una zona estremamente eterogenea dal punto di vista geologico e vulcanico: soprattutto per via dell'incontro della placca africana con quella eurasiatica, che nel corso di milioni di anni ha creato e continua a creare notevoli scompensi. «Dal punto di vista geologico il Canale di Sicilia era un unico plateau che rimase abbastanza omogeneo e uniforme fino a circa sei milioni di anni fa», racconta Agata Di Stefano, che insegna geologia stratigrafica e sedimentologia all'Università di Catania. Poi le varie spinte tettoniche hanno creato aree diversissime fra loro. Nel Canale di Sicilia abbondano i plateau, cioè altipiani sottomarini i cui picchi emergono e diventano delle isole: è il caso, per esempio, sia di Malta sia di Lampedusa. È anche la ragione per cui entrambe sono circondate da acque poco profonde e per cui hanno un terreno particolarmente arido e inadatto all'agricoltura: nonostante siano enormi, rimangono pur sempre delle rocce. A metà strada fra Sicilia e Tunisia ci sono almeno altri tre plateau, la cui vetta però non emerge dall'acqua: si chiamano Banco di Graham, Banco Terribile e Banco Avventura. Nel centro del canale invece, lungo una linea est-ovest che parte da Pantelleria e arriva quasi fino a Malta, il fondale si è abbassato per via della spinta di vari materiali, che hanno causato l'emersione di alcune zone (i plateau, appunto) e invece lo sprofondamento di altre, diventate delle specie di canyon. Questi ultimi si chiamano graben e nel Canale di Sicilia possono raggiungere profondità anche di 1000 metri. Il graben cosiddetto di Pantelleria si estende per decine di chilometri a est dell'isola. Un altro graben, piú piccolo, si trova a nordest di Linosa. Sia Pantelleria sia Linosa però non sono rocce emerse, come Lampedusa e Malta, ma isole nate in seguito a eruzioni vulcaniche. I movimenti delle varie placche del canale «hanno reso la crosta terrestre piú sottile», spiega Di Stefano: «di norma è spessa anche 40 chilometri, mentre qui si assottiglia anche a meno di 20. Per questo è piú soggetta all'emersione di materiale lavico che proviene dal mantello, che crea rilievi vulcanici anche molto effimeri». Fu un'eruzione vulcanica, insomma, a generare Linosa e Pantelleria e a fare in modo che quest'ultima sia piena di ossidiana, e che su entrambe possano crescere moltissime piante, dato che il suolo vulcanico è notoriamente ricco di nutrienti. E fu un'eruzione vulcanica a provocare un certo trambusto al largo delle coste sudoccidentali della Sicilia nell'estate del 1831.

Il 16 luglio il funzionario della dogana borbonica Vincenzo Barresi si avventurò fino a qualche decina di metri dal punto da cui proveniva la colonna di fumo e annotò di aver visto della materia non identificata fuoriuscire dal mare, piú o meno ogni dieci minuti. In un rapporto inviato ai superiori, parlò esplicitamente di «un vulcano nuovamente sorto». Nei giorni successivi tornò in zona anche il comandante della marina britannica C. H. Swinburne, che in un rapporto descrisse la «sublime magnificenza» del nuovo vulcano, largo circa 70 metri e ormai diventato una specie di scura collinetta. A fine luglio si era ormai diffusa in mezza Europa la voce che al largo delle coste di Sciacca fosse emerso un vulcano: accorsero quindi avventurieri, naturalisti dilettanti e vulcanologi, oltre a marinai, pescatori e militari incuriositi da quella scena. Dai loro diari sappiamo che in quei giorni il vulcano cresceva a vista d'occhio: l'esploratore e geologo tedesco Friedrich Hoffmann lo vide il 24 luglio e lo descrisse come largo mezzo «miglio italiano», cioè l'unità di misura in vigore negli stati italiani prima dell'unificazione e dell'introduzione del metro: piú o meno un chilometro.

Non sappiamo esattamente quando il vulcano smise di eruttare. L'Istituto nazionale di geofisica e vulcanologia, nel ricostruire la sua storia, ipotizza che sia successo intorno alla metà di agosto. Da quel momento in poi tantissime persone vollero metterci piede, esplorarlo, capire com'era fatto, avanzare pretese di sovranità: il vulcano era ormai diventato un'isola.

Il 20 agosto sbarcarono sull'isola alcuni funzionari dell'Impero britannico, che riuscirono persino a salire in cima al cratere, ormai quasi del tutto spento. Il 24 ci arrivarono due abitanti di Sciacca. Nei giorni seguenti si succedettero un sacco di timorose spedizioni. Nel frattempo però qualcuno si era già attivato per reclamare l'amministrazione della neonata isola. Del resto la sua posizione sembrava «particolarmente favorevole per controllare i traffici commerciali lungo le rotte che portavano in Medio Oriente», come ha spiegato qualche anno fa lo storico Nino Blando a «BBC» (Pantelleria era troppo isolata per poter ambire a un ruolo del genere). In quegli anni, poi, Tunisia e Libia erano delle province sostanzialmente indipendenti dall'Impero ottomano, e si reggevano quasi esclusivamente sugli introiti dei loro pirati di stato; un altro presidio «occidentale» in mezzo al Canale di Sicilia, insomma, avrebbe fatto comodo a chiunque.

Il primo a muoversi ufficialmente fu re Ferdinando II di Borbone, che il 17 agosto 1831 emanò un atto sovrano con cui la denominava ufficialmente «Isola Ferdinandea». Come molti altri politici prima e dopo di lui, era convinto che le cose succedessero per decreto: cioè che firmando un pezzo di carta la realtà si sarebbe semplicemente adeguata alla sua decisione. Non fu cosí.

Alcuni presero a chiamarla «Isola Corrao», dal nome del comandante del brigantino che per primo mise per iscritto che di fronte a lui aveva un vulcano. I britannici invece la chiamarono «Graham Island», dal nome dell'allora capo della Marina militare britannica, James Graham (che non mise mai piede sull'isola). Due scienziati francesi le diedero invece il nome di «Île Julia», dato che era emersa dalle acque a luglio. Infine altri frequentatori italofoni la chiamarono Nerita, dal nome di un plateau che si trova nelle vicinanze, il Banco Nerita. In quelle settimane i nomi si mischiarono anche fra loro: si trovano documenti in cui l'isola viene definita Giulia Nerita, o Giulia Ferdinandea, come nota divertito lo scrittore Salvatore Mazzarella nel suo bel libro *Dell'isola Ferdinandea e di altre cose*, pubblicato da Sellerio nel 1984, da cui peraltro sono tratti vari estratti dei diari di bordo citati in questo capitolo.

La guerra dei nomi sembrava anticipare una contesa piú concreta sulla sovranità dell'isola, su cui a un certo punto erano state piantate sia la bandiera britannica sia quella francese, a leggere le varie testimonianze di quelle settimane. Significa che almeno due gruppi di persone si aggirarono su quel terreno scuro, bollente e verosimilmente pieno di fessure da cui emergevano vapori ed esalazioni, per reclamarne un utilizzo esclusivo. Re Ferdinando II invece, a parte gli sforzi per darle il suo stesso nome, sembra non abbia mai progettato una vera e propria spedizione per impossessarsi dell'isola. Forse, semplicemente, non fece in tempo: nel dicembre del 1831 l'isola scomparve per sempre.

A fine settembre era già scomparsa un'altura poco lontana dal cratere. Il geologo tedesco Hoffmann, che nelle ultime settimane di vita dell'isola la visitò piú volte, raccontò di continue frane di materiale vulcanico in mare. Fu in questo periodo che l'isola venne visitata dal suo frequentatore piú celebre: Walter Scott, forse il piú noto poeta scozzese di tutti i tempi, conosciuto soprattutto per il suo romanzo storico *Ivanhoe*. Scott passò vicino all'isola il 20 novembre nel corso di un lungo viaggio in nave da Londra a Napoli, dove voleva trasferirsi per respirare aria buona e sperare di guarire da un malanno mai davvero identificato (sarebbe morto meno di un anno dopo). Grazie al suo brillante talento letterario abbiamo una testimonianza vivissima di cosa successe all'isola in quelle settimane. «Vidi dal lato del Sud, e vicinissimo affatto alla linea d'acqua, – scrisse Scott in una lettera alla Società reale di Edimburgo, – una porzione del suolo elevata da cinque a sei piedi affondarsi tutto ad un tratto sotto i piedi d'uno dei nostri compagni. Ciò non mancò di darci qualche inquietudine fino al momento in cui la polvere che s'era alzata, venendo a dissiparsi, rivedemmo il nostro uomo sano e salvo» (la traduzione è di Salvatore Mazzarella). Pezzi dell'isola continuarono a finire in mare, finché l'8 dicembre un brigantino del Regno delle Due Sicilie passò accanto al luogo dov'era emersa l'isola, senza piú vederla.

Oggi sappiamo che l'isola Ferdinandea era composta da un materiale vulcanico che i geologi chiamano *tephra*, cioè soprattutto da ceneri molto fini, lapilli, scorie e blocchi di lava di dimensioni medio-piccole. Al momento della sua massima espansione era alta 65 metri e larga circa un chilometro, con un cratere in mezzo di circa 300 metri di diametro. Finí per scomparire perché l'emissione di lava si era definitivamente interrotta, e perché il materiale fuoriuscito fino a quel momento non era sufficientemente compatto per resistere alle onde. «Essendo costituita da materiale vulcanico poco coerente, [...] l'isola venne interamente smantellata in poco meno di sei mesi dal moto ondoso del mare e da una serie di frane sottomarine», spiegò all'interno della newsletter dell'Ingv del giugno 2021 il vulcanologo Danilo Cavallaro.

Dall'emersione dell'isola Ferdinandea a oggi non sappiamo di altri vulcani sottomarini diventati temporaneamente delle isole, nel Canale di Sicilia. Questo non significa che non siano avvenute altre eruzioni, che però sono rimaste silenziosamente sott'acqua, almeno per noi che viviamo sulla terraferma. Nell'estate del 2023, per esempio, una spedizione scientifica internazionale coordinata dal Centro per la ricerca oceanica Geomar Helmholtz di Kiel, in Germania, a cui ha collaborato anche l'Istituto nazionale di oceanografia e di geofisica sperimentale (Ogs), ha individuato tre vulcani sottomarini nel Canale di Sicilia di cui fino a quel momento non si aveva alcuna notizia.

Agata Di Stefano ritiene che nel Canale di Sicilia esistano una decina di vulcani sottomarini del genere. Ancora oggi però è difficile fare una stima precisa. «Il Canale di Sicilia è uno dei mari ancora meno studiati dal punto di vista scientifico e adesso piano piano stiamo riempiendo questo buco di conoscenza», ha raccontato a Ludovica Lugli del «Post» Emanuele Lodolo, ricercatore dell'Ogs. Lodolo aggiunge che normalmente circa il 70 per cento dei fondali mediterranei è stato mappato in alta risoluzione. Nel Canale di Sicilia il dato scende invece a «non piú del 30-40 per cento». E quindi è del tutto possibile che in futuro verremo a sapere di altre isole-vulcani come la Ferdinandea. Spedizioni del genere sono complicate, perché i macchinari che scandagliano i fondali dovrebbero essere utilizzati anche nelle acque di Libia e Tunisia. Una cosa niente affatto semplice, di questi tempi.

VIVERE IN MEZZO AL MARE

Sorvolando il Canale di Sicilia a bordo di un elicottero o di un piccolo aereo fa un certo effetto guardare giú e non vedere alcuna traccia di presenza umana: soltanto onde e spuma, spuma e onde, di una tonalità che rispecchia il colore del cielo. Le navi commerciali passano molto piú a nord o molto piú a sud. Le isole sono rarissime. E comunque a sud di Lampedusa non c'è niente: soltanto acqua per 300 chilometri in linea d'aria fino alle coste di Tripoli, in Libia. Partendo invece dalle isole Kerkenna, quasi attaccate alle coste orientali tunisine, si può tirare dritti per quasi 1100 chilometri prima di incontrare un'altra isola: Creta, dalla parte opposta del Mediterraneo. Questo deserto di presenza umana stabile è interrotto soltanto da alcune strutture di metallo, enormi e immobili. Sono totalmente estranee alla distesa blu che le circonda, incongrue. Sembrano uscite da un film di fantascienza: se a un certo punto dalle loro fenditure uscisse un'astronave, nessuno lo troverebbe cosí strano. Certo, da lassú le albe e i tramonti sono spettacolari, dice F., una persona che le ha frequentate parecchio. Osservate da sotto, a livello del mare, sembrano ancora piú spettrali: soprattutto di notte, con le onde che sbattono sulle loro gambe incrostate di alghe e la sommità illuminata da luci fioche, come si vede in una scena difficile da dimenticare del film *Io capitano*. Sono piattaforme per l'estrazione e la raffinazione di gas naturale e petrolio.

Nel Mediterraneo ce ne sono piú di 200 attive. In tutto, secondo una stima piuttosto recente del programma dell'Onu per l'ambiente (Unep), sfruttano 323 pozzi di petrolio e gas naturale (una piattaforma può estrarre materiale da piú pozzi). Di queste, 66 si trovano nel Canale di Sicilia: 25 estraggono gas naturale, 32 petrolio, 9 entrambe le sostanze. L'Italia ne gestisce appena 10: la maggior parte delle piattaforme italiane si trova infatti nel mare Adriatico, davanti alle coste emiliane e marchigiane, ed estrae soprattutto gas naturale. L'Italia però ha una presenza anche nelle piattaforme libiche. La piú grande, che raffina gas naturale, si trova a 110 chilometri al largo della città libica di Sabratha ed è cogestita dalla compagnia petrolifera nazionale della Libia e da Eni, la gigantesca società controllata dal ministero dell'Economia italiano. Nei piani di Eni, la piattaforma di Sabratha dovrebbe produrre circa 20,86 milioni di metri cubi di gas naturale al giorno: a regime, circa un ottavo del fabbisogno annuo di gas naturale in Italia.

Esistono piattaforme grandi, piccole e medie, completamente automatizzate oppure abitate; in quest'ultimo caso quasi sempre da uomini (fino a qualche anno fa le donne non erano nemmeno considerate, per questo lavoro). Quella di Sabratha per esempio è piuttosto grande per il Mediterraneo, ma è di medie dimensioni per gli standard mondiali. Pesa 37 000 tonnellate, ha un tubo verticale di 190 metri che la collega al fondale, e ospita circa 120 lavoratori. Venne costruita vent'anni fa, quando ci fu una specie di corsa al combustibile fossile per realizzare quante piú piattaforme possibile nel Canale di Sicilia: oggi le attenzioni dei cacciatori globali di petrolio e gas naturale si sono spostate piú a est, fra Libano, Cipro e Israele. Che la piattaforma di Sabratha sia relativamente nuova lo si capisce anche dal fatto che non ha un nome, ma ha semplicemente ottenuto quello della città piú vicina. Anni fa Eni era nota per dare alle proprie piattaforme nomi di donna: C., che per lavoro progetta i moduli abitati delle piattaforme, racconta che secondo una leggenda che circola nell'ambiente fossero i nomi delle segretarie dei dirigenti Eni che seguivano i vari progetti: Angela, Clara, Morena, Viviana.

Ci sono essenzialmente due categorie di piattaforme: quelle fisse, agganciate sul fondo del mare; e quelle mobili, spesso enormi chiatte. Le prime si chiamano «jacket», cioè il nome che identifica i tralicci su cui viene montata la piattaforma vera e propria. Le chiatte sono note con l'acronimo inglese Fpso (Floating Production Storage and Offloading Unit, cioè Unità galleggiante di produzione, stoccaggio e scarico). Nel Mediterraneo quasi tutte le piattaforme sono jacket, cioè agganciate al fondale. Il loro funzionamento è piuttosto lineare: dopo che una trivella scava un buco fino al pozzo di petrolio o gas naturale, nel canale viene inserito un tubo che trasporta il materiale fino alla piattaforma. Lí viene raffinato e stoccato in grossi contenitori oppure pompato in gasdotti e oleodotti che arrivano fino alla terraferma. Le piattaforme sono insomma impianti enormemente complessi, dove tutto è studiato al millimetro per ottimizzare gli spazi ed evitare incidenti o sversamenti in mare (che comunque avvengono di frequente: anche per questo gli ambientalisti sono estremamente critici sul loro utilizzo). La larghezza del pozzo, per esempio, va calcolata con precisione: se ci si sbaglia di un centimetro, succede un disastro. Le stanze per i dipendenti sono grandi pochi metri quadri, a volte anche solo 7 o 8, in cui va inserito tutto il necessario. Ciascun elemento va poi costruito con materiali certificati da aziende terze; nell'Unione europea ogni singolo pezzo deve rispettare le norme piú stringenti al mondo, previste nella direttiva sulle attrezzature marittime (o Med, dall'inglese Marine Equipment Directive), entrata in vigore nel 1997 e continuamente aggiornata. I pezzi certificati Med si distinguono perché hanno un piccolo timone inciso o disegnato. Costruire e installare queste piattaforme richiede un mucchio di tempo: cinque, sette, dieci anni.

Una volta costruite, anche solo per salire a bordo bisogna seguire infiniti corsi su quali leve toccare e quali non toccare, come sopravvivere un mese con i viveri per due settimane, cosa fare per restare a galla nel caso la piattaforma precipiti in mare. Per rimanerci a lungo, poi, servono competenze molto specifiche per sorvegliare un processo delicato come l'estrazione e la raffinazione di sostanze altamente infiammabili. Delle persone che avrebbero le competenze per lavorare sulle piattaforme, poi, solo una piccola parte lo fa davvero. Non è da tutti rimanere per settimane o mesi su un isolotto di metallo circondato da chilometri di acqua, dove non puoi raggiungere le persone care nemmeno guidando per dieci ore o prendendo un aereo.

La vita a bordo delle piattaforme nel Canale di Sicilia è pressoché identica a quella delle piattaforme sparse in ogni parte del mondo: dal Messico all'Oman, passando per l'Angola e la Norvegia. Spesso chi ci lavora ha esperienze pregresse in almeno un altro continente. Le mansioni e i ritmi sono identici in tutto il mondo. Si passano 28 giorni di lavoro in mare e 28 a terra, per riposarsi. Quando si sta in mare non si possono prendere giorni di permesso per tornare sulla terraferma, da cui si arriva soltanto in elicottero o piú raramente in nave, nel caso delle piattaforme piú vicine. Spesso quindi «capita di non essere a casa per degli eventi importanti», racconta M., un po' sconsolata. A bordo si fanno turni da 12 ore, spesso 6-18 e 18-6. Sono turni molto faticosi, fisicamente e mentalmente, perché per evitare guai bisogna rimanere concentrati per tutto il turno. Finito di lavorare, non rimane molto tempo per fare altro. «Dopo le mie 12 ore, soprattutto nelle mansioni piú impegnative, non ho molta voglia di rimanere sveglio, – racconta R. – Dopo mangiato torno in camera e cerco di dormire, o al massimo leggo o guardo una serie tv». A bordo quasi nessuno vive in una stanza singola: a volte soltanto il capo dell'intera piattaforma. In quelle piú vecchie si condivideva la stanza con altre cinque o sei persone. Oggi, se va bene, hai soltanto un compagno di stanza: i piú privilegiati convivono con una persona che fa il loro stesso lavoro, ma nelle altre 12 ore della giornata (i processi di estrazione vanno avanti ventiquattr'ore su ventiquattro, sette giorni su sette). Cosí non ci si incrocia mai, e nelle ore di riposo si può avere un po' di privacy. I compagni di stanza fra loro non si chiamano coinquilini, ma *back-to-back*, «schiena contro schiena». Le piattaforme piú fornite e attente ai bisogni e alla salute mentale dei lavoratori, cioè quelle nel Mare del Nord, ospitano palestre e stanze dotate di schermi, console e videogiochi: in quelle del Canale di Sicilia le hanno soltanto le piú nuove. In tutte le piattaforme, anche le piú vecchie, c'è almeno uno spazio comune: la mensa. Su *Vega*, la piattaforma piú grande fra quelle gestite dall'Italia, situata 22 chilometri a sud di Pozzallo, in Sicilia, si mangia notoriamente benissimo. Negli impianti dei paesi del Golfo Persico, anche quelli cogestiti da Eni, si va avanti a pollo e riso. Ciascun lavoratore si può portare una piccola scorta da casa: difficilmente però dura piú di qualche giorno. F. racconta che dopo tanti anni sulle piattaforme impari a badare «meno a ciò che mangi e piú a *quanto* mangi, perché il lavoro ti porta via molta energia. Una volta quando lavoravo su una piattaforma croata sono svenuto durante il turno perché ero a dieta, e non avevo mangiato a sufficienza».

Fra gli aspetti positivi delle piattaforme nel Canale di Sicilia, molti lavoratori italiani citano i 28 giorni di riposo a cui si ha diritto – in altre parti del mondo i turni sono piú serrati, e a volte prevedono due settimane di lavoro alternate a due di riposo – e la vicinanza geografica ai propri affetti, una volta tornati sulla terraferma. Per F. avere un intero mese di riposo per dedicarsi alla propria famiglia e alle proprie passioni, quindi sei mesi all'anno, è «una droga». Anche lo stipendio è molto piú alto della media, per tutte le figure a bordo: dai cuochi agli operai specializzati, passando per infermieri e ingegneri. Questi ultimi guadagnano in molti casi almeno 100 000 euro all'anno.

Certo, la vita a bordo rimane piuttosto dura. Oltre a essere lontani da tutto e da tutti, si vive quasi sempre al chiuso, senza luce solare e aria fresca: in molte piattaforme l'unica zona in cui si può prendere una boccata d'aria è l'eliporto. I lavoratori non hanno molti contesti per fare amicizia o attività insieme al di fuori dell'orario di lavoro: a volte sono semplicemente troppo stanchi per farlo, in alcuni casi c'è l'ostacolo della lingua, piú spesso hanno solo bisogno di riposarsi e rimangono per conto proprio quando non lavorano. Sulle piattaforme del Canale di Sicilia le uniche eccezioni sono le partite della nazionale di calcio. «Qui si lavora, si mangia, si dorme, punto», racconta V. A volte l'intera esperienza rischia di essere alienante, quasi avvenisse in un'altra dimensione e in un altro tempo rispetto a quello che si vive sulla terraferma. «L'altro giorno alle 18,18 mi stavo lavando i denti. Il giorno dopo mi è caduto l'occhio sull'orologio ed erano sempre le 18,18», dice ancora V.

Alcune persone, semplicemente, non sono tagliate per tutto questo. In un articolo per «The Passenger», la giornalista britannica Tabitha Lasley, che nel 2021 ha pubblicato un bel libro sulle vite dei lavoratori delle piattaforme petrolifere nel Mare del Nord, ha scritto che «non c'è da sorprendersi che l'isolamento ad alcuni dia alla testa». Lasley per esempio racconta di un uomo rispedito indietro dopo soltanto due giorni passati a bordo. «La prima notte era andato su e giú per gli alloggiamenti, bussando forte alle porte e dicendo agli operai di alzarsi perché la piattaforma stava affondando». Un'altra persona intervistata da Lasley «ha assistito a un litigio tra colleghi conclusosi con uno dei due che si chiudeva in una stanza, mentre l'altro cercava di buttar giú la porta con un'ascia antincendio».

Negli ultimi anni la vita a bordo è cambiata, in parte, grazie alla diffusione degli smartphone: oggi tutte le persone che lavorano sulle piattaforme a fine turno possono fare una videochiamata a casa, oppure guardare una serie su Netflix. Al contempo, gli smartphone hanno ulteriormente ridotto i momenti di socialità fisica con le altre persone a bordo, acuendo la solitudine di chi non ha nessuno da videochiamare.

A volte la routine dei turni di lavoro e dei giorni sempre uguali viene interrotta da eventi eccezionali. Quando il mare è molto mosso la piattaforma oscilla, esattamente come una nave. Nei casi di maltempo piú estremi il lavoro viene sospeso. V. lavorava su una piattaforma nel mare Adriatico quando la mattina presto del 6 aprile 2009 sentí tremare tutto. «Pensavo che una nave ci avesse urtato: invece era stata la scossa di terremoto che distrusse L'Aquila». Un'altra volta invece, mentre si trovava su una piattaforma al largo della Nigeria, una nave petroliera diretta all'impianto su cui stava lavorando prese fuoco. «Tutti i marinai si lanciarono in acqua, e noi della piattaforma ci calammo con una barca a salvarli. Recuperammo tutti tranne il capitano».

Nel Canale di Sicilia non è raro che le imbarcazioni di migranti passino accanto alle piattaforme di petrolio e gas naturale. F., che ha lavorato per anni in una piattaforma in Libia, racconta che le procedure da seguire nel caso un'imbarcazione di migranti si avvicini troppo alla piattaforma sono le stesse previste per un attacco di pirati. «Bisogna mettere tutto in sicurezza e rientrare nell'alloggio», racconta. Nel frattempo le navi da rifornimento ancorate alla piattaforma sparano con un idrante sull'imbarcazione, per dissuaderla dall'avvicinarsi ulteriormente. Una pratica verosimilmente illegale per il diritto internazionale e marittimo, oltre che pericolosissima dato che le imbarcazioni di migranti che partono dalla Libia e dalla Tunisia sono sovraffollate e in pessime condizioni, e un getto come quello di un idrante potrebbe farle ribaltare in pochi secondi.

Altre volte è capitato che le navi da rifornimento delle piattaforme abbiano soccorso migranti naufragati nei pressi degli impianti. Poi però li hanno riportati in Libia, dove nei centri di detenzione per migranti le torture e gli stupri sono sistematici. Si comportò cosí, per esempio, l'equipaggio della *Asso 28*, un rimorchiatore italiano in servizio sulla piattaforma di Sabratha. Il 30 luglio 2018 soccorse un gommone in difficoltà a due chilometri e mezzo dalla piattaforma. A bordo c'erano 101 persone, tra cui 5 bambini e 5 donne incinte. Poco dopo ricevette l'ordine dalla cosiddetta «Guardia costiera libica» di sbarcare le persone soccorse nel porto di Tripoli, e il comandante e l'equipaggio obbedirono. Per i fatti del 30 luglio 2018, cinque anni piú tardi il comandante è stato condannato in appello a un anno di carcere dal tribunale di Napoli per «sbarco e abbandono arbitrario di persone» e «abbandono di minore».

F. racconta di aver assistito soltanto una volta alla procedura di emergenza per dissuadere un'imbarcazione di migranti dall'avvicinarsi alla piattaforma. Da lassú, racconta, «li vedevamo come dei disperati, anche perché per salire a bordo non ci sono punti di accesso dal mare». F. non ricorda esattamente cosa successe, poi, a quella imbarcazione e a quelle persone.

Capitolo sesto

Nell'inverno del 2017 A. entrò per la prima volta nella sua vita in Libia, a bordo di un pick-up che si stava facendo strada fra le dune del deserto del Sahara. Era scappato dalla Somalia qualche settimana prima. Mentre si trovava in Etiopia in cerca di un lavoro, sua moglie era stata rapita dal gruppo terrorista al-Shabaab, e costretta a sposare uno dei suoi miliziani. Il matrimonio era stato ormai ufficializzato: il miliziano aveva anche adottato il figlio della coppia. Disperato, dopo averne parlato coi suoi genitori A. decise che avrebbe provato a raggiungere l'Europa: se fosse tornato in Somalia sarebbe sicuramente stato ucciso dal nuovo marito di sua moglie. Dall'Etiopia i trafficanti lo portarono in Sudan, facendogli cambiare piú volte macchina, e dal Nord del paese iniziò a inoltrarsi nel Sahara. Arrivato alla frontiera con la Libia, A. fu preso in consegna da un nuovo gruppo di persone, armate e minacciose. Il viaggio attraverso il deserto si fece sempre piú cupo e difficoltoso. Gli uomini armati gli davano da bere dell'acqua che sapeva di carburante, mai in quantità sufficienti. Un giorno il pick-up si fermò, e gli uomini armati gettarono nel deserto alcuni cadaveri che avevano tirato fuori dalle macchine. Durante l'ultima sera del tragitto, tre uomini armati si accamparono insieme ad A. e alle altre persone che cercavano di arrivare in Libia: cucinarono per loro un piatto di pasta e della carne. Poi misero gli occhi sulle donne del gruppo. Le presero con la forza e le portarono con loro nel deserto, nel buio piú totale. Nelle ore successive gli uomini sentirono soltanto le loro urla. A volte qualcuna provava a scappare: gli uomini armati la prendevano e la riportavano indietro, nel buio. La traversata nel deserto di A. e dei suoi compagni e compagne di viaggio finí nella cittadina di Brak, nella Libia interna. A. non aveva soldi con sé: aveva usato tutti quelli che aveva per pagarsi il viaggio. Gli uomini armati quindi lo consegnarono a un altro trafficante, che lo sbatté in una specie di carcere. A. ci rimase due mesi, durante i quali venne ripetutamente picchiato e torturato con scariche elettriche.

Un anno dopo, A. riuscí finalmente a imbarcarsi per raggiungere l'Italia. Una notte i trafficanti lo portarono su una spiaggia, lo costrinsero a togliersi le scarpe – l'unico indumento che forse avrebbero potuto vendere a qualcuno, o utilizzare loro stessi – e lo spinsero a forza a bordo di un gommone, con altre cento persone. Troppe: il mattino dopo, il gommone stava già perdendo aria.

L'esperienza di A., raccontata qualche anno fa all'Ong Human Rights Watch, purtroppo è piuttosto comune. La prima e l'ultima cosa che i migranti subiscono durante il periodo che trascorrono in Libia è un atto di violenza: sono quelli che spesso lasciano i ricordi piú indelebili, l'inizio e la fine di un trauma. Anche per questo, una volta lasciata la Libia i migranti la descrivono con formule e parole che si assomigliano, da molti anni: «un inferno» gestito da «persone malvagie», un «buco nero». Una delle prime informazioni che i soccorritori delle Ong attive nel Mediterraneo comunicano a chi trovano in mezzo al mare, stipato da giorni su una barca in pessime condizioni, è «non siamo libici», gridata fra le onde in tutte le lingue possibili. Quando poi le persone vengono portate a bordo delle navi, e l'equipaggio consegna loro dei vestiti puliti, un tè caldo, un materassino per sdraiarsi e del cibo calorico per recuperare rapidamente un po' di energie – biscotti, barrette, un piatto di pasta o di riso –, la cosa viene messa in chiaro una volta per tutte, con un megafono: non siamo libici, non vi riporteremo in Libia. Dopo questa comunicazione spesso scatta un applauso spontaneo, piú immediato e indicativo di molte parole.

Non sappiamo esattamente quante persone negli ultimi anni siano passate dalla Libia per cercare di raggiungere l'Italia, cioè l'Europa, via mare. Dal 2014 al 2024 sono arrivati sulle coste italiane circa 1,1 milioni di migranti. Alcuni sono partiti dalla Tunisia – soprattutto fra il 2022 e il 2023 –, altri dalla Turchia, una sparuta minoranza dall'Algeria e dall'Egitto. La maggior parte di loro però si è imbarcata in Libia. Dal 2011, cioè dalla caduta del regime di Muammar Gheddafi e dall'inizio della guerra civile ancora in corso, la Libia è diventata uno stato per modo di dire, governato da milizie armate e gang criminali, in cui il traffico di esseri umani è diventato un settore economico enormemente redditizio. In ogni momento in Libia vivono decine di migliaia di persone che aspettano di imbarcarsi per l'Europa. Alcune ce la fanno davvero: il milione e passa di cui sopra. Altre muoiono in mare. Il progetto Missing Migrants dell'Organizzazione internazionale per le migrazioni (Oim) stima che dal 2014 al 2024 almeno 24 433 migranti siano morti in mare sulla rotta del Mediterraneo centrale, fra le coste del Nord Africa e l'Italia. Nel 2019 sempre l'Oim ha calcolato che per ogni 13 migranti arrivati in Italia sani e salvi attraverso il Mediterraneo centrale, ce n'è uno che è morto in mare. È come se su un tram mediamente affollato in servizio in una grande città morisse una dozzina di passeggeri a ogni corsa.

Sono stime decisamente al ribasso. L'Oim conteggia soltanto le persone morte nei naufragi di cui abbiamo avuto notizia, ovviamente. Se in un certo naufragio non si è salvato nessuno, quel naufragio non viene registrato. Nel Mediterraneo centrale capita molto piú spesso di quanto crediamo. Nel dicembre del 2024 le correnti del Canale di Sicilia hanno spinto quasi fino a Lampedusa una bambina di undici anni aggrappata a due camere d'aria, che i trafficanti sono soliti consegnare ai migranti al posto dei salvagenti. La bambina è stata soccorsa alle 3,20 di mattina dalla barca a vela dell'Ong Compass Collective, che stava passando di lí per caso. Era buio pesto, e l'equipaggio ha sentito le grida della bambina soltanto perché le barche a vela fanno molto meno rumore di quelle a motore. Una volta portata a bordo, rassicurata e riscaldata, la bambina ha raccontato di essere partita su un'imbarcazione con altre quarantacinque persone. Se non l'avessimo trovata, di quel naufragio non avremmo saputo nulla. Chiedete a una persona che lavora nel soccorso in mare nel Mediterraneo quanti potrebbero aver fatto la stessa fine, e quale potrebbe essere una stima piú realistica dei migranti morti in mare in questi anni: vi risponderà con uno sguardo atterrito.

Sappiamo ancora meno di quelli che sono morti prima di imbarcarsi. La Libia è un paese quasi inaccessibile per i giornalisti: capire e documentare cosa accade nei vari luoghi in cui i migranti aspettano di imbarcarsi, che siano carceri, centri di detenzione, magazzini nel deserto riconvertiti a stalle per umani, è praticamente impossibile. È possibile invece che un giorno succederà anche in Libia quello che è accaduto in Siria alla fine della guerra civile: cioè che si scoprano enormi fosse comuni di persone sparite da tempo, morte chissà quando lungo il loro tragitto. In parte sta già succedendo: nel marzo del 2024 è stata scoperta una fossa comune con almeno sessantacinque corpi vicino a un vecchio centro per migranti nel Sudovest del paese. Ma se anche scoprissimo tutte le fosse scavate negli anni dai trafficanti, non conosceremmo mai il numero reale dei migranti morti in Libia nel tentativo di raggiungere l'Europa: i corpi di molti di loro, e lo sappiamo ormai da centinaia di testimonianze, vengono semplicemente abbandonati nel deserto, in balia delle intemperie e degli animali selvatici.

Pecore e bastoni.

La Libia si estende su un territorio immenso, cinque volte quello italiano. È il diciassettesimo paese al mondo per superficie, ma soltanto il centotreesimo piú popolato (è solo una stima, dato che non esistono censimenti aggiornati). I suoi circa sette milioni di abitanti si concentrano nelle aree costiere o nelle rarissime oasi interne, dato che il 95 per cento del territorio è occupato dal deserto del Sahara. La Libia confina con sei paesi, ma *confinare* è un termine che dà poco l'idea: la guerra civile e il deserto rendono le sue frontiere talmente porose da essere quasi inesistenti. Soprattutto a sud e a est, dove gli insediamenti umani scarseggiano e i confini sono stati tracciati decenni fa col righello. La maggior parte dei migranti entra in Libia proprio da lí.

Le persone che provengono dall'Africa subsahariana raggiungono il Niger, il Ciad o il Sudan, che si trovano appena a sud del deserto del Sahara, e da lí si dirigono verso nord. La frontiera libica si trova praticamente a metà strada del tragitto fra questi paesi e le coste del Mediterraneo, in uno dei luoghi piú isolati sulla Terra. Per migliaia di chilometri in ogni direzione non c'è niente: soltanto dune di sabbia, qualche arbusto, e gli accampamenti dei trafficanti. Nel deserto del Sahara «i migranti si ritrovano alla mercé dei trafficanti, a ogni singolo passaggio», scrisse nel 2015 il giornalista Patrick Kingsley in una delle prime inchieste sul traffico di esseri umani da quelle parti, pubblicata sul «Guardian». Da allora non è cambiato praticamente nulla.

I migranti che provengono dall'Africa subsahariana e vogliono arrivare in Libia sono costretti a passare da lí e a unirsi a chi conosce quelle zone. Non possono semplicemente prendere un aereo, dato che agli aeroporti di Tripoli e Bengasi arrivano pochissimi voli da sud, e che ottenere un visto sarebbe comunque impossibile. Al contempo, attraversare il deserto del Sahara non è un viaggio che si può immaginare di fare da soli: non ci sono vere strade, alloggi, punti di ristoro, benzinai. Bisogna affidarsi completamente ai trafficanti per il trasporto, il cibo, l'acqua, la propria sicurezza, e sperare di completare i circa 1800 chilometri in linea d'aria che separano per esempio la città nigerina di Agadez – uno dei piú noti punti di partenza per i migranti che intendono attraversare il deserto – e Tripoli. I trafficanti sanno bene di avere il coltello dalla parte del manico. «I rapimenti per la richiesta di un riscatto o per la riduzione in schiavitú sono comuni. Circolano storie di trafficanti che abbandonano fra le dune del deserto decine di propri clienti, a morire di fame e di sete», scriveva Kingsley nel 2015. Nel giro di dieci anni i rischi di una traversata del genere sono rimasti esattamente gli stessi: anzi sono probabilmente aumentati, dato che nel frattempo sia in Ciad sia in Niger c'è stato un colpo di stato, e in Sudan dal 2023 è iniziata una sanguinosissima guerra civile ancora in corso. La parte sud del deserto del Sahara è insomma diventata una terra di nessuno, in cui si sopravvive soltanto praticando la violenza.

S. racconta di essere arrivato in Sudan con grandi speranze. Aveva quattordici anni, in Somalia lavorava come lustrascarpe ma era scappato per evitare di essere reclutato da una milizia di al-Shabaab, il gruppo islamista piú potente nella zona. Dopo avere attraversato l'Etiopia e tutto il Sudan insieme a due amici, era arrivato in un centro gestito dai trafficanti ai margini del deserto. Lui e altri diciannove ragazzi somali furono fatti salire a bordo di alcuni pick-up, spiega, e cosí iniziò il loro viaggio nel deserto. «Durante i primi giorni ci davano da mangiare piccoli pezzi di pane e un po' d'acqua. A un certo punto scuoiarono una pecora, la macellarono e ne mangiammo la sua carne. Dormivamo nel deserto, sulla sabbia. Decidevano loro se viaggiare di giorno o di notte». Dopo diciassette giorni di viaggio successe un imprevisto. «Eravamo arrivati piú o meno a metà strada, – racconta S., – quando ci attaccò un gruppo armato di ciadiani. Durante l'attacco due dei nostri ragazzi furono uccisi con dei colpi di fucile. I ciadiani ammazzarono anche i nostri trafficanti e ci costrinsero a seguirli. Da lí ci portarono nella zona di Cufra, dove ci vendettero a dei trafficanti libici». La provincia libica di Cufra si trova nell'estremo Sud della Libia, nel cuore del deserto, ed è frequentata soprattutto dai migranti partiti dal Sudan (chi arriva dal Ciad invece finisce piú spesso nella città di Sabha, circa 800 chilometri piú a ovest). Nelle varie cittadine di Cufra, racconta il sito specializzato InfoMigrants, i migranti che arrivano vengono stipati in vecchie fattorie e venduti al trafficante che offre di piú. Una volta *acquistati*, i migranti vengono trasferiti in apposite carceri. Lí «li tengono prigionieri e li costringono a contattare le proprie famiglie per chiedere loro dei soldi in modo da essere rilasciati», scrive InfoMigrants. È esattamente quello che è successo a S.

«A Cufra i libici ci hanno detto che non ci avrebbero fatto del male, se la nostra famiglia avesse pagato un riscatto. Arrivati nel centro ci hanno fatto vedere due gruppi di persone nella stessa stanza. Al primo gruppo apparteneva chi aveva pagato il riscatto, tutto o in parte: ci sembravano in buone condizioni. Quelli che non avevano pagato facevano parte del secondo gruppo. Erano stati torturati, sembravano malnutriti. "Potete scegliere a quale gruppo appartenere", ci dissero i libici». S. però era partito senza soldi, senza vestiti, senza un telefono, senza niente: non si ricordava il numero dei suoi genitori, e anche se l'avesse ritrovato sapeva che non avrebbero avuto i soldi per pagare un riscatto. «Il secondo giorno che eravamo lí i trafficanti sono entrati nella stanza alle 6 di mattina e hanno iniziato a picchiare con dei bastoni le persone che non avevano pagato. Ho avuto molta paura e mi sono sentito male. I trafficanti mi hanno chiesto il numero di telefono dei miei, non avevo nessun numero e quindi mi hanno messo nel gruppo di chi non pagava. Da quel momento sono iniziate le torture». Ogni giorno, alle 6 di mattina, i trafficanti entravano nella stanza mentre tutti dormivano e li svegliavano con le botte, racconta S. «Ci mettevano in piedi e ci davano dieci frustate alla schiena. Dopo ci davano il cibo: una porzione di pasta ogni quattro persone, ne mangiavi un boccone a testa. Per andare in bagno alzavi la mano e un trafficante ti faceva uscire dalla stanza. Il bagno era sporchissimo, non ho mai visto nessuno che lo puliva. Nella stanza eravamo in tutto una settantina. Pensavo che sarei morto lí, che non mi avrebbero mai liberato».

Un aeroporto diverso da tutti gli altri.

I migranti che arrivano in Libia dal Medio Oriente e dal resto dell'Asia, invece, molto raramente attraversano il deserto. Arrivano in aereo in Egitto, a volte addirittura in Libia: dal Bangladesh, per esempio, è piuttosto facile ottenere un visto turistico per entrare in territorio libico e atterrare a Tripoli o Bengasi, con uno scalo a Dubai o a Istanbul. Se tutto fila liscio, i migranti che provengono dal Bangladesh o dal Pakistan si fermano in Libia soltanto pochi giorni, prima di imbarcarsi per l'Italia. Se va male, come a moltissime persone, le violenze iniziano nel momento esatto in cui mettono piede in Libia.

K. è scappato dal Bangladesh dopo che un'alluvione aveva distrutto l'azienda ittica di famiglia, dove i suoi genitori allevavano soprattutto gamberi. Dopo aver perso ogni cosa, suo padre iniziò a stare molto male per la pressione che avvertiva nei confronti della sua famiglia, dei suoi parenti, dei suoi debitori. Un giorno gli venne un ictus e morí. Il peso dei debiti e delle aspettative della famiglia ricadde su K., che a un certo punto decise insieme ai suoi parenti che l'unico modo per evitare di rimanere indebitati a vita sarebbe stato quello di provare a raggiungere l'Europa, trovare un lavoro e mandare quanti piú soldi possibile a casa. La sua famiglia investí quasi tutti i propri risparmi per farlo partire, racconta oggi K.: 370 000 taka bengalesi, piú o meno 3000 euro. Dal Bangladesh K. arrivò a Dubai, poi in Kuwait, quindi in un aeroporto egiziano di cui non ricorda il nome, sempre in aereo. Con sé aveva soltanto uno zaino con qualche vestito, uno spazzolino da denti e un pettine. Infine, dall'Egitto K. atterrò all'aeroporto internazionale di

Bengasi, nella Libia orientale. «Dal momento in cui sono arrivato a Bengasi ho avuto una strana sensazione, – racconta. – Negli aeroporti in cui ero passato c'erano delle regole ben precise che tutti dovevano seguire. A Bengasi non c'erano regole. C'era gente che gridava, altri fumavano dentro all'aeroporto. Nessuno trattava gli altri come se fossero delle persone. C'erano degli uomini libici con dei manganelli in mano che colpivano chi capitava, a destra e sinistra. Ci dicevano in arabo di sederci, ma noi non capivamo l'arabo. Sono venuti e hanno iniziato a colpirci con i manganelli, facendoci sedere a forza sul pavimento. A quel punto ci hanno preso i passaporti e dopo una mezz'oretta ce li hanno riportati buttandoli a terra tutti insieme, dicendo semplicemente "raccoglieteli"». K. aspettava che qualcuno lo venisse a prendere: un trafficante, uno dei suoi collaboratori, chiunque sapesse che era arrivato in Libia e doveva proseguire il suo viaggio. Invece i libici coi manganelli caricarono K. nel bagagliaio di una macchina strapiena e lo portarono «in una specie di bosco» insieme a molti altri migranti arrivati come lui in aereo. «A quel punto abbiamo iniziato tutti ad avere molta paura, ci chiedevamo dove fossimo finiti, cosa ci sarebbe successo, perché ci dicevano di stare zitti. Non avevamo commesso nessun reato, eravamo lí per costruire la nostra vita. Dopo una notte cosí, alle 4 di mattina ci misero su una macchina e ci portarono a casa del trafficante che ci stava effettivamente aspettando».

Il cambio della guardia.

Anche durante gli anni del regime di Muammar Gheddafi la Libia era un luogo di transito per i migranti che cercavano di arrivare in Europa. Ancora il 6 maggio 2009, due anni prima della caduta del regime, tre imbarcazioni con a bordo circa duecento migranti partiti dalle coste libiche furono intercettate da altrettante navi della Guardia di Finanza e della Guardia costiera italiane. L'equipaggio delle navi italiane soccorse le duecento persone, ma anziché fare rotta verso l'Italia le sbarcò nel porto di Tripoli, senza preoccuparsi di capire se intendessero fare richiesta di asilo in Italia. Fra le persone soccorse, undici cittadini somali e tredici cittadini eritrei fecero causa al governo italiano davanti alla Corte europea dei diritti dell'uomo. Nel 2012 la Corte, con una sentenza giudicata ancora oggi storica – Hirsi Jamaa e altri contro l'Italia –, condannò il governo italiano per la condotta della Guardia di Finanza e della Guardia costiera, per avere di fatto respinto e portato in un luogo pericoloso un gruppo di persone che intendevano chiedere asilo in Italia; fu la prima volta che i respingimenti in mare furono equiparati a quelli compiuti in terra, sulla base del fatto che chi sale su una nave delle autorità italiane entra in territorio italiano. Cioè un luogo dove le leggi italiane, europee e le norme del diritto internazionale vietano di respingere una persona che vuole chiedere asilo in un paese dove sarà vittima di discriminazioni e violenze (articolo 33 della Convenzione di Ginevra del 1951 sullo statuto dei rifugiati) o rifiutare l'ingresso nel territorio senza esaminare in maniera individuale la sua richiesta d'asilo (articolo 4 del Protocollo n. 4 alla Convenzione per la salvaguardia dei diritti dell'uomo e delle libertà fondamentali, firmato nel 1963). Proprio per via della sentenza Hirsi, nel 2017 il governo italiano firmò il Memorandum di intesa tra Italia e Libia, in cui l'allora governo italiano di centrosinistra dava mandato alla cosiddetta «Guardia costiera libica» di intercettare in mare le imbarcazioni di migranti per poi riportarle in Libia, con mezzi e attrezzatura italiani; le autorità italiane non potevano piú farlo direttamente, per via della sentenza del 2012.

Prima della caduta di Gheddafi, la rotta migratoria via mare verso l'Italia aveva registrato numeri piuttosto contenuti: fra il 2001 e il 2006 arrivavano in Italia in media meno di 20 000 migranti all'anno via mare, su rotte anche diverse da quella che passava per il Canale di Sicilia. Il traffico dalla Libia era controllato dal regime di Gheddafi, un affare di stato in cui le violenze erano meno sistematiche. «Prima della rivoluzione i migranti prendevano uno degli autobus diretti verso Bengasi da Kufra, Tripoli o Sabha, senza alcuna necessità di affidarsi a passatori o trafficanti, – ha scritto la giornalista Nancy Porsia, molto esperta di Libia, nel suo libro-reportage *Mal di Libia*. – Le strade libiche erano abbastanza sicure, perché per loro garantiva il colonnello panafricanista Gheddafi. Gli arresti e le torture contro i migranti ai tempi del regime non erano mai casuali, ma rispondevano sempre a una negoziazione in corso con l'Europa». Quando a Gheddafi tornava piú comodo nei negoziati con gli alleati europei, i migranti venivano bloccati; altrimenti, trascorrevano in Libia il tempo necessario per trovare un passaggio e imbarcarsi. Poi in tutta la regione ci fu l'enorme rimescolamento che qui abbiamo chiamato «primavera araba». In Libia causò la caduta di Gheddafi e l'inizio di una guerra civile di fatto ancora in corso. Dopo la caduta del regime, nota Porsia, «al dittatore sono subentrate decine di gruppi armati», sia nel controllo del territorio sia nella gestione del traffico degli esseri umani, che da allora è diventato un'importante fonte di sostentamento economico per le milizie stesse, oltre al contrabbando di petrolio, sigarette e beni di ogni tipo.

Le milizie rispondono di volta in volta ai vari governi regionali in cui la Libia si è spezzettata durante la guerra civile, ma in cambio della promessa di combattere a fianco di un certo capo ottengono ampio margine per sostenersi dal punto di vista economico e anzi fare un sacco di soldi. Il paradosso è che spesso le stesse milizie sono coinvolte sia nel traffico di esseri umani sia nelle intercettazioni di migranti in mare: è il caso per esempio della nota brigata Tariq Ben Zeyad, attiva nella Libia orientale e guidata da Saddam Haftar, figlio del generale che governa di fatto la regione, Khalifa Haftar. Nella Libia occidentale invece era piuttosto famosa la vicenda di Abd al-Rahman al-Milad, noto anche come Bija. Per anni è stato il capo della cosiddetta «Guardia costiera libica» nella regione di Zawiya, alla periferia occidentale di Tripoli, addestrata e rifornita di mezzi dall'Italia e dall'Unione europea. Per via di questo ruolo, nel maggio del 2017 Bija è stato persino in visita ufficiale in Italia, come ha scoperto un paio di anni dopo il giornalista Nello Scavo di «Avvenire». Al contempo però Bija era legato ai gestori del centro al-Nasr di Zawiya, dove i suoi uomini riportavano i migranti che bloccavano con la forza in mare. Bija è stato ucciso il 1° settembre del 2024 in un agguato mentre si trovava nella sua auto, a Tripoli, non si sa da chi. Ma i casi di Bija e Saddam Haftar sono soltanto i piú famosi di un settore esteso e molto redditizio. Ancora nel 2023 una missione di raccolta di informazioni del Consiglio per i diritti umani dell'Onu notava che diversi membri di alto livello della «Guardia costiera» e di altre milizie parastatali «sono in combutta con i trafficanti di esseri umani».

Dal traffico di esseri umani i libici coinvolti ottengono un doppio beneficio: le milizie ricevono legittimazione politica, motovedette e mezzi militari dai paesi europei, interessati ad appaltare a qualcun altro l'onere di bloccare gli arrivi di migranti; i trafficanti, con cui le milizie sono in combutta, soldi su soldi da parte dei migranti stessi, che devono pagare per imbarcarsi verso l'Italia. Molti migranti e persone coinvolte nel soccorso in mare sono convinti che in diversi casi i trafficanti di esseri umani avvertano la cosiddetta «Guardia costiera libica» per intercettare una barca che hanno fatto partire loro stessi: in questo modo le milizie dimostrano ai paesi europei che si stanno impegnando nel limitare le partenze di migranti – e possono cosí chiedere ulteriori mezzi e legittimazione – e al contempo i trafficanti continuano a estorcere soldi ai migranti, a cui per imbarcarsi possono chiedere un nuovo riscatto. È un circolo vizioso di cui i paesi europei sono a conoscenza da anni, ma che nessuno o quasi vuole interrompere per evitare che sulle coste italiane arrivino ancora piú migranti. I trafficanti e le milizie, fra cui spesso c'è ampia sovrapposizione, non hanno alcun incentivo a comportarsi diversamente. Sono i migranti che patiscono le maggiori conseguenze concrete di questo vortice fatto di detenzioni, tentativi di partire, nuove detenzioni e nuovi tentativi, conditi in ogni passaggio da violenze indicibili. Uscirne vivi è soltanto una questione di fortuna.

«Ero diventato uno scheletro».

Fra un tentativo e l'altro di imbarcarsi verso l'Italia, i migranti vengono detenuti in posti che ogni volta hanno nomi diversi: centri di detenzione, prigioni, fattorie, magazzini. Soltanto una persona li ha chiamati piú volte, in pubblico, «centri di accoglienza»: l'ex ministro dell'Interno Marco Minniti, che nel 2017 curò i negoziati che portarono al Memorandum di intesa tra Italia e Libia. A volte questi centri sono ufficiali, molte altre sono informali. Un giorno i libici che fanno la guardia indossano una divisa, il giorno dopo sono vestiti in borghese. Le strutture possono essere enormi o minuscole, situate nel deserto o alla periferia delle città libiche. Nessuno sa esattamente quante siano. Nel 2022 l'Onu contava ventisette centri ufficiali, ma il numero di quelli non ufficiali è verosimilmente molto piú alto.

Dentro succede sempre la stessa cosa: i migranti vengono detenuti e trattati in maniera disumana, finché ottengono la possibilità di imbarcarsi per mare lavorando in condizioni di schiavitú oppure pagando una specie di riscatto. Quasi nessuno ha con sé i soldi necessari: sia perché per uscire da questi posti ne servono *tanti*, sia perché chi ne aveva li ha usati nella prima parte del viaggio per pagare passaggi, tangenti, pasti, alloggi. Per estorcere i soldi, i trafficanti e le milizie alleate si rivolgono ai parenti: li chiamano al telefono – oppure li fanno chiamare direttamente da loro – per provare che sono ancora vivi e spiegare che per proseguire il viaggio devono versare altri soldi. Ai migranti stessi e ai parenti vengono fatte pressioni nel modo piú economico ed efficace al mondo: con la violenza e le privazioni. Specialmente nei confronti di chi non vuole pagare. I trafficanti si accaniscono su di loro, nella speranza che paghino oppure muoiano. In ogni caso, una persona in meno di cui occuparsi.

S., il quattordicenne somalo, si trovava esattamente in questa situazione. Non aveva nessun numero di telefono da offrire ai trafficanti, che erano indecisi se considerarlo un duro da sfinire oppure un peso di cui liberarsi. Nel dubbio, l'hanno pestato ogni giorno: prima a Cufra, poi in un altro centro poco distante, quando nei dintorni del primo ci furono alcuni scontri a fuoco tra milizie rivali. «Nei sette mesi in cui sono stato nel secondo centro ero diventato uno scheletro, – racconta S. – Eravamo in un sotterraneo e non sapevi mai se era notte o se era giorno. La prigione era sporca e piena di insetti, dalla testa ai piedi la mia pelle si era ricoperta di bolle. I libici ci legavano le gambe, ci facevano chinare la testa e ci colpivano dove capitava con bastoni e tubi di metallo. Ancora oggi quando fa freddo mi fanno male i piedi e la schiena, dove mi colpivano piú spesso». S. fu trasferito in un terzo e poi in un quarto centro, in cui le condizioni erano piú o meno le stesse: non sa dire se i trafficanti vendessero lui e altri detenuti, oppure se veniva spostato per fare spazio ad altre persone. Mentre era nel quarto centro seppe che uno dei due amici con cui era arrivato a piedi in Etiopia era morto di stenti dopo essere rimasto nel terzo centro. «Mi sono sentito molto male al pensiero che il mio amico era morto lontano dalla sua famiglia. Pensavo che sarebbe successa la stessa cosa anche a me. In quel momento ero cosí malato che pensai di suicidarmi. Non c'era modo di farlo, ma per come ero ridotto ero comunque destinato a morire. Pensai anche di scappare, ma i ragazzi che ci provavano venivano riportati indietro e uccisi: i libici ti riportano sempre nei centri, anche se riesci a evadere e prendere un taxi».

Anche K. finí nello stesso vortice di S., pur essendo arrivato in Libia in aereo, e nonostante avesse un trafficante di riferimento e una famiglia disposta a finanziare il suo viaggio (a costo di indebitarsi per i decenni successivi). Dopo essere stato prelevato nel bosco dal trafficante che l'aveva fatto arrivare in Libia, K. rimase per due mesi in uno stanzone sotterraneo da qualche parte nella Libia del Sud. A pranzo e cena qualcuno gli portava del riso.

La doccia era permessa una volta a settimana. Insieme a lui c'erano una trentina di persone, che cambiavano spesso: quelli che volevano andare in Europa rimanevano nel sotterraneo per qualche giorno e poi venivano trasferiti altrove. K. invece voleva iniziare a lavorare il prima possibile per ripagare il debito contratto dalla sua famiglia. Il trafficante lo tenne chiuso per due mesi, promettendogli un lavoro che non si materializzò mai. A quel punto anche K. chiese di poter proseguire il viaggio e imbarcarsi in Europa; nel frattempo, fra l'altro, il trafficante aveva iniziato a chiedergli una specie di affitto – un modo come un altro per estorcergli dei soldi – per il cibo e l'alloggio che gli stava garantendo. Anche per questo K. decise di partire. «Lasciata una situazione di pericolo, mi sono infilato in un'altra, – racconta. – Eravamo in 9 e ci fecero salire tutti in una sola macchina. I libici erano in 4 e si misero vicino ai finestrini con le pistole puntate verso l'esterno. Viaggiammo per 8 ore e verso le 3 di notte ci lasciarono in una specie di magazzino. Eravamo stanchi, non avevamo mangiato niente e crollammo dal sonno. Quando ci svegliammo la mattina dopo ci accorgemmo che intorno a noi era pieno di persone. Eravamo in 75, tutti in attesa di partire per l'Italia». Le condizioni di vita nel magazzino erano «disastrose», racconta K. «Non c'era acqua e nessuno si poteva lavare. Da mangiare ci davano un panino al giorno, che dovevamo dividere in due con un'altra persona. Per bere portavano alcune bottiglie da cinque litri da spartire con una quindicina di persone: alla fine ci toccava soltanto un bicchiere al giorno. Non potevamo dire niente perché i libici che ci sorvegliavano erano armati. Alcune persone si sono ammalate. Una era talmente malata che pensavamo stesse morendo. Non si muoveva, guardava fisso verso l'alto. Allora abbiamo chiamato uno dei libici che ci sorvegliava chiedendo di portare questa persona dal medico. Il libico è venuto e ha preso la persona malata a calci sulla nuca, dicendogli: alzati, non sei venuto qui per stare male». K. sentiva di non avere altra scelta se non quella di aspettare. «A un certo punto avevamo pensato di chiamare la polizia ma poi capimmo che non avremmo ottenuto niente, e che ci avrebbero riportati lí. In Libia è difficile distinguere chi fa parte della polizia e chi no. Pensammo anche di scappare, ma controllammo su Google Maps e ci accorgemmo che ci trovavamo vicino a Bengasi, e intorno a noi c'era solo deserto. Chissà quanto ci avremmo messo a piedi, eravamo tutti indeboliti: non era fattibile». K. racconta di essere rimasto in quel centro un mese e quattro giorni, senza che si parlasse di una partenza imminente. A quel punto, stremato, chiese di nuovo al trafficante con cui era in contatto di essere spostato in un altro centro. Il trafficante gli chiese altri soldi e lo trasferí in un posto che definisce «il peggiore di tutti quelli in cui sono stato». «Eravamo circa quattrocento, – dice, – in un posto in mezzo al deserto. Dormivamo sulla sabbia, le raffiche di vento erano cosí forti che dovevamo usare i vestiti come mascherine per evitare di respirare sabbia. C'era molta puzza, tante persone si sono ammalate. A un certo punto mi è venuta la febbre. Fra le nove persone con cui ero partito, uno in particolare era diventato mio amico: condividevamo le nostre storie personali, i motivi per cui eravamo andati via dal Bangladesh, e nei momenti di sofferenza ci consolavamo a vicenda. Nei giorni in cui stavo male andò a chiedere ai libici se potevano darmi delle cure. Ma non c'era niente. Un giorno ero troppo debole per alzarmi e andare a prendere l'unico panino che ci davano da mangiare. Quel giorno il mio amico è andato dai libici e gli ha fatto vedere che ero disteso, che non potevo alzarmi, e chiese se poteva ritirare un panino anche per me. I libici gli risposero che se volevo il cibo dovevo venire a prenderlo. Il mio amico tornò con il suo panino e il suo bicchiere d'acqua. E in due condividemmo quel piccolo panino e il suo bicchiere d'acqua». Dopo due settimane, i trafficanti spostarono i migranti in un centro ancora piú grande: in tutto, stima K., ci saranno state novecento persone. Le loro condizioni peggiorarono ulteriormente, se possibile. «Faceva molto caldo, non riuscivamo a tenere i vestiti addosso, nessuno faceva una doccia da chissà quanti giorni. Sudavamo in continuazione, c'era una gran puzza. In questo posto era difficile sopravvivere». Poi anche il suo amico si ammalò. «Iniziò a tossire, ad avere la febbre. Come lui era stato vicino a me, ora io cercavo di stare vicino a lui. Andavo dai libici a chiedere dei farmaci e del cibo in piú, in maniera che potesse riprendersi. Ma i libici non facevano nulla del genere. È stato malato per tre giorni, la notte del quarto giorno ci addormentammo insieme. La mattina dopo mi risvegliai ma lui non c'era piú. Non si era svegliato. Era morto. Ero scioccato e non sapevo cosa fare: era l'unica persona di cui mi fidavo ed era morta. La stessa cosa può accadere anche a me: se muoio, non gliene frega niente a nessuno. Avvisai i libici che a fianco a me c'era un morto. Non ebbero nessuna reazione, mi risposero "ok". Nel pomeriggio arrivò una macchina per portarlo via. Fra le centinaia di persone che c'erano lí nessuno si offrí di aiutarmi per caricare il mio amico sull'auto: eravamo tutti talmente deboli da non poter reggere il peso di una persona. Dopo un po' un signore anziano si offrí di aiutarmi, e insieme lo caricammo sulla macchina. Chiesi ai libici cosa avrebbero fatto del mio amico, mi risposero che l'avrebbero buttato nel deserto».

Una porta sul deserto.

La vita nei centri è ancora piú dura e umiliante per le donne: per comodità finora abbiamo parlato di «migranti» esclusivamente al maschile, perché «persone migranti» purtroppo è una formula un po' farraginosa. Ma dalla Libia passano anche tantissime donne. B., per esempio, era partita dal Camerun insieme a tre amiche per trovare un lavoro in Libia, ma una volta entrata nel paese finí in un centro di detenzione per sole donne nei pressi del confine con la Tunisia. Di fatto, il centro era una casa di tolleranza. «I libici ci costringevano a prostituirci, – racconta B. – Eravamo nove donne in tutto. Vivevamo in una piccola stanza con un solo bagno. Mi sembra di essere rimasta lí per tre mesi, ma non so dirlo con esattezza perché nonostante abbia una buona memoria persi la concezione del tempo. In quei posti ti sembra di non essere sulla Terra. Ti fanno di tutto: vieni picchiata, stuprata. Se vuoi parlare ti dicono che sei stata venduta, e che non puoi farlo». B. era finita in un centro insieme ad altre otto donne. «Ci davano da mangiare un panino al giorno, insieme a una bottiglietta d'acqua. Tutti gli ambienti erano sporchi, non avevamo vestiti per cambiarci, nemmeno quando avevamo il ciclo. Ci diedero un solo pacco di assorbenti per tutte quante. Quando finí, basta». Quasi nessuna delle guardie del centro rivolgeva loro la parola: soltanto quella che le faceva uscire fuori dalla stanza per condurle dai clienti, che aspettavano in un'altra ala dell'edificio. «In quel posto ogni momento aspetti la morte. In quei momenti ho pensato anche di suicidarmi», dice B.

Dopo tre mesi di detenzione e di prostituzione forzata, avvenne una specie di miracolo. «Una di noi cominciò a sentirsi male, disse alla guardia "non sto bene". Allora la guardia le disse che la volta successiva le avrebbe portato dei medicinali. Le guardie erano due, si davano il cambio. Quando tornò il giorno dopo, la guardia le aveva portato dei farmaci. Nel frattempo però era arrivato un cliente. La ragazza che non stava bene andò col cliente e quando tornò stava malissimo. Ci raccontò di aver avuto un rapporto sessuale da dietro, e questo le aveva causato un dolore terribile. La guardia ebbe pietà della ragazza, e quella sera andò a dormire lasciando la porta della stanza aperta, apposta. Alcune di noi approfittarono della porta aperta, e uscimmo. Le donne che erano già lí quando eravamo arrivate non vollero seguirci, forse erano spaventate. Prima di lasciare la porta aperta, la guardia aveva detto alla ragazza: "Quando uscite, andate verso destra". Fu la prima volta che incontravo un libico con un cuore».

Le storie di S. e K. hanno un lieto fine, piú o meno. S. venne soccorso e aiutato da alcuni ragazzi somali dopo che i trafficanti l'avevano abbandonato in mezzo a una strada, convinti che presto sarebbe morto. Si imbarcò su un vecchio peschereccio a due piani. Dopo tre giorni fu soccorso dalla Guardia di Finanza e portato a Lampedusa. Ricorda ancora la prima persona che gli sorrise, una volta arrivato in Italia: una medica che gli porse una coperta termica e gli diede un abbraccio. K. invece smise di contattare il trafficante che aveva seguito il suo viaggio fino ad allora, e dopo un periodo di semischiavitú si imbatté per caso in un altro trafficante, che lo fece partire su una barca insieme ad altre trentatre persone. Fu soccorso da una nave commerciale francese e portato a Pozzallo, in provincia di Ragusa.

Anche B. riuscí a scappare dai suoi trafficanti. Dopo aver lasciato il centro di detenzione camminò per giorni nel deserto, finché arrivò in Tunisia dove grazie ad amici di amici riuscí persino a trovare un lavoro. B. fu poi costretta a scappare dalla Tunisia per via della campagna di discriminazione sistematica promossa dal presidente autoritario Kaïs Saïed contro le persone di origine subsahariana, che Saïed ormai da due anni indica come capri espiatori della tremenda crisi economica che la Tunisia vive da tempo. B. si imbarcò per Lampedusa mentre era incinta di un ragazzo che aveva conosciuto anni prima e che aveva ritrovato in Tunisia. B. partorí in mezzo al mare, ma la bimba non sopravvisse. Due giorni dopo il parto, quando l'imbarcazione venne soccorsa dalle autorità italiane e portata a Lampedusa, era già morta. Oggi è sepolta lí. Nell'anniversario della sua morte B. è tornata sull'isola per visitarne la tomba.

S., K. e B. hanno chiesto e ottenuto asilo in Italia. Oggi vivono a Palermo, hanno una casa e un lavoro. Tutti e tre sono stati seguiti dalla clinica locale di Medici senza frontiere rivolta ai migranti che durante il tragitto verso l'Italia hanno subíto violenze e torture. Tutte le interviste sono state condotte all'interno della clinica di Medici senza frontiere e nell'ambito di un percorso riabilitativo che prevede la condivisione di ciò che è capitato loro in Libia, per prenderne coscienza e riappropriarsi di un'esperienza il cui racconto viene quasi sempre affidato ad altri.

+334 86 51 71 61

Ci sono due persone che si scrivono su una chat riservata. Una è seduta a una scrivania, l'altra nel proprio letto. Si trovano a centinaia di chilometri di distanza. È notte. Il loro volto è illuminato dallo schermo del computer, su cui si intravede soprattutto una grande macchia azzurra. Una delle due abbandona la chat e si appunta numeri e sigle in un documento condiviso, un «log». L'altra richiama un numero di telefono con uno strano prefisso da cui aveva ricevuto una chiamata, prima di perdere la linea. Sono due attivisti di Alarm Phone, l'Ong che gestisce l'unico centralino per migranti che si trovano in difficoltà nel Mediterraneo. Il centralino è attivo ventiquattr'ore su ventiquattro, sette giorni su sette. È gestito da volontari che fanno turni da otto ore, sempre in coppia: tendenzialmente una persona meno esperta viene affiancata a una con decine di turni alle spalle. Grazie al passaparola i numeri del centralino di Alarm Phone sono finiti ovunque. Il principale è rimasto +334 86 51 71 61. In dieci anni di attività hanno ricevuto 8000 chiamate di emergenza e avuto a che fare con piú di 200 000 persone in difficoltà in mare, molte delle quali sono passate dal Canale di Sicilia.

In mezzo al mare non c'è segnale. È per questo che alla partenza i trafficanti piú attrezzati forniscono a una delle persone che imbarcano un telefono satellitare. Su Alibaba si trovano a poche centinaia di dollari, usati costano ancora meno. Gli attivisti di Alarm Phone li chiamano *thuraya*, dal nome dell'azienda con sede negli Emirati Arabi Uniti che produce il modello piú diffuso ed economico, il preferito dai trafficanti. Quando ricevono sul proprio computer una chiamata da un *thuraya*, guidano la persona che sta chiamando a inviare loro le coordinate Gps del punto in cui si trova l'imbarcazione. Si fa cosí. I *thuraya* hanno tutti una tastiera fisica. Il tasto piú in alto a sinistra ha una barretta orizzontale in corrispondenza della quale, pochi centimetri sopra, sul display, si vede la parola «Menu». Dopo averlo premuto appaiono diverse icone stilizzate. Bisogna selezionare quella a forma di bussola. Poi l'opzione «current location», la prima che compare sullo schermo. A quel punto si materializza l'icona di una piccola antenna, e la scritta «Acquiring... GPS». Se tutto fila liscio, nella parte alta dello schermo compaiono quindi due barre: la prima contiene la latitudine della posizione esatta in cui si trova il *thuraya*, la seconda la longitudine. La persona che telefona deve leggere questi due numeri agli attivisti di Alarm Phone, lentamente, uno per uno, stando attenta al pallino che identifica i gradi. Se una barca è ferma a 100 chilometri esatti a sud di Lampedusa si trova a 34 gradi 60 primi e 29,3 secondi di latitudine, e 12 gradi 59 primi e 91,5 secondi di longitudine. Per far capire esattamente dov'è una certa imbarcazione bisogna azzeccare tutti questi numeri, sfidando la potenza del segnale, le raffiche di vento, le onde che sbilanciano la persona che sta chiamando, i crampi allo stomaco causati dal mal di mare. Una volta segnata la posizione, gli attivisti di Alarm Phone mandano una mail a tutte le guardie costiere dei paesi vicini. E poi sperano.

I volontari e le volontarie di Alarm Phone non sono le uniche persone che da terra seguono con preoccupazione quello che succede nel Canale di Sicilia. Ci sono i dipendenti di Grandi navi veloci, l'unica linea di traghetti che collega la Sicilia con la Tunisia, una volta al giorno con la linea Palermo-Tunisi, undici ore di navigazione. Oppure quelli di Liberty Lines e Siremar, le due compagnie che gestiscono i collegamenti fra le isole italiane del canale. Osservano l'orizzonte e provano a capire se i traghetti potranno partire, o no.

Anche i pescatori, per capire se uscire o meno in mare, guardano il cielo; ma negli ultimi anni sempre piú spesso consultano le app gratuite che permettono di sapere quanto vento tirerà nelle ore successive, in quale direzione, e se genererà dei marosi. L'app piú popolare si chiama Windy, l'ha sviluppata nel 2014 un programmatore ceco. I logisti delle compagnie commerciali che spediscono le navi container in giro per il mondo hanno sistemi ancora piú sofisticati e un po' misteriosi per capire se una nave diretta in Indonesia è costretta a procedere piú lentamente per via del maltempo che incontra a nord della Tunisia.

In una stanza con poche finestre e molti schermi in viale dell'Arte 16, a Roma, nel quartiere dell'Eur, su un telo bianco viene proiettata una mappa del Mediterraneo, con tanti minuscoli puntini. È la sede della Centrale operativa nazionale della Guardia costiera italiana, piú precisamente del Comando generale del corpo delle capitanerie di porto: molte parole per indicare i funzionari della Guardia costiera italiana che si occupano di coordinare i soccorsi in mare nella cosiddetta zona Sar italiana, quella in cui lo stato italiano si impegna a mantenere attivo un servizio di ricerca e soccorso delle imbarcazioni in difficoltà. Per monitorare le imbarcazioni che si aggirano nel Mediterraneo hanno a disposizione almeno nove sistemi diversi: Ares, Lrit, Ais-Pelagus, Vts, Vms, Ssn, Csn, Seg, Navtex. Se però un'imbarcazione di migranti gli telefona nelle zone Sar «"gestite"» (servono quattro virgolette) dalla Libia e dalla Tunisia, la Guardia costiera invita chi chiama a rivolgersi a loro.

E poi c'è un signore che a casa sua, a Catania, da una decina d'anni vive circondato dai monitor con cui osserva tutto il giorno linee e pallini. Si chiama Sergio Scandura, lavora da una vita per Radio Radicale. Scandura è l'unico giornalista in Europa che riesce a monitorare quasi in tempo reale i movimenti degli aerei militari che sorvolano il Mediterraneo in cerca di migranti: negli ultimi anni sono aumentati a dismisura. Come ci riesce è un segreto professionale: meglio non chiedere. Ma come si fa a capire dalla sua rotta se un aereo ha trovato o meno un'imbarcazione di migranti? Facile, in realtà: quando un aereo inizia a girare intorno a un punto, e quindi la linea colorata della sua rotta forma una serie di cerchi tipo quelli che disegniamo quando vogliamo segnare una data sul calendario, significa che l'aereo sta scendendo di quota girando su se stesso per vedere piú da vicino un'imbarcazione di migranti. Se invece le linee colorate sono regolari e «a pettine» significa che l'aereo in questione non ha avvistato niente. Se sono decisamente irregolari e piene di ghirigori vuol dire che il Mediterraneo centrale è pieno di imbarcazioni di migranti: in mezzo ci sono varie sfumature.

Tutte queste persone – gli attivisti di Alarm Phone, i bigliettai dei traghetti, i logisti, i pescatori, i funzionari della Guardia costiera, Sergio Scandura – sanno bene che il Canale di Sicilia è un tratto di mare imprevedibile, dove le condizioni meteo possono cambiare in ogni momento. Il Canale di Sicilia è un mare «dinamico», spiega Giulio Betti, meteorologo e climatologo del Cnr (Consiglio nazionale delle ricerche): «Subisce l'azione di venti molto intensi, ha un moto ondoso medio tra i piú alti del Mediterraneo, e in pieno inverno è una delle zone con maggior propensione alla formazione di vortici di tutti i tipi. I piú pericolosi in assoluto sono quelli che si formano fra Tunisia e Algeria, che tendono a risalire verso la Sicilia. I marinai li temono, perché quando si ha a che fare con vortici di bassa pressione isolati come questi è molto difficile capire dove andranno a battere». A volte il meteo migliora: certi giorni di tarda primavera fra Tripoli e La Valletta, fra Tunisi e Lampedusa, l'alta pressione estiva calma i venti e le onde, e le acque del canale diventano «lisce come l'olio», una delle espressioni preferite di Scandura. A volte invece le condizioni del mare si deteriorano improvvisamente: e bisogna prepararsi al peggio.

Una persona in media può sopravvivere per circa un'ora in acque che hanno una temperatura di 5 gradi, due ore in acque a 10 gradi, e diverse ore se la temperatura dell'acqua è superiore ai 20 gradi; è il caso di quelle del Mediterraneo d'estate. In ogni momento purtroppo, soprattutto se ci sono correnti fredde, si rischia la sindrome da idrocuzione: si percepisce un ronzio alle orecchie, nausea, una sensazione di freddo improvviso. E si smette di respirare. Per evitare di sprecare energie e calore bisognerebbe stare a galla nella posizione del morto, o ancora meglio in quella fetale, con le ginocchia contro il petto; ma in mezzo al mare, da soli, circondati da chilometri di acqua e cielo e nulla, non tutti hanno la lucidità o le conoscenze o la forza per farlo. Tutto può essere complicato dalla sensazione sgradevolissima di sfregamento dei vestiti intrisi di acqua salata sulla pelle. La vita di migliaia di persone, negli ultimi anni, si è conclusa esattamente in questo modo.

UN'OCCHIATA PIÚ IN LÀ

Scegliamo un posto a caso fra quelli che si affacciano sul Canale di Sicilia, uno dei tanti dei quali abbiamo parlato, e proviamo a immaginare cosa potrà succedere nel giro di qualche anno se le tendenze attuali rimarranno queste.

Il cambiamento climatico provocherà un progressivo e inarrestabile aumento delle temperature, in un luogo geograficamente attiguo al deserto del Sahara dove in estate fa già molto, molto caldo. Per rendere sostenibile la vita nei mesi piú difficili servirà sempre piú energia: banalmente, per tenere accesi centinaia di migliaia di macchinari per l'aria condizionata. Ma l'energia servirà anche per dissalare quantità sempre maggiori di acqua di mare, perché pioverà sempre di meno. E per soddisfare le esigenze di un numero crescente di turisti, l'unico settore economico che ormai resiste a crisi economiche, sociali, politiche e che dà lavoro a una quota sempre piú ampia di persone. Lo spazio per accomodare i turisti però rimane sempre quello, anzi sarà ancora piú limitato: le temperature piú alte renderanno desertiche e perciò inabitabili estese aree interne, vanificando secoli di adattamento alla vita umana. La quantità limitata di risorse e spazi provocherà dei conflitti fra gruppi di persone con priorità diverse. Gli agricoltori inizieranno a rubare acqua dalle riserve comuni, parlando di «furti di sopravvivenza» necessari per mantenere in vita le proprie coltivazioni. La politica dovrà fare delle scelte drastiche e coraggiose, quindi impopolari. Parecchie persone, frustrate da condizioni di vita sempre piú complicate, sceglieranno semplicemente di andarsene: saranno sostituite da turisti e lavoratori migranti sottopagati, finché i conti non torneranno piú, e non solo dal punto di vista economico. C'è un posto in cui tutto questo è già una realtà.

Fra settembre 2023 e agosto 2024 a Malta è stato registrato il secondo anno solare piú arido di sempre: sono caduti 249,8 millimetri di pioggia, dopo i 230,7 millimetri del 1948. Ottobre del 2023 è stato il piú arido di sempre, mentre quello del 2024 uno dei piú caldi mai registrati: il pomeriggio del 9 ottobre, in pieno autunno, sono stati toccati 29,9°C. Un recente studio ha dimostrato che dal 1952 al 2020 a Malta i millimetri di pioggia si sono ridotti in media di 10,3 ogni dieci anni, con una decisa accelerazione dopo il 2000. Il «Times of Malta», il quotidiano piú letto del paese, pubblica spesso articoli ed editoriali che mettono in guardia dalla progressiva desertificazione, oltre che dai pericoli del cosiddetto *overtourism*, l'accoglienza dei turisti oltre le possibilità concrete dell'isola: nel 1969 visitarono Malta 186 000 turisti, mentre nel 2023 sono stati circa 3 milioni. I pochi agricoltori rimasti in attività hanno opinioni ancora piú nette. Josef Farrugia, la cui famiglia coltiva patate da generazioni, in un'intervista per ITV News ha detto che a suo parere l'agricoltura a Malta «è già morta». Altri suoi colleghi succhiano l'acqua dall'unica falda acquifera dell'isola, illegalmente, sostenendo che altrimenti le loro piante morirebbero.

Malta si trova all'incirca alla stessa altezza di Hammamet, in Tunisia, ma anche appena piú a nord di Lampedusa, a 160 chilometri in linea d'aria da Agrigento, e poco piú del doppio da Tripoli. A Malta, insomma, stiamo osservando il futuro? Le terre intorno al Canale di Sicilia diventeranno inabitabili, se non faremo nulla per contrastare il cambiamento climatico?

Charles Galdies, meteorologo dell'Università ta' Malta di Msida, ex capo del Malta Meteorological Office nonché autore dello studio sulle piogge nell'isola dal 1952 al 2020, ha una risposta piuttosto articolata, almeno riguardo a Malta. «Non credo che diventerà inabitabile, ma certamente l'ambiente intorno a noi cambierà molto, molto drasticamente. In Arabia Saudita per esempio le temperature sono molto alte ma le persone riescono ancora a vivere in quelle condizioni: certo, serve un'infrastruttura peculiare e decisamente energivora», oltre ovviamente a gigantesche riserve di petrolio per finanziarla. Galdies sostiene insomma che la vita non scomparirà del tutto né a Malta né in posti che subiranno conseguenze simili: almeno nel breve-medio termine. Sicuramente, però, diventerà molto diversa da come la conosciamo, e ci costringerà a pagare prezzi enormi anche solo per garantire la sopravvivenza di chi sceglierà di rimanere. «Intorno a noi cresceranno piante diverse, le uniche che saranno in grado di resistere a temperature piú alte e quantità d'acqua ridotte, i raccolti seccheranno, molte persone sceglieranno di andarsene a vivere in posti piú freschi e verdi», ipotizza Galdies.

Ovviamente uno scenario del genere non è inevitabile. Se c'è una cosa che ci ha insegnato questo viaggio nel tempo e nello spazio attorno al Canale di Sicilia è che persino in un posto cosí eterogeneo e frammentato, i cui fondali sono pieni di navi affondate e corpi di persone uccise o respinte, si possono trovare periodi e contesti a cui ispirarsi, in cui la diversità, anzi, è stata un elemento di ricchezza. Basti pensare ai secoli in cui Lampedusa è stata un porto franco in mezzo a uno dei mari piú pericolosi al mondo, allo sviluppo agricolo e commerciale della Sicilia durante il governo arabo, al miscuglio di comunità che portò alla fondazione – pacifica – di Cartagine, fino agli equipaggi multietnici delle navi delle Ong, che soccorrono i migranti in difficoltà nelle stesse acque in cui meno di duecento anni fa i paesi europei si contendevano un isolotto vulcanico appena emerso dal fondale.

Il Canale di Sicilia non è destinato a essere un luogo di scontro permanente, cioè il destino che attende tutte le zone di confine secondo gli esperti di geopolitica e insomma chi ritiene che le comunità umane siano incatenate alla conformazione geografica del posto in cui vivono. Allo stesso modo non si realizzerà mai un mondo in cui spontaneamente i gruppi umani intorno al Canale di Sicilia deporranno le armi, fisiche ma anche politiche e retoriche, riconosceranno che siamo tutti parte di un unico grande popolo mediterraneo, e vivranno per sempre felici e contenti. Un mondo del genere va costruito, proprio perché nella storia umana il Canale di Sicilia è stato entrambe le cose: un luogo di scontri violentissimi, ma anche di slanci di inclusione e progetti condivisi.

Non siamo condannati: dobbiamo semplicemente scegliere a quale delle due facce ispirarci.

Bibliografia

CAPITOLO PRIMO

I virgolettati di Emanuele Lodolo sono tratti da un'intervista realizzata per questo libro.

Tutte le citazioni di Cyprian Broodbank sono invece tratte dal seminale *Il Mediterraneo. Dalla preistoria alla nascita del mondo classico*, uscito nel 2018 per la Piccola Biblioteca Einaudi. Lo studio sul Dna preistorico del Nord Africa è stato condotto dal gruppo di lavoro di Luciana G. Simões, si intitola *Northwest African Neolithic Initiated by Migrants from Iberia and Levant* ed è stato pubblicato sulla rivista «Nature» il 7 giugno 2023. Quello di Fabrizio Antonioli sull'abbassamento del livello del mare in corrispondenza del picco dell'era glaciale è del 2014, si intitola *Timing of the Emergence of the Europe-Sicily Bridge (40-17 cal ka BP) and its Implications for the Spread of Modern Humans* ed è una pubblicazione della Geological Society of London, uscita nel 2016; anche questo è stato frutto di un gruppo di lavoro, cosí come il paper intitolato *Palaeolithic Seafaring in East Asia: Testing the Bamboo Raft Hypothesis*, che racconta dei tentativi del professor Yousuke Kaifu di raggiungere le isole Ryūkyū. È stato pubblicato sulla prestigiosa rivista «Antiquity» della Cambridge University Press nel dicembre del 2019. Rimanendo in Giappone, lo studio *Maritime Transport of Obsidian in Japan during the Upper Paleolithic* sull'ossidiana giapponese, citato nel capitolo secondo, è di Nobuyuki Ikeya ed è stato pubblicato nel gennaio del 2015. Risale invece al novembre del 2022 lo studio *Archaic Hominins Maiden Voyage in the Mediterranean Sea* di George Ferentinos, pubblicato da «Quaternary International», volume DCXLVI.

Le informazioni sulle imbarcazioni ritrovate al «Villaggio Marmotta» sono tratte dallo studio *La seconda imbarcazione monossile del sito neolitico de «La Marmotta»*, di Maria Antonietta

Fugazzola Delpino e Nina Mauro, contenuto negli Atti del II Convegno nazionale di Archeologia, Storia, Etnologia Navale, stampati nel 2014.

LINOSA E LE SUE BERTE

Le interviste a Giacomo Dell'Omo e Martina Cecchetti sono state realizzate per questo libro. *Biogeografia delle Isole Pelagie* del biologo Edoardo Zavattari è uscito nel 1960 nei Rendiconti dell'Accademia nazionale dei XL. Il comunicato dei carabinieri citato nel capitolo si può trovare online su reportdifesa.it.

CAPITOLO SECONDO

I virgolettati di Leonardo Abelli, Maurizio Cattani e Pietro Militello sono tratti da interviste realizzate per questo libro.

Lo studio di Fabrizio Nicoletti sulle abitudini dei primi frequentatori di Pantelleria si intitola *L'industria litica di Punta Fram. Una nuova facies preistorica a Pantelleria*, ed è stato pubblicato nel 2012 per gli Atti della XLI Riunione scientifica dell'Istituto italiano di preistoria e protostoria. Quello del gruppo di lavoro guidato da Simone Mulazzani sulla diffusione dell'ossidiana nel Nord Africa si intitola invece *Obsidian from the Epipalaeolithic and Neolithic Eastern Maghreb. A View from the Hergla Context (Tunisia)* ed è uscito nel 2010 per il «Journal of Archaeological Science». Il termine «Bronzization», coniato da Helle Vandkilde, viene dal volume XCI della rivista «Praehistorische Zeitschrift», edito nel 2016 da De Gruyter, nello specifico dallo studio *Bronzization: The Bronze Age as Pre-Modern Globalization*. Per quanto riguarda Malta, l'imponente *The Archaeology of Malta. From the Neolithic through the Roman Period* di Claudia Sagona è uscito nel 2015 per la Cambridge World Archaeology. Sulle ragioni per cui furono costruiti gli antichi «templi» maltesi, e il possibile consumo di sostanze al loro interno, c'è il capitolo *Sacred and Profane Substances: The Ritual Use of Narcotics in Later Neolithic*

Europe, scritto da Andrew Sherratt e contenuto nel libro *Economy and Society in Prehistoric Europe*, pubblicato nel 1997 dalla Edinburgh University Press.

Una panoramica delle teorie di Marija Gimbutas sull'Europa pre-indoeuropea, compresa la citazione contenuta in questo libro, si trova dentro *Le Dee Viventi*, pubblicato in italiano nel 2005 da Medusa Edizioni.

PANTELLERIA, 1943

Il libro piú completo sulla storia dell'isola è ancora *Il libro dell'isola di Pantelleria* del notaio Angelo D'Aietti, uscito per la prima volta nel 1978 e piú volte aggiornato. Suo figlio Peppe D'Aietti, peraltro, è un'ottima guida dei molti siti archeologici della zona. Il racconto di Basilio Di Martino è contenuto in un'intervista data a Vincenzo Grienti di «Avvenire» (5 marzo 2024), reperibile anche online. La presa di Pantelleria degli Alleati è raccontata da Alberto Santoni nel libro *Le operazioni in Sicilia e in Calabria (luglio-settembre 1943)*, uscito nel 1983 per l'Ufficio storico dello Stato Maggiore dell'Esercito. Per la visita all'hangar di Pantelleria ringrazio il colonnello Franco Linzalone e il luogotenente Armando Porcaro.

CAPITOLO TERZO

L'intervista a Michele Guirguis è stata realizzata per questo libro. Il piú completo resoconto della nascita e dei primi secoli di Cartagine lo si trova dentro il saggio *Carthago delenda est. Ascesa e caduta di un'antica civiltà*, uscito nel 2011 da Mondadori e scritto da Richard Miles. Lo studio realizzato dal gruppo di lavoro coordinato da Miljana Radivojević, apparso nel 2013 sulla rivista «Antiquity», si intitola *Tainted Ores and the Rise of Tin Bronzes in Eurasia, c. 6500 Years Ago*. I calcoli sulla fondazione di Cartagine dello studioso Gérard Gertoux si trovano dentro il suo libro *Scientific Approach to an Absolute Chronology through Synchronisms Dated by Astronomy*, pubblicato nel 2019 sulla piattaforma Glasstree. *La Sardegna fenicia e punica* è invece un saggio storico pubblicato da Ferruccio Barreca nel 1974 per Chiarella, casa editrice di Sassari. Giovanni Lilliu, uno dei piú grandi studiosi della preistoria sarda, ha parlato piú volte della «costante resistenziale sarda», e si intitola esattamente cosí la sua raccolta di articoli usciti su quotidiani e riviste pubblicata nel 2002 da Ilisso, a cura di Antonello Mattone.

Lo studio del gruppo di lavoro coordinato da John Novembre, uscito nel 2020 per la rivista «Nature Communications», si intitola *Genetic History from the Middle Neolithic to Present on the Mediterranean Island of Sardinia*, e si trova facilmente online. La citazione di Eugenia Tognotti proviene da un comunicato stampa fatto all'epoca della pubblicazione dello studio *Approccio paleobiologico alla storia della malaria e della leishmaniosi in Sardegna dall'età Prenuragica al Medioevo*, nel 2013. La rivalità fra Cartaginesi e Greci (e Romani) in Sicilia è ben spiegata nel saggio *Le guerre di Sicilia* di Stefania De Vido, uscito per Carocci nel 2013. *Rethinking the Other in Antiquity* è stato invece pubblicato da Erich S. Gruen per la Princeton University Press nel 2010 (e mai tradotto in italiano). La citazione di Ettore Pais è tratta invece dal suo *Storia di Roma durante le guerre puniche* in due volumi, uscito nel 1927 per Optima.

L'approfondito studio di Bruno D'Andrea sui *tophet* cartaginesi si intitola *Bambini nel «limbo». Dati e proposte interpretative sui tofet fenici e punici*, ed è uscito nel 2018 per la Collection de l'École française de Rome. Quello di Bill Mahaney sul passaggio degli elefanti cartaginesi sulle Alpi invece è uscito nel 2016 per la rivista «Archaeometry» e si intitola *Biostratigraphic Evidence Relating to the Age-Old Question of Hannibal's Invasion of Italy, I: History and Geological Reconstruction*.

PEPERONCINI, ACQUA E IDENTITÀ

Le interviste ad Imed Attig e Riadh El Faiez sono state realizzate per questo libro.

La citazione di Yotam Ottolenghi è tratta da una video-intervista pubblicata il 29 ottobre 2018 sul «Washington Post».

GLI SQUALI DI LAMPIONE, E TUTTI GLI ALTRI

Le interviste a Carlo Cattano e Daniela Freggi sono state realizzate per questo libro. *Tropico Mediterraneo* di Stefano Liberti è uscito nel 2024 per Laterza.

CANNE DA GIARDINO DI IMPORTANZA MONDIALE

Le interviste ad Alberto Rizzi ed Emanuele Rossi sono state realizzate per questo libro. L'articolo di Robin Chataut intitolato *Undersea Cables Are the Unseen Backbone of the Global Internet* è stato pubblicato dal magazine online «The Conversation» il 1° aprile 2024.

CAPITOLO QUARTO

Il miglior libro sulla storia antica di Lampedusa, in assenza di volumi piú specifici e specializzati, rimane *Lampedusa: dall'agricoltura, alla pesca, al turismo*, pubblicato nel 2020 dall'agronomo e lampedusano adottivo Giuseppe Surico per la Firenze University Press. Un'enciclopedia vivente, invece, è Fabio Giovanetti dell'Archivio storico Lampedusa. Passate a trovarlo, se vi capita di passeggiare in via Roma.

Per la campagna di espansione araba nel Mediterraneo è stato preziosissimo *In God's Path* dello storico Robert G. Hoyland, pubblicato nel 2014 dalla Oxford University Press, purtroppo mai tradotto in italiano. Il librone di Andreas Stratos si intitola *Byzantium in the Seventh Century*, anche questo purtroppo mai tradotto in italiano. Lo studio di Alessandra Molinari si intitola *New Insights into Early Medieval Islamic Cuisine: Organic Residue Analysis of Pottery from Rural and Urban Sicily*, ed è stato pubblicato nel 2021 sulla rivista «PLOS One» – la responsabile del gruppo di ricerca era Jasmine Lundy.

Di preistoria, antichità e Medioevo parla moltissimo anche lo storico David Abulafia dentro *Il grande mare*, pubblicato in

Italia da Mondadori nel 2013: una ricchissima e articolata storia del Mediterraneo a cui mi sono ispirato anche per una visione piú dall'alto, molto esplicita nel riconoscere frammentazioni e differenze come la vera cifra che lega questi posti. Le citazioni sulla schiavitú nel Mediterraneo invece sono tratte da *Christian Slaves, Muslim Masters. White Slavery in the Mediterranean, the Barbary Coast, and Italy, 1500-1800*, di Robert C. Davis, uscito nel 2003 per Palgrave Macmillan, e da *Schiavi. Una storia mediterranea (XVI-XIX secolo)*, di Salvatore Bono, pubblicato dal Mulino nel 2021.

Sulla pirateria nel Mediterraneo centrale non c'è un libro di riferimento ma parecchi studi e paper; i piú completi sono quelli della storica statunitense Amy G. Remensnyder, che a quanto si sa ormai da anni sta scrivendo un libro sulle attività dei pirati cristiani e musulmani a Lampedusa. Le sue citazioni sono tratte soprattutto dal capitolo *Compassion, Fear, Fugitive Slaves, and a Pirates' Shrine: Lampedusa, ca. 1550 - ca. 1750*, contenuto nella raccolta *Mapping Pre-Modern Sicily* pubblicata nel 2022 da Palgrave Macmillan. Le interviste a Marco Macchi e Giuseppe Anfosso sono tratte da un servizio di Alessandra Carbonini pubblicato sul sito di «Repubblica» il 2 novembre 2020. Per chi si fosse incuriosito della storia di Andrea Anfossi/Anfosso, il libro piú completo sulla vicenda l'ha scritto Ivan Arnaldi per Leonardo Editore nel 1992: si intitola *Nostra Signora di Lampedusa*.

Per i rapporti attuali fra Malta e Lampedusa si può leggere l'articolo / saggio breve di Albert Ganado pubblicato sul «Times of Malta» il 10 novembre del 2013, intitolato *Lampedusa's Strong and Long-Standing Relationships with Malta*.

GHEPARDI E TREQUARTISTI

L'intervista a Massimo Tuccio è stata realizzata per questo libro. Quella a Joseph Bouallegui è contenuta in un reportage pubblicato dall'Ansa il 7 maggio 2023, intitolato *Il migrante calciatore che fa sognare Lampedusa*.

L'ESTATE DEI MISSILI

I virgolettati dei quotidiani sono tratti da un lavoro di archivio sulle edizioni dell'epoca. La citazione di De Rubeis è tratta dall'articolo *Lampedusa, paura di Gheddafi «Come l'incubo di 25 anni fa»*, scritto da Francesco Viviano su «Repubblica» il 19 marzo 2011. Il thriller di Speroni si chiama invece *Operazione Castigo*, è uscito nel 1982 per Rusconi e miracolosamente si trova ancora, in qualche meandro di internet. Il virgolettato di Totò Martello è tratto dall'articolo intitolato *La grande paura del 1986*, pubblicato dalla redazione del sito di news LiveSicilia il 15 aprile 2016. L'intervista a Mario Arpino è invece ricavata da un articolo di Gianluca Di Feo uscito per «L'Espresso» nel novembre del 2005. I dubbi di Purgatori sull'attacco missilistico si trovano nella puntata del programma *Atlantide* andata in onda su La7 il 25 ottobre 2018, di cui si trovano ampi frammenti online. Il virgolettato di Andreotti è riportato da un articolo di Vincenzo Nigro pubblicato da «Repubblica» il 30 ottobre 2008, intitolato *Andreotti e il ministro libico confermano «Craxi avvertí Gheddafi del bombardamento Usa»*.

CAPITOLO QUINTO

Le voci iniziali sono tratte da una raccolta di Nicola Labanca intitolata *Posti al sole. Diari e memorie di vita e di lavoro dalle colonie d'Africa*, edita nel 2001 dal Museo storico italiano della guerra di Rovereto. Sempre da questa raccolta sono tratte le citazioni di Ester Morselli, Nella Stramazzo, Adriano Andreotti e Aldo Zelli. I libri di Angelo Del Boca sono stati probabilmente i piú sottolineati e appesantiti da post-it fra quelli che ho consultato: i due volumi di *Gli italiani in Libia* (Mondadori, 1997), da cui sono tratte le citazioni di Charles de Freycinet, Emanuele De Cillis e Giuseppe Volpi, *A un passo dalla forca* (Baldini Castoldi Dalai, 2007), da cui arriva invece quella di Felice Piccioli, e *Italiani, brava gente?* (Neri Pozza, 2005). Lo studio piú completo sulle colonie rimane *Oasi di italianità* di Federico Cresti, uscito nel 1996 per la SEI: da lí sono tratte anche le citazioni di Luigi Federzoni, Bruno Biagi e Tullio Cianetti, cosí come il rapporto del ministero degli Esteri del 1946. La stima di Luigi Scoppola Iacopini è contenuta nel libro *I «dimenticati». Gli Italiani in Libia: da colonizzatori a profughi, 1943-1976*, pubblicato nel 2020 da Aracne.

È dello storico Habib Wada'ah el-Hasnawi invece *Effetti psicosociali delle operazioni di deportazione dei libici nelle isole italiane sugli esiliati e i loro parenti in epoca coloniale (1911-1943)*, tratto dal I Convegno sugli esiliati libici nel periodo coloniale, del 2000. Frammenti delle poesie di Fadil Hasin Ash-Shalmani si trovano nel cortometraggio *Terra dei Padri*, del regista Francesco Di Gioia. L'articolo di Antonio Scurati sui campi di concentramento è stato pubblicato dal «Corriere della Sera» il 21 gennaio 2022, col titolo *Libia, il crimine fascista rimosso: gli orribili campi in cui morivano i civili*. Da «L'Idea Nazionale» è invece tratto il virgolettato di Enrico Corradini, contenuto nell'articolo *A quanti è utile l'occupazione di Tripoli*, uscito il 21 settembre 1911. La citazione di Marinetti invece è molto nota e la si trova un po' ovunque: in origine fu pubblicata nel libro *La battaglia di Tripoli (26 ottobre 1911). Vissuta e Cantata da F. T. Marinetti*, una raccolta dei reportage in francese scritti da Marinetti pubblicata nel 1912. Dal libro *Ai margini del Sahara*, uscito per Licinio Cappelli nel 1936, è invece tratta la citazione di Carlo Enrico Rava.

Le riflessioni di Simona Berhe sono contenute nello studio *Un impero di carte: l'immagine della Libia nelle riviste turistiche «Le Vie d'Italia» e «Libia»*, pubblicato nel 2017 dalla rivista francese «Clio@Themis». Un altro studio citato, *L'architettura dei villaggi agricoli per metropolitani nella Quarta sponda (1934-1940)*, di Maria Rossana Caniglia, è stato pubblicato nel 2022 dalla rivista «ArcHistoR». L'autobiografia di Arthur Journo è invece uscita nel 2003 col titolo *Il ribelle*, pubblicata dalla casa editrice Le Lettere. *Diario di un combattente nell'Africa settentrionale* di Oderisio Piscicelli Taeggi fu invece pubblicato per la prima volta nel 1946, e oggi ne è disponibile un'edizione di Oaks Editrice. La lettera di Paolo Gazzana Priaroggia è stata pubblicata invece da Giulio Bedeschi nel suo libro del 1979 *Fronte d'Africa: c'ero anch'io*, edito da Mursia. La testimonianza di Giovanna Ortu è stata raccolta dal giornalista Vincenzo Nigro e pubblicata in un articolo di «Repubblica» intitolato *La cacciata degli italiani di Libia*, del 6 ottobre 2020.

SCEICCO DEL DESERTO

L'intervista a Rune Agerhus è stata realizzata per questo libro. La citazione di Raymond Agius è tratta dall'articolo *The Funk Albums Funded by Colonel Gaddafi*, scritto dal giornalista Tom Phelan e pubblicato il 3 dicembre 2024 dal magazine britannico «Far Out». L'articolo di Leo Brincat, uscito sul «Times of Malta» il 16 luglio 2006, si intitola *The Voice of the Mediterranean Scandal.*

L'ISOLA CHE NON C'ERA

L'intervista ad Agata Di Stefano è stata realizzata per questo libro. Le citazioni di Giovanni Corrao, Vincenzo Barresi e C. H. Swinburne sono tratte dal ricchissimo libro di Salvatore Mazzarella sull'isola Ferdinandea, intitolato *Dell'isola Ferdinandea e di altre cose*, pubblicato nel 1984 da Sellerio e ristampato nel 2012. Il virgolettato di Nino Blando è tratto dall'articolo di «BBC» intitolato *The Mediterranean's Short-Lived «Atlantis»*, pubblicato il 9 luglio 2021. La citazione di Danilo Cavallaro proviene dal sesto numero del 2021 della newsletter dell'Ingv. Quella di Emanuele Lodolo invece da un articolo del «Post» scritto da Ludovica Lugli, pubblicato il 10 agosto 2023 col titolo *Quanti vulcani sottomarini ci sono nel Canale di Sicilia?*

VIVERE IN MEZZO AL MARE

L'articolo di Tabitha Lasley a cui si fa riferimento è uscito nel 2022 per il numero *Oceano* del magazine «The Passenger» di Iperborea, mentre il suo libro sulle vite dei lavoratori delle piattaforme petrolifere nel Mare del Nord, *Lo stato del mare*, è uscito in Italia nel 2021 curato da NR edizioni.

CAPITOLO SESTO

Le interviste contenute in questo capitolo sono state realizzate negli uffici di Palermo di Medici senza frontiere (Msf) nel dicembre del 2024, in un ambiente protetto. Tutte le persone intervistate, di cui è stato omesso il nome per evidenti ragioni di sicurezza, sono o sono state pazienti di un progetto di Msf di presa in carico di persone migranti e rifugiate sopravvissute a violenza intenzionale e tortura, portato avanti con l'Azienda ospedaliera universitaria Policlinico Paolo Giaccone, l'Università degli Studi di Palermo e la Clinica legale per i diritti umani (Cledu).

Il seminale articolo di Patrick Kingsley sui centri di detenzione in Libia si intitola *Libya's People Smugglers: Inside the Trade that Sells Refugees Hopes of a Better Life* ed è stato pubblicato sul sito del «Guardian» il 24 aprile 2015. Quella pubblicata da InfoMigrants è invece un'inchiesta in due parti di Charif Bibi dal titolo *Smuggling Network Source Reveals Harrowing Details of Migrants' «Death Journey» inside Libya*, pubblicata nel febbraio 2021. *Mal di Libia. I miei giorni sul fronte del Mediterraneo* di Nancy Porsia è invece uscito nel 2023 per Bompiani.

+334 86 51 71 61

L'intervista a Giulio Betti è stata realizzata per questo libro. Altre informazioni sono state ricavate da alcune conversazioni con volontari e volontarie di Alarm Phone.

UN'OCCHIATA PIÚ IN LÀ

L'intervista a Charles Galdies è stata realizzata per questo libro. Quella a Josef Farrugia è contenuta in un servizio di ITV News pubblicato su YouTube il 16 settembre 2021, intitolato *How Does a Country Survive without Water?*

Ringraziamenti.

Scrivere un libro è una delle esperienze piú solitarie che esistano: soprattutto uno come questo, che ha previsto diversi viaggi e anni di studio. Ringrazio mia moglie Chiara, che c'è sempre stata, per la pazienza e il sostegno: sono una persona fortunata, e lo so. Ringrazio anche Marco, Patrizia, Bruno, che c'erano prima ancora che ci fossi io.

Un grazie anche a tutte le persone che ho intervistato per questo libro: tante, anzi tantissime, dato che la maggior parte non è stata citata per nome ed è semplicemente finita nel flusso di storie e ricostruzioni. Colgo comunque l'occasione per citare Michele Guirguis, Emanuele Lodolo, Leonardo Abelli, Maurizio Cattani, Pietro Militello, Martina Cecchetti, Giacomo Dell'Omo, Imed Attig, Riadh El Faiez, Carlo Cattano, Daniela Freggi, Alberto Rizzi, Emanuele Rossi, Massimo Tuccio, Egidio Ivetic, Rune Agerhus, Agata Di Stefano, Giulio Betti, Charles Galdies. Ringrazio anche le persone intervistate che hanno preferito non essere citate per nome e cognome, per varie ragioni fra cui la delicatezza e la sensibilità dei temi affrontati: una ventina in tutto, se ho contato bene.

Diverse altre persone non sono state citate esplicitamente, ma mi hanno dato una grande mano nei vari posti che ho girato negli ultimi due anni: Fabio Giovanetti e Paola La Rosa a Lampedusa, Matteo Garavoglia in Tunisia, lo staff di Medici senza frontiere a Palermo e in particolare Alessandra Governa (e ovviamente Maurizio Debanne).

Grazie anche a Giulia Pilotti e Rosaria Carpinelli e infine all'Einaudi, in cui ho trovato una seconda casa dopo «il Post»; in particolare a Francesco Guglieri, senza il quale questo libro non sarebbe stato possibile.

Indice